비즈니스
영어회화
표현사전

비즈니스 영어회화 표현사전

지은이 케빈 경

펴낸이 정규도

펴낸곳 ㈜다락원

초판 3쇄 발행 2024년 11월 11일

편집총괄 장의연

책임편집 권경현

디자인 HADA 장선숙

다락원 경기도 파주시 문발로 211

내용문의 (02)736-2031 내선 521

구입문의 (02)736-2031 내선 250~252

　　Fax (02)732-2037

출판등록 1977년 9월 16일 제406-2008-000007호

ISBN 978-89-277-0120-0 13740

www.darakwon.co.kr

다락원 홈페이지를 방문하시면 상세한 출
판정보와 함께 여러 도서의 동영상강좌,
MP3 자료 등 다양한 어학 정보를 얻으실
수 있습니다.

비즈니스 영어회화 표현사전

케빈 경 지음

 DARAKWON

Global. 한때는 비즈니스에서뿐만 아니라 일상에서도 아주 흔하게 접하던 말이지요. 하지만 요즘에는 자주 듣지 못하는 것 같습니다. 이제 '글로벌'이라는 개념 자체를 군이 언급할 필요가 없는 시대가 되었기 때문입니다.

글로벌과 늘 함께 언급되던 '영어'도 이제 우리의 일상에 자연스럽게 들어와 있습니다. 해외여행이나 해외 취업도 흔한 일이 됐고, 국내로 들어오는 외국인도 계속 늘고 있습니다. 해외 직구로 물건을 구입하고, 미국이나 영국 TV 프로그램과 영화를 봅니다. 역으로 K-Pop은 세계적인 음악이 되었고, 한국 배우들도 해외로 활동 반경을 넓혀가고 있습니다.

직장에서도 마찬가지입니다. 해외 관련 부서나 외국계 회사에서 근무하지 않더라도 업무상 영어로 이메일을 쓰는 일이 늘어나고, 직접 얼굴을 보거나 전화로 외국인과 영어 대화를 하기도 합니다. 해외에서 온 손님을 접대하고, 직접 해외 출장도 가고요. 수익에 영향을 끼치는 일들인 만큼 상대방의 말을 정확히 파악해서 나의 의도, 의견도 명확히 전달해야 합니다.

이 책에서는 이렇게 일상적으로 영어를 써야 하는 업무 상황을 분류해서 자주 쓰는 표현을 정리했습니다. 그리고 표현 중에서도 자주 쓰는 패턴을 바로 볼 수 있도록 쉽게 구분했습니다. 모든 표현은 듣고 연습할 수 있도록 원어민의 녹음을 영국식과 미국식으로 두번 녹음했습니다. 한국어도 딱딱한 번역체가 아니라 우리가 일상 업무에서 쓰는 자연스러운 표현으로 쓰기 위해 공을 들였습니다. 저의 전작인 〈비즈니스 이메일 영어표현사전〉만큼이나 표현이 방대하다 보니 집필 기간도 길 수밖에 없던 책입니다.

여기 등장하는 영어 표현은 비즈니스 현장에서 실제로 주고받고 직접 사용한 말을 엄선하여 분류 정리한 결과물입니다. 지금도 원어민들과의 비즈니스에서 일상적으로 쓰는 표현이기도 하고요. 또한 대부분은 일터 밖에서도 무리 없이 쓸 수 있는 아주 유용한 표현입니다.

〈비즈니스 영어회화 표현사전〉은 래퍼런스북으로 사용할 수도 있지만, 마음에 드는 표현들은 시간 날 때마다 틈틈이 눈으로 익히고, 녹음을 듣고 따라 해보고 현장에서 써보시길 권합니다. 이렇게 하면 업무뿐 아니라 일상생활에서도 큰 도움이 되리라 믿습니다. 이 책을 쓰는 데 도움주신 다락원 편집부에 이번에도 이 자리를 빌려 감사의 말씀을 드립니다. 그리고 특히 이 책을 보고 계신 독자 여러분께 a very big thank you를 보냅니다.

2019년 12월
Kevin Kyung

비즈니스 회화 = 일상 회화, 다르지 않다

한국어만 봐도 '이건 늘 하는 말인데?'라는 생각이 드는 표현만 뽑았습니다. 비즈니스를 뛰어넘어 일상 속에서 매일 쓰는 영어 표현입니다. 업계에서 자주 쓰는 전문용어는 정해져 있어서 오히려 쉬울 수 있습니다. 이 책에는 진짜 필요한 영어, 필요할 때 바로바로 튀어나와야 하는 일상 표현이 가득합니다.

활용도 백만점짜리 영어패턴이 한눈에 보인다

모든 문장에서 패턴으로 활용할 수 있는 부분은 보기 쉽게 굵은 글씨로 표시했습니다. 이 패턴에 다양하게 넣어서 여러 문장으로 바꿔쓸 수 있는 대체표현도 수록했습니다. 패턴 부분을 활용하여 상황에 맞는 문장을 완성해서 자신만의 영어표현사전을 만들어보세요.

564개 비즈니스 상황, 더 이상 자세할 수 없다

이 책은 30개 Unit과 564개 상황으로 표현을 분류했습니다. 564개 상황은 업무상 진행이나 동선에 따라 흐릅니다. 세밀하게 분류한 비즈니스 상황을 따라가면서 영어로 말하는 연습을 할 수 있어, 실제 상황에서도 자연스럽게 말이 나옵니다.

필수 영어상식으로 비즈니스를 원활하게 만든다

Unit 0에서는 비즈니스에서 갖춰야 하는 영어회화 기본기부터 소통을 매끄럽게 하는 말하기 전략, 자연스럽게 대화를 이어갈 수 있는 말하기 상식, 매일 쓰는 대표적인 회화 패턴, 그리고 비즈니스 현장에서 필수로 갖춰야 하는 에티켓까지 다룹니다. 일반적인 책한 권에 육박하는 분량으로, 여러분이 갖춰야 하는 모든 비즈니스지식을 담고 있습니다.

1

2

3

4

비즈니스 영어 전문가 케빈 경의 미니 특강을 담았다

대형 기업체 연수에서만 들을 수 있는 저자의 비즈니스 특강을 매 Unit에 실었습니다. 대화 전에 어떤 태도를 갖추어야 하는지 어떤 어조로 대화를 이어갈 것인지 저자가 특유의 신뢰감 가는 말투로 자세하게 설명합니다. 주제에 해당하는 대표 패턴 설명도 저자직강으로 만날 수 있습니다.

5

미국영어+α, 글로벌 비즈니스를 위해 영국 영어까지, 더욱 현실적인 음원을 제공한다

비즈니스 상황에서 만나는 상대는 정통 미국 발음으로 말하지 않을 수도 있습니다. 같은 문장을 다양한 음성으로 접해보는 것이 중요한 이유입니다. 이 책에서는 대표적인 미국식과 영국식 발음을 가진 두 명의 원어민과 녹음을 진행했습니다. 특히 영국식 표현이 다른 경우에는 문장을 따로 표시했습니다.

6

영어의 존댓말, 비격식과 격식을 구분했다

영어에도 존댓말이 있습니다. 특히 비즈니스에서는 상대를 가려서 해야 하는 말이 있습니다. 가볍게 동료나 친한 거래처 사람과 쓸 수 있는 표현이 있는가 하면, 처음 만나는 상대의 기분을 상하지 않게 하면서 의견을 전달하는 표현이 있습니다. 이런 표현을 기호로 구별했습니다.

7

친절한 영어 설명과 부가자료를 제공한다

영어 표현을 익히는 데 필요한 단어의 뜻과 배경지식, 비슷한 단어나 표현과의 미묘한 차이를 다루는 설명을 실었습니다. 영어 말하기뿐만 아니라 비즈니스에 필요한 필수 영어상식도 Tips & More를 통해 업그레이드할 수 있습니다.

8

QR코드만 찍으면 바로 듣는다

564개 QR코드는 필요할 때 즉각 들을 수 있는 바로가기입니다. 영어회화 표현사전인 만큼 반드시 귀로 듣고 입으로 따라 하는 과정이 필수입니다. 지금 당장 QR코드를 찍어서 학습하세요.

9

항상 곁에 두고 보는, **레퍼런스북**

#회사책상에 #바로바로꺼내보는 #이메일표현사전과함께

같은 시리즈인 〈비즈니스 이메일 영어표현사전〉과 함께 손에 닿는 가장 가까운 곳에 두고 필요할 때 바로바로 꺼내 보세요. 회화표현은 대화 중에 찾아보기는 어렵습니다. 평소에 자주 찾아보는 습관을 들이면, 업무상 영어로 전화하기 직전에 미리 할 말을 찾아두거나 회의에 들어가기 바로 전에 필요한 표현을 가볍게 훑어볼 수 있습니다. 〈비즈니스 영어회화 표현사전〉은 비즈니스 상황을 최대한 세세하게 분류했기 때문에, 여러분이 처한 상황에 딱 들어맞는 몇 가지 표현을 바로 찾아 확인할 수 있습니다.

TYPE
A

닥쳐야 한다, **상황 몰입형 트레이닝**

#필요한부문만 #재빠르게스캔 #땡큐QR코드

갑작스러운 외부 미팅이 잡혔거나 당장 떠나야 하는 해외출장이 잡혔을 때처럼 특정한 상황이라면, 꼭 필요한 부분만 찾아서 집중적으로 학습하세요. 불필요하다고 생각하는 항목은 과감하게 스킵하고 꼭 쓰게 될 표현을 골라서 QR코드를 찍고 녹음을 들으면서 입으로 연습하세요. 더 좋은 방법은 꼭 써야 할 표현을 찾으면 문장의 패턴을 활용하여 자신만의 문장으로 만드는 것입니다. 내가 만든 표현은 내가 할 수 있는 말이 됩니다.

TYPE
B

처음부터 끝까지, **비즈니스 영어회화 마스터**

#오늘부터성실하게 #하루에하나씩 #1년1독

비즈니스 현장에서 업무 흐름 순으로 필요한 영어 표현을 정리했습니다. Unit 01부터 시작하세요. 전화 영어를 시작으로, 회사 소개, 견적 요청, 주문하기, 해외 출장 등의 상황을 시뮬레이션하면서 자신만의 표현으로 만드세요. 비즈니스 현장에서 생기는 거의 모든 상황을 커버할 수 있습니다. 영어 설명도 꼼꼼하게 읽는 것이 좋습니다. 하루에 일정한 분량씩 실제 상황이라고 생각하고 연습하면 영어 표현을 완벽하게 자신의 것으로 만들 수 있습니다.

TYPE
C

회화되고 토익 잡는, **영어회화 필수 문장암기**

#일상영어회화 #여행영어 #토익LC단골회화

'비즈니스 영어'라고 해서 특별한 영어가 아닙니다. 영어를 사용하는 한 장르라고 생각할 수 있습니다. 이 책에 나오는 표현은 어디서든 통하는 일상의 보통 영어, 어디서든 범용으로 쓸 수 있는 일반 영어입니다. 반드시 녹음을 들으며 입으로 연습하세요. 이 책의 표현을 모두 익힌다면 여행을 가서 새로운 친구를 사귀거나 외국 친구들과 자연스럽게 교류할 수 있습니다. 그리고 비즈니스 영어가 주를 이루는 토익시험에도 도움이 됩니다. 원어민이 늘 쓰는 일반적인 표현으로 영어 기본기를 갖추세요.

TYPE
D

UNIT 03

전화로 약속 정하고 변경하기
Scheduling & Changing Appointments on the Phone 124

UNIT 04

전화로 견적 요청 및 주문하기
Quotes & Orders 139

UNIT 05

정보 요청 및 제공 전화하기
Requesting & Providing Information 147

UNIT 06

항의 및 독촉 전화하기
Complaints & Collections 158

UNIT 12

요청에 응답하고 지시하기
Answering Requests & Giving Instructions 244

UNIT 13

문제 발생 및 불만 표현
Problems & Dissatisfaction 258

UNIT 14

회사 소개·영업·사업 제안
Company Introduction·Sales·Business Proposals 269

UNIT 18

회의 휴식 및 마무리
Taking Breaks & Closing Meetings 332

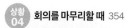
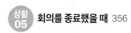

UNIT 21

개인적인 감정 표현
Expressing Intentions 394

UNIT 22

해외출장 준비 및 초청
Business Trips: Preparing & Inviting 411

UNIT 23

교통수단
Business Trips: On the Road 420

이 책에 사용된 기호	이 책에서는 다음과 같은 기호를 사용합니다.
	[INF] informal : 친한 동료나 오래 알고 지낸 사이에서 스스럼없이 쓸 수 있는 표현입니다.
	[FOR] formal: 회사 내 윗사람, 처음 만난 상대에게 격식을 갖춰서 하는 표현입니다.
	[UK] British English: 미국식 표현과는 다르게 말하는 영국식 표현을 뜻합니다.

UNIT

0

비즈니스 회화를
원활하게 만드는
영어상식

basics

비즈니스
회화
기본기

strategies

소통 원활을 위한
비즈니스
회화 전략

knowhow

매끄럽게
말문이 터지는 말하기
상식

patterns

매일 쓰는
비즈니스
영어 패턴

etiquette

모르면
낭패 보는
비즈니스 에티켓

basics

비즈니스 회화
기본기

01 | 깔끔하게 전화 통화하기

as in을 사용해서 이름 철자 전달하기

다른 언어권 사람에게 이름을 알려줄 때, 상대가 한국어 이름의 철자를 한번에 아는 경우는 드뭅니다. 예를 들어, My name is Jong Ho Kim.이라고 하면, 익숙하지 않은 이름인 Jong Ho Kim을 어떻게 써야 하는지 난감해 할 수 있습니다. 결국, 알파벳 하나하나 또박또박 말해야 하는데, 이때 as in이라는 표현을 사용합니다. 누가 들어도 바로 알만한 일상 속 단어의 첫 글자를 예로 드는 것이지요. 영어권 국가에서도 문화적 배경과 다양한 언어에서 유래된 이름을 가진 사람들이 많기 때문에 원어민끼리도 이 표현을 매일같이 씁니다.

다음 전화 통화를 살펴봅시다.

비서: **How do you spell your first name?** (성이 아닌) 이름 철자가 어떻게 되십니까?

김종호: **It's actually two words. Jong is… J as in Jack, O as in orange, N as in nose, and G as in grape. Ho is… H as in happy, and O as in orange.**

실은 두 단어입니다. Jong은… Jack 할 때 J, orange 할 때 O, nose 할 때 N, 그리고 grape 할 때 G입니다. Ho는… happy 할 때 H, 그리고 orange 할 때 O입니다.

이 방식은 NATO Phonetic Alphabet에서 유래했습니다. 미드나 할리우드 액션 영화를 보면 군인들이나 FBI가 라디오로 정보를 교환할 때 이 NATO 방식을 쓰는데요. NATO 방식은 알파벳마다 정해진 단어가 있습니다. JONG HO는 It's Juliet, Oscar, November, golf, hotel, Oscar. 라고 합니다. 이때 as in은 생략하고 말합니다. 군인이나 FBI가 아닌 일반인이라면 꼭 정해진 단어가 아닌, 누구나 알 수 있는 편한 단어를 쓰면 됩니다.

발음 G와 Z

알파벳 G를 Z처럼 발음하는 사람들이 많은데, G는 실제로 한국어 '지' 발음에 가깝습니다. Z는 나라마다 차이가 있는데요, 미국에서는 윗니와 아랫니를 맞닿게 하고 모기처럼 '윙' 하는 소리처럼 'z~이' 소리를 냅니다. 캐나다를 포함한 다른 영어권 나라는 [zed]라고 합니다. 여기에서 [zed]는 마징가 Z의 '제트' 발음보다 '윙' 하는 소리가 들어간 "z~엣"에 더 가깝습니다. www.forvo.com에서 궁금한 단어를 찾아 들어보세요. 나라별 발음 차이를 확실히 알 수 있습니다.

뒤에 자세한 표현들이 소개되지만, 지금 바로 적용할 수 있는 시작과 마무리 전화 표현을 몇 가지 보겠습니다. 우선 상대방이 전화를 받으면 통화가 가능한지 아닌지를 묻습니다. 이때 다음과 같이 캐주얼한 표현을 사용하면 됩니다.

You busy? 바빠요?

처음부터 상대방이 다소 긴장했거나 바쁜 기미가 느껴지면 이렇게 묻습니다.

Did I catch you at a bad time? 통화 곤란한가요?

비즈니스상 전화 끊을 때 어떻게 말할지 몰라 어색할 수 있습니다. 그럴 때는 간단하게 상대방을 다음과 같이 '놓아' 주면 됩니다.

I should let you go. 이제 그만 잡고 있겠습니다.

02 | Sorry는 상황에 맞게 쓴다

무턱대고 사과를 표현하는 Sorry는 금물

Sorry라는 단어는 조심해서 써야 합니다. 잘못하면 부지불식간에 클레임이나 계약 위반 상황에서 잘못이나 실수를 인정하는 법적 근거가 될 수 있기 때문입니다. 예를 들어 서비스에 대한 항의 전화가 걸려와서 '죄송하다'는 말을 할 때, about(~에 관해) 을 같이 쓰면 이쪽의 실수를 인정한다는 뜻이 되므로 조심해야 합니다. 대신 좋지 않 은 소식을 듣게 되어 유감을 표현하는 to hear를 사용하는 게 좋습니다. 다음 표현 을 보세요.

(×) **I'm sorry about the service.** 서비스에 대해 사과합니다.

(○) **I'm sorry to hear that.** 그 소식을 듣게 되어 유감이네요.

가벼운 실례에 대해 구체적인 사과를 할 때는 괜찮습니다.

Sorry about the wait. 기다리게 해서 미안합니다.

Sorry는 감탄사도 된다

영어에서 Sorry라는 단어는 '미안하다' 외에도 광범위하게 쓰입니다. 특히 전화 통 화에서는 표정이나 바디랭귀지를 볼 수 없기 때문에 상대의 의도를 파악할 수 있는 정보가 부족합니다. 게다가 주위에서 들리는 각종 소음도 방해 요소가 되지요. 그러 다 보니 Sorry라는 말을 자주 할 수밖에 없습니다. 따지고 보면 비즈니스상 Sorry는 '미안하다'는 표현보다 각종 감탄사 역할을 더 자주 하는 편입니다.

Sorry? 네? (뭐라고 하셨나요?)

Sorry, someone's calling me. 잠깐만요, 누가 저를 부르네요.

Sorry, I didn't hear the last part. 아쉽게도, 마지막 부분을 못 들었어요.

Sorry, I think we got cut off. 공교롭게도, 전화가 끊겼네요.

Let's meet on Monday... sorry, Tuesday, I mean.
월요일에 만납시다… 아니, 화요일이요.

03 | 중립적인 단어를 활용하라

비즈니스와 영업은 남녀 모두의 영역이다

오래된 인식과 습관 탓에 직장인 또는 영업직원을 영어로 말할 때 businessman, salesman이 툭 튀어나올 때가 있습니다. 모든 직장인과 영업직원을 남자로 국한하는 표현이지요. 그래서 최근에는 각종 전문가 명칭을 쓸 때 man 대신 남녀공용 단어를 선호합니다.

사업자	businessman	→	businessperson
샐러리맨(콩글리쉬)	salary man	→	office worker
세일즈맨	salesman	→	salesperson
경찰관	policeman	→	police officer
소방관	fireman	→	fire fighter
회장	chairman	→	chairperson

Lady는 비하하는 뉘앙스를 줄 수 있다

영어권에서 성인 여자를 lady라고 부르면 좋아할까요? 적어도 북미에서는 몇 지역을 제외하곤 여자를 비하하는 뉘앙스로 들릴 수 있으니 주의해야 합니다. 마치 "아줌마!"하면서 항의하는 느낌이 들기 때문입니다. Ladies and gentleman 할 때의 "신사 숙녀 여러분"과 같지 않다는 점을 알아두세요. 중립적인 단어 몇 가지를 더 소개합니다.

여성분	lady	→	woman
전업주부	housewife	→	homemaker
18세 넘은 여자	girl	→	woman

04 | Small Talk에도 규칙이 있다

소개 할 때는 중요한 사람 이름을 먼저 부른다

서로 모르는 두 사람을 소개할 때 누구를 누구에게 먼저 소개해야 할지 고민하게 됩니다. 소개에 관한 규칙은 의외로 간단합니다. 관례상 윗사람이나 더 중요한 사람에게 아랫사람을 먼저 소개하면 됩니다. 중요한 고객에게는 자신의 상사를 먼저 소개하겠지요.

소개할 때 혼동을 피할 수 있는 간단한 방법이 하나 있습니다. 중요한 사람의 이름부터 부르는 것입니다. 예를 들어 회사에 방문한 거래처 회사 팀장과 본인 회사의 이사가 회의실에서 서먹하게 있다고 해봅시다. 이때는 방문객 이름이 먼저 나와야겠지요.

Mr. Johnson, this is S. J. Lee, our director.
   (방문객)   (회사 이사)   Mr. Johnson, 이분은 저희 이사님 S. J. Lee이십니다.

이름이 안 떠오를 때는 부드럽게 고백한다

안면이 있는 상대라도 막상 이름이 떠오르지 않을 때가 있습니다. 그래도 I forgot your name.("성함을 까먹었어요")과 같이 너무 직설적이고 상대방의 기분을 상하게 할 만한 표현은 피해야 합니다. 다음처럼 부드럽고 정중한 표현을 쓰세요.

I'm having a hard time recalling your name. 당신 성함이 기억이 잘 안 납니다.

반면 상대방이 나의 이름을 기억 못 하는 눈치라면 자연스럽게 부담을 덜어주는 것도 매너입니다.

Hi, I'm Kevin Joo. We met at your office last year.
안녕하세요, 전 Kevin Joo입니다. 작년에 귀사에서 뵀었습니다.

잡담할 때 정치, 종교나 국가 정책 등 논란이 될만한 주제는 피하고, 모두가 공감할 수 있는 주제를 선택하는 것이 좋습니다. 통상적으로 다음과 같은 주제가 적절합니다.

날씨 **It's beautiful out, isn't it?** 밖이 아주 화창하지 않습니까?

도시 **This is a really nice city.** 정말 멋진 도시입니다.

시설 **We just recently finished renovations.** 최근에 리모델링을 마쳤습니다.

여행 **How was your flight?** 항공편을 어떠셨어요?

숙박 **Is your hotel comfortable?** 호텔은 편하세요?

음식 **Have you tried Korean food?** 한국 음식 먹어보셨나요?

오락 **There are some good Jazz clubs downtown.**
시내에 좋은 재즈 클럽들이 좀 있습니다.

접대 **If you need more coffee, let me know.** 커피가 더 필요하시면 말씀하세요.

맞장구를 친다

한국에서도 대화할 때 "그래요?", "그렇죠", "아, 네."처럼 맞장구를 칩니다. 영어권 문화에서는 이보다 더 적극적으로 추임새를 넣습니다. 몇 가지를 소개합니다.

Uh-huh. 아~

Oh, I see. 아, 그렇군요.

Really? 그래요?

Wow. 와.

Nice. 멋지군요. / 좋네요.

You did? 그랬어요?

05 | 표현은 신중하게 기록은 꼼꼼하게

상황에 따라 3단계 언어를 사용한다

영어에는 한국어처럼 존댓말은 없지만, 자신이 대하는 사람과 상황에 따라 표현을 다르게 합니다. 대략 세 가지 표현 방식이 있습니다.

강하고 단도직입적 표현: 예컨대, 다른 참가자들을 설득하고 싶을 때 자신감 넘치고 확신에 차 있는 어조를 사용합니다.

I'm certain that is the way. 그게 맞는 방법이라는 것을 확신합니다.

It's obvious that is the way. 그게 맞는 방법이라는 것이 당연합니다.

Anyone can see that is the way. 누가 봐도 그게 맞는 방법입니다.

중립적 표현: 일반적으로 활용하는 표현들은 다음과 같습니다.

I think that is the way. 그게 맞는 방법이라고 생각합니다.

I'd say that is the way. 그게 맞는 방법이라고 해야겠지요.

In my opinion, that is the way. 제 생각에는, 그게 맞는 방법입니다.

완곡하고 정중한 표현: 다른 사람의 신경을 건드리고 싶지 않을 때, 또는 100% 확신에 차지 않을 때는 조심스레 둘러 말합니다. 나중에라도 의견을 바꿀 수 있는 여지를 남겨 놓습니다.

I tend to think that is the way. 그게 맞는 방법이라고 생각하는 경향이 있습니다.

That is probably the way. 그게 아마 맞는 방법일 겁니다.

It would seem that is the way. 그게 맞는 방법인 듯합니다.

회의록은 매우 중요한 서류다

회의에서 기록은 필수입니다. 즉석에서 몇 명만 모이는 비공식 회의에서는 참석자 각자가 노트를 하면서 회의를 진행하겠지만, 일반적으로는 사내 회의를 포함한 거의 모든 회의에서 시작과 동시에 진행자가 서기(minute-taker)를 지정하는 것이 일반적입니다. 서기는 회의가 진행되는 동안 모든 내용을 기록합니다. 또한, 회의가 끝나자마자 서기는 이 기록된 사항들을 정리해서 특정 서식에 따라 문서로 작성합니다. 완성된 회의록(minutes)은 회의 참석자뿐 아니라 이해관계자에게도 e-mail 이나 다른 방식으로 배포됩니다.

회의록은 일종의 법적 문서이기도 합니다. 따라서 참석자들은 물론, 회의록을 받은 사람이라면 반드시 꼼꼼히 살펴봐야 합니다. 향후 어떤 문제라도 발생하게 되면 회의록은 법적 근거가 되기 때문입니다. 약속과 결정 사항, 특별 행동을 취해야 하는 담당자 이름이 고스란히 기록되어 있으니까요. 협상 회의에서는 회의록을 바탕으로 변호사가 계약서를 작성하는 것이 일반적이기도 합니다.

회의록 서식을 잘 활용한다

회의록은 회의 성격에 따라 아래 서식보다 더 세부적일 수 있지만, 핵심 항목은 대체로 다음과 같습니다.

Date 날짜	Time 시간	Location 장소
Purpose 목적		
List of Participants 참석자		
Summary 요약 • **Discussion of items and outcomes (including decisions)** 　　논의 항목과 결과 (결정 사항 포함) • **Action items and persons responsible (& deadline)** 　　수행 항목과 각 책임자 (및 기한) 　　…		

06 | 협상에는 매끄러운 화법이 필요하다

정중한 용어를 사용한다

신뢰가 두터운 상대와 하는 협상이더라도, 금전적인 면을 포함한 여러 주요 쟁점이 걸려있는 회의를 할 때는 상대 참석자의 발언 하나하나에 예민해질 수밖에 없습니다. 비즈니스 현장에서는 평소에도 무슨 말을 하든 주의해야 하지만, 특히 협상 때는 신중하게 발언해야 합니다. 이때는 상대방의 감정을 자극하지 않도록 직설적인 표현보다 완곡한 표현을 써서 말하는 것이 좋습니다. 완곡하게 표현하는 방법 가운데 하나는 문장 속에 '쿠션' 역할을 하는 단어나 구를 끼워 넣는 것입니다.

I'm afraid~   **I'm afraid** that's too high. 유감이지만, 그건 너무 높습니다.

perhaps/maybe   **Perhaps** we should do that. 그렇게 하는 것이 좋을 듯하네요.

would   **Would** that be all right with you? 그래도 괜찮을까요?

could   We **could** maybe discuss it later.
나중에 논의하는 것도 괜찮을 것 같습니다.

may   There **may** be a way to do that.
그걸 실행할 방법이 있을 듯합니다.

just   If you could **just** offer us better terms.
더 좋은 조건을 제시해줄 수**만** 있다면요.

a bit/a little   That may be **a bit** too risky. 그건 **좀** 너무 위험한 것 같습니다.

We와 Us를 강조한다

당연히 테이블 한쪽으로 나란히 앉은 같은 소속의 대표단은 자신들을 We라고 하겠고, 다른 쪽 역시 자신들을 We라고 하겠지요. 그렇지만 구분 없이 협상 참석자 모두를 통틀어 '우리'라는 뜻의 단어를 사용하는 것은 양쪽 다 함께 하자는 의미에서 매우 효과적인 방법이 될 수 있습니다. 주어는 We, 목적어는 us, 소유대명사는 our를 사용해보세요.

We are meeting today to discuss two issues.
우리는 두 쟁점을 논의하기 위해 모였습니다.

These two issues are important to us. 이 두 쟁점은 **우리**에게 중요합니다.

Should we start our discussions? 우리 논의를 시작할까요?

무엇을 어떻게 하자고 할 때는 Let us의 준말 Let's 또는 Why don't we로 시작하면 안성맞춤입니다.

Let's discuss it. 그것에 대해 논의합시다.

Why don't we discuss it? 그것에 대해 논의하는 게 어떨까요?

억양을 신경 쓴다

영어로 말할 때 발음보다는 억양에 신경 쓰는 것이 더 중요합니다. 질문이든, 답변이든 모든 문장 끝에서 억양을 살짝 올려보세요. 아래 문장을 예로 들어보죠.

The price is a little high. 가격이 좀 높습니다.

문장 끝부분에서 목소리가 낮게 깔리면 한국말로도 위협적으로 들리지요. 끝에서 살짝 올리면 보다 긍정적으로 들리는 동시에 반론의 가능성을 열어두는 듯한 뉘앙스까지 생깁니다. 질문 형태인 아래 문장도 같은 맥락입니다. 질문도 끝부분의 억양이 내려가면 위협적으로 들리죠.

Wouldn't you agree? 그렇게 생각 안 하세요?

개방형 질문을 사용한다

협상뿐만 아니라 평소에도 개방형 질문을 하는 것이 영어 대화를 효과적으로 하는 좋은 방법입니다. 예를 들어 월요일에 사무실에서 미국 동료에게 인사할 때 Did you have a good weekend?보다는 How was your weekend?가 좋습니다. 첫 질문 "주말 즐거웠어?"는 폐쇄형이므로 Yes 또는 No로 답하고 끊으면 그만입니다. 대화는 그 자리에서 끝날 수 있습니다. 반면, 두 번째 표현인 "주말 어땠어?"에 나올만 한 대답은 무궁무진합니다. (물론 Good으로 끊는 사회성 없는 사람도 종종 있겠지만요.) 이처럼 협상 때도 Do you like our products?(우리 제품 마음에 드시나요?)보다는 How would you describe our products?(우리 제품에 대해 말씀해 주시겠어요?)가 당연히 더 효과적입니다.

리더를 받쳐준다

보통 협상에는 two sides(양쪽)가 있지요. 그리고 양쪽 모두 '리더'가 있습니다. 대부분은 각 협상단에서 이 '리더' 한 명만 공식적으로 제안, 타협을 할 수 있고 대안을 낼 수 있습니다. 나머지 협상 단원들은 리더를 받쳐주는 역할을 합니다. 발언을 해도 무작정 하고 싶은 말을 하는 것이 아니라 팀이 사전 합의한 내용만 언급하는 것이 중요하지요. 또한, 리더가 말을 할 때 고개를 끄덕이며 가끔 "Right"이라고 하면서 맞장구를 쳐주는 것도 좋습니다.

07 | 출장 중에 자주 쓰는 패턴이 있다

쇼핑할 때

출장 중이라도 업무가 끝난 후에는 쇼핑할 수 있습니다. 그럴 때 유용한 표현입니다.

찾는 물품   **I'm looking for t-shirts.** 셔츠를 찾고 있습니다.

가격 질문   **How much is this pair of shoes?** 이 신발 한 켤레가 얼마입니까?

착용해 보기   **Can I try this on?** 이거 입어 봐도[써 봐도/신어 봐도] 되나요?

다른 형태   **Do you have this one in green?** 이거 초록색으로 된 건 없나요?

편의점

참고로 수퍼마켓은 한국과 반대로 대형 마켓을 뜻합니다. 편의점은 convenience store입니다.

찾는 물건   **Where can I find the beer?** 맥주가 어디 있지요?

잔돈 바꿈   **Can I get change for a ten?** 10달러를 잔돈으로 바꿔주실래요?

지불 방법   **Do you take Visa?** 비자(카드)도 받으세요?

패스트푸드점

영어권 국가의 패스트푸드점에서 원하는 음식을 주문할 때 바로 활용할 수 있는 표현입니다. 이 표현들을 다 잊더라도 원하는 것을 명료하게 말하고 끝에 please만 붙여도 주문할 수 있습니다.

주문하기   **Give me a Big Burger and fries, please.** Big Burger와 감자튀김 주세요.

일회용 물품   **Can I have some ketchup?** 케첩 좀 주시겠어요?

물품의 장소   **Where do you have the napkins?** 냅킨은 어디 있나요?

먹는 장소   **To go, please. / For here, please.** 가지고 갑니다. / 여기서 먹을 겁니다.

strategies

소통 원활을 위한
비즈니스
회화 전략

01 | 핵심을 먼저 말하고 근거를 댄다

시간 낭비는 곧 돈 낭비다

Time is money. 시간은 돈이다. - 벤자민 프랭클린

필자가 건설회사에서 근무할 때의 경험입니다. 대규모 프로젝트의 디자인 초안에 관해 논의하기 위해 클라이언트 측 대리인이 회의를 소집했습니다. 예닐곱 명이 회의실에 모여 아침부터 다양한 안건을 두고 열심히 논의했지만 저녁 시간이 다 되도록 중요한 결정을 내리지 못하고 있었습니다. 먼 곳에서 비행기로 날아온 컨설턴트도 여럿 있었습니다. 마침내 대리인이 한숨을 크게 내쉬면서 이러더군요.

"Do you realize how much money we are spending right here in this room? I mean, just how much would our collective per diem rates add up to?"

여기 이 방에서 우리가 돈을 얼마나 쓰고 있는지 아십니까? 우리 일당을 모두 합하면 얼마입니까?

생산성(productivity)을 극히 중요시하는 문화에서는 시간 단위로 소요 비용을 계산하는 경우가 많습니다. 그러므로 어떤 비즈니스 상황에서라도 목표 달성에 이르는 시간을 줄이기 위해 노력해야 합니다. 자신의 의견을 혼동의 여지가 없도록 뚜렷하고 간단명료하게 전달하고, 준비할 것이 있다면 가능한 구체적이고 철저하게 준비하는 것이 좋겠지요.

영어식 논리구조를 이해한다

영어권 문화에서는 결론을 먼저 말한 후 그 배경이 되는 설명과 근거를 듭니다. 한국어에서 배경을 먼저 설명한 후 결론을 말하는 경향과는 반대죠. 영어권 원어민이 말하는 것을 들어보면 먼저 결론을 말한 후 because로 이어서 이유를 말하는 것을 알 수 있습니다. 간단하게 보면 이런 구조입니다.

한국식 발언	배경(이유)	→	"그래서(so)"	→	핵심(결론)
영어식 발언	핵심(결론)	→	"왜냐하면(because)"	→	근거(이유)

한국에서는 중간에 so가 들어간다면, 영어는 because가 들어가는 셈이지요. 단순한 예를 한번 보겠습니다.

한국식 발언 **It's raining outside. So I brought an umbrella.**

밖에 비가 와요. 그래서 우산을 가져왔어요.

영어식 발언 **I brought an umbrella, because it's raining outside.**

우산을 가져왔어요. 왜냐하면, 밖에 비가 오거든요.

이런 영어식 '사고구조'를 인지하고 말하는 방식에 적용하는 것이 좋습니다.

상황에 따라 예외를 둔다

물론 영어권이라고 매번 같은 구조를 쓰는 것은 아닙니다. 예를 들어 실수를 범했을 때, 또는 좋지 않은 소식을 전해야 할 때가 그렇습니다. 이때 너무 직설적으로 말하면 상대이 난처해하거나 당황할수 있기 때문에 배경을 먼저 말한 후에 본론으로 들어가기도 합니다.

상대: **Are you done with the book I lent you?**

내가 빌려준 책은 다 읽었어요?

나: **Uh, I told you I lost my backpack, right? Well, the book was in the backpack.** 아, 내 백팩을 읽어버렸다고 말했죠, 그렇죠? 음, 그 책이 백팩 안에 있었어요.

또는 재미있는 이야기나 상대가 기뻐할 만한 소식이라면 의도적으로 핵심을 맨 마지막에 밝힐 수도 있겠지요.

02 | 쉬운 구어 표현을 사용한다

말은 글과 다르다

말과 글은 다를 수밖에 없습니다. 한국어든 영어든 마찬가지입니다. 말로 할 때는 보통 격식을 차린 문장을 쓰지 않지요. 글에서 자주 쓰는 "그러므로", "예컨대"가 대화할 때는 "그래서"와 "예를 들어"가 됩니다. 따라서 다소 엄숙한 분위기의 국제 회의가 아닌 이상, 영어로 thus나 therefore보다는 so, 그리고 however보다는 but이 더 자연스럽습니다.

I am hungry. **Therefore** I must eat something.
배가 고픕니다. 그러므로 무엇을 먹어야 합니다.

→ I am hungry. **So** I got to eat something. [구어체]
배가 고프네요. 그래서 뭐라도 먹어야겠어요.

I am hungry. **However** there is no food.
배가 고픕니다. 그러나 먹을 것이 없습니다.

→ I am hungry. **But** there is no food. [구어체]
배가 고프네요. 그런데 먹을 게 없어요.

축약형을 사용한다

서면으로 된 자료나 공문에서는 축약형(contractions)을 쓰지 않고 원래 단어를 그대로 사용하는 것이 일반적입니다. 반면, 말로 할 때는 축약형을 쓰는 것이 더 자연스럽지요. 위에 나온 예문을 축약형을 적용하면 이렇게 들립니다.

I am hungry. So I **got to** eat something.

→ **I'm** hungry. So I **gotta** eat. [축약형]

I am hungry. But **there is** no food.

→ **I'm** hungry. But **there's** no food. [축약형]

다음 섹션인 [KNOWHOW: 매끄럽게 말문이 터지는 비즈니스 회화 영어상식] 중 [06. 축약형과 생략]에서 좀더 다양한 표현과 사용 방법을 소개합니다.

전문용어는 피한다

어딜 가든 같은 분야에서 종사하는 사람들 사이에서만 통하는 전문용어(jargon)와 표현들이 있습니다. 의사나 변호사, 엔지니어 같은 전문직 외에도 건축 현장뿐 아니라 특정 장소에서 같이 일하는 사람들끼리만 알아듣는 용어가 있기 마련이지요. 또는 사내에서만 통하는 용어가 있고요. 하지만 비즈니스 석상에서는 회의나 협상할 때뿐 아니라 전화 통화할 때도, 식사하거나 접대할 때도 전문어나 특정 용어는 되도록 삼가는 게 좋습니다. 전문가끼리야 문제가 없다고 생각할 수 있지만, 함께 있는 사람 중 한 명이라도 오가는 표현을 못 알아듣는다면 소외감이나 불쾌감을 느낄 수 있고 의사소통 시 오해를 일으킬 수 있습니다.

쉬운 단어를 사용한다

일상에서는 물론이고 비즈니스 상황에서도 원어민은 주로 짧은 단어와 짧은 문장을 씁니다. 21세기 비즈니스 아이콘으로 유명한 애플사의 스티브 잡스(Steve Jobs)는 프레젠테이션의 달인이었습니다. 잡스의 여러 프레젠테이션을 보면 그가 얼마나 쉽고 간결하게 새로운 제품을 소개했는지 알 수 있습니다. 잡스가 선호하는 단어는 미국 청소년들이 자주 쓰는 그것과 유사했습니다. 이러한 언어 사용이 소비자들의 마음과 지갑을 여는데 크게 기여했다고 해도 과언이 아닐 겁니다.

perfect, amazing, great, cool, incredible, doggone well, happy, excited

북미에서도 어렵고 길고 멋지게 들리는 단어들을 외울 때가 있습니다. 바로 SAT (Scholastic Aptitude Test), 대학입학 자격시험을 준비할 때입니다. 필자도 미국에서 고등학교 3학년 때 엄청난 양의 단어를 외웠는데, 시험을 치른 후에는 대학에 가서 에세이 같은 아카데믹한 글을 쓸 때 외에는 제대로 써보지도 못했습니다. 그러므로 괜히 그럴 듯한 어려운 단어를 외우는 데에 공들이지 말고, 쉬운 단어로 비즈니스하는 게 효율적입니다.

03 | 정중한 표현을 사용한다

비속어를 쓰지 않는다

쉬운 단어와 짧은 문장을 쓰는 건 좋지만 그렇다고 비속어(slang)를 남발하면 안됩니다. 한국에서도 서로 편한 사이라고 해서 '쪽 팔려', '열 받는다' 같은 말은 쉽게 사용하지 않습니다. 영어로 비즈니스를 할 때도 마찬가지입니다. 예를 들어 감탄사 Yes를 Yeah로 표현하는 건 친근감을 전할 수 있지만, '응'이나 '엡'과 비슷한 뉘앙스의 비격식 표현인 Yep이나 Yup 등은 쓰지 않는 게 좋습니다.

사용해도 좋은 표현과 좋지 않은 표현은 미국 고등학교 학생이 선생님께 할 수 있는 표현인지 아닌지로 생각해볼 수 있습니다. 선생님에게 써도 되는 표현은 비즈니스에서도 괜찮고, 쓰면 다소 무례하게 느껴질 법한 표현은 비즈니스에서도 쓰면 안됩니다. 하지만 미국 고등학생이 되어 볼 수 없으니 다음 대화에서 쓸 수 있는 표현과 쓸 수 없는 표현을 감잡아 봅시다.

(○) 선생님: **Did you finish your work?** 과제 끝냈어?

　　나: **Yeah, I did. I have it here.** 예, 했어요. 여기 있어요.

(×) 선생님: **Did you finish your work?** 과제 끝냈어?

　　나: **Yep. Here.** 응. 여기.

매너 있는 표현이 안전하다

필자가 한 대기업 연수원에서 핵심인재를 대상으로 한, '종합 비즈니스 스킬 합숙 워크숍'을 진행할 때였습니다. 쉬는 시간에 밖에서 바람을 쐬면서 몇몇 참가자와 이런저런 얘기를 나누고 있는데 갑자기 옆에서 한 명이 전화를 받더니 큰 소리로 영어로 대화를 하기 시작하더군요. 내용을 들으니 해외 클라이언트와 통화하는 것 같았습니다. 꽤 유창한 영어에 의사 전달이 잘되고 있는 게 분명했습니다. 그러나 문제는 여기저기 프로답지 않은 표현들이었습니다. 이를테면 "Yeah, man, I know." "Yep, yep, sure, sure." "Okay, dude." 여기서 맥락상 man이나 dude는 한국으로 따지면 서로 '임마'나 '자식아'라고 거리낌없이 부를 수 있는 사이에서나 나올 만한 표현입니다.

바(bar) 같은 곳에서 맥주를 들이켜면서 어깨도 툭툭 치고, 농담도 하고 가족 얘기, 애인 얘기도 하는 사이에 쓰는 말이지요. 오래 거래했고 사이가 아주 좋은 관계라고 생각할 수도 있습니다. 하지만 비즈니스 관계는 나와 상대의 친분만으로 이루어지는 것이 아니기 때문에 공적인 자리에서는 나의 말이나 행동에 영향을 받는 다른 사람이 있다는 것을 인지하고 주의하는 것이 바람직합니다.

상대와 상황에 맞는 어조가 있다

외부인을 대할 때 쓰는 표현에 비하면 회사 동료들 사이에서 사용하는 말은 더 캐주얼하기 마련입니다. 이 책에 나온 표현들을 보면 상대와 상황에 따라 표현의 어조가 달라진다는 것을 느낄 수 있습니다. 예를 들어 스몰토크할 때와 회의할 때의 느낌이 다르지요. 반면 회의할 때는 대부분이 의제를 따라야 하고 나와 다른 타인의 의견을 존중해야 하는 동시에 내용 자체가 회의록(minutes) 등에 기록이 남는 만큼 신중한 표현을 써야합니다. 개인적 친분을 공적인 자리에까지 끌고 가지 않도록 주의하는 것이 좋습니다. '공'은 공, 사는 '사'를 명심합시다.

04 | 권위적이고 명령하는 표현을 피한다

명령하는 표현은 삼간다

'해야 합니다', '하셔야 합니다'라고 할 때 must나 have to를 떠올리는 분들이 많을 텐데요. 하지만 you have to나 you must는 명령하는 느낌이 아주 강합니다. 따라서 이런 표현은 피하는 것이 좋습니다. 전화나 대면할 때는 물론이고 이메일이나 문자, 메신저같이 글로 표현할 때도 마찬가지입니다. 이때는 please와 could you를 써서 부드럽게 권유하는 표현을 할 수 있습니다.

Please라는 단어를 '제발'이나 '부디'로 생각할 수 있습니다. 사전상 맞는 정의긴 합니다만, 원어민의 일상에서는 "~을 바라요"에 더 가깝습니다. 고객, 상사, 거래처, 부하직원, 친구, 배우자, 어린이까지, 대상을 거의 가리지 않고 뭔가를 요청할 때 자주 쓰는 단어지요. 그러다 보니 영어권에서는 하루에도 수없이 사용하고 또 듣게 되는 표현입니다. 여러분도 must, have to 대신 please를 입에 붙이시기 바랍니다.

must 사용	**You must email me the photos by Monday.** 월요일까지 사진을 나한테 메일로 보내줘야 해요.
Please 사용	**Please email me the photos by Monday.** 월요일까지 사진을 나한테 메일로 보내주길 바라요.

Could you도 요청할 때 유용합니다.

Could you 사용	**Could you email me the photos by Monday?** 월요일까지 사진을 나한테 메일로 보내줄래요?

상대방의 이익에 초점을 맞춘다

상대가 고객이든 협력업체든, 부하직원이든, 상대가 얻을 이익을 강조하면서 조건을 추가하는 것도 좋은 방법입니다.

have to 사용	**You have to pay a deposit if you want the product by July.** 7월까지 제품을 원하시면 착수금을 지불하셔야 합니다.
이익 강조	**If you pay a deposit, the product can be there by July.** 착수금을 지불하시면 7월까지 제품이 도착할 수 있습니다.

05 | 비언어적인 표현도 중요하다

대면할 때는 목소리와 바디랭귀지도 한몫한다

이메일이나 문자와는 달리 직접 만나서 대화할 때 상대와의 의사소통이 더 수월한 면도 있습니다. 못 알아들은 부분은 확인하면 되고, 내 표현도 바로 수정하면 되니까요. 여기에 목소리와 제스처도 나의 의사를 표현하는 데 크게 기여하지요. 심리학자 앨버트 메라비언(Albert Mehrabian)에 의하면 말로 정서나 의향을 상대에게 전할 때 비언어적 표현의 영향이 지배적이라고 합니다. 이 중 바디랭귀지와 목소리의 비중이 무려 93%로, 언어 자체의 영향은 7%에 불과한 셈입니다.

비즈니스 상황에서 실시간 대화를 이어가야 할 때는 대화 중에 실수를 하기도 하고, 당혹스러움을 드러내거나 인상이 굳어지는 것을 숨기기 어려울 수 있습니다. 그래서 대면할 때 내가 보내는 비언어적인 신호에 신경을 써야 합니다. 반면, 조심스럽게 말해야 하는 사안이거나 상대에게 불리한 이야기를 할 때는 비언어적 표현이 약이 되기도 합니다. 감정을 효과적으로 전달할 수 있는 도구가 될 수 있습니다.

시선을 맞춘다

00페이지에 나오는 비즈니스 에티켓 섹션에서도 언급하지만, 열린 표정으로 상대와 대화하면서 눈을 맞추는 것(eye contact)은 필수입니다. 다른 곳도 가끔 쳐다보지만, 기본적으로는 상대와 시선을 맞춰야 신뢰를 줄 수 있습니다. 여러 사람이 참석하는 회의에서는 발언하는 사람 쪽으로 시선을 두는 것이 맞습니다.

맞장구를 친다

상대가 말을 할 때 내가 듣고 있다는 신호를 보내는 것이 좋습니다. 시선을 맞추는 건 물론이고 가끔 고개를 끄덕입니다. 여기에 적절한 순간에 "아", "네" 등과 비슷한 영어식 추임새를 넣으면 공감 형성에 도움이 되지요. 이때 목소리는 작게하되, 소리는 또박또박 내는 것보다 살짝 웅얼거리듯 하는 게 효과적입니다. 콩글리시 느낌이 강한 Yeah, right이나 Yes, right은 삼갑니다.

Right. | **Okay.** | **I see.** | **Mm-hm.**
그렇죠. | 네. | 그렇군요. | 음.

06 | 회화용 표현을 챙긴다

나만의 영어표현사전을 만든다

사람들은 모두 자기 모국어로 말할 때도, 자주 쓰는 표현들이 있습니다. 비즈니스 현장에서도 그렇습니다. 회사 동료들이나 상사와 대화할 때나 고객 또는 다른 업체 직원들과 말할 때 역시 선호하는 표현이 있지요.

영어에도 당연히 사용하기 편한 표현이 있습니다. 또는 괜찮게 들리는 표현이나 마음에 드는 멋진 표현도 종종 발견합니다. 이 책에서 나온 표현 중에서도 내 상황에 꼭 필요한 말이거나 자주 쓸 것 같은 표현을 만날 수 있습니다. 이 책을 공부하실 때에도 모든 표현을 다 외우지 말고 쓰고 싶은 표현을 수시로 노트하면서 별도로 모아 놓을 것을 권합니다. 일종의 개인 영어표현사전을 만드는 겁니다. 이렇게 하면 내 상황에 맞는 표현을 더 빨리 찾을 수 있고, 더 쉽게 외울 수 있으니 꼭 해보시길 권합니다.

패턴을 활용한다

문장을 통째로 공부해도 좋지만, 패턴(pattern)을 익혀두는 것도 아주 유용합니다. 이 책에서는 문장 중에 패턴 부분에 굵게 표시했습니다. 마음에 드는 패턴을 개인 영어표현사전에 적어 놓고 새로운 문장을 만들어 본 후 큰소리로 읽어 보는 것도 훌륭한 훈련입니다. 예를 들어 Do you want to try the new Chinese place?(새로 생긴 중국집 한번 가볼래요?)를 봤습니다. 여기서 패턴은 Do you want to try…(~한번 가볼래요?)입니다. "새로 생긴 중국집 가볼래요?"말고 "이번엔 피자집 한번 가볼래요?"를 쓰고 싶다면? the new Chinese place를 a pizza place this time으로 바꿉니다. 그러면 금새 Do you want to try a pizza place this time?이라는 새로운 문장이 만들어집니다. 이 책 71페이지에 비즈니스 핵심패턴을 따로 정리했으니 꼭 활용해보세요.

07 | 장점은 키우고 단점은 줄인다

좋으면 아주 좋다고 하자

영어권 사람, 특히 미국인과 대화를 하다 보면 느끼는 특징이 있습니다. 그다지 대단치 않은 일에 대해서도 오버한다 싶을 정도로 열정적으로 감탄하는 것입니다. 바디랭귀지에서도 보이고 말 자체에서도 나타납니다. 표현도 다양합니다. 말 그대로 감탄사에서 감탄이 느껴집니다.

"와!"를 뜻하는 Wow!와 Whoa! 등을 시작으로 "오"가 담긴 Oh, wow!와 Oh, my goodness! 아래에 "멋지다"를 뜻하는 여러 표현을 소개합니다. 각 단어 앞에 That's를 붙여서 말하기도 합니다.

Awesome!　　　**Cool!**　　　　**Nice!**

Great!　　　　**Fantastic!**　　**Incredible!**

사실 원어민에게 '좋은 것'은 good이 아니라 great입니다. 오히려 good는 '그저 그렇다'라는 느낌마저 들지요. good을 써서 정말 좋은 것을 나타내려면 Really를 앞에 넣어서 Really good이라고 하세요.

같은 맥락으로, 좋아하는 무엇을 말할 때는 like 대신 love를 씁니다. 피자를 좋아하는 사람은 I like pizza라는 표현보다 I love pizza를 더 선호합니다. 영어권 사람들과 대화할 때 이런 표현이 감정을 전달하는 데 도움이 됩니다.

싫으면 별로라고 한다

한국에서도 사회생활을 할 때 '싫다'는 말을 자주 사용하지 않는 것처럼 영어권에서도 hate라는 단어를 잘 언급하지 않습니다. bad도 마찬가지입니다. 괜찮은 것을 great으로 과하게 표현하는 경향이 있다면, 나쁜 것을 not that good이나 okay 정도로 돌려 말하는 경향이 있습니다.

따라서 나쁜 경험은 bad가 아니고 '별로 안 좋은' 경험이 됩니다. 예를 들어 상대가 나에게 어제 본 영화에 대해 이렇게 묻습니다. How was the movie?(영화 어땠어요?)

(×) **It was bad. / It was terrible.** [직설적인 답변]

나빴어요. / 아주 나빴어요.

(○) **It wasn't that good.** [완곡한 답변]

별로였어요.

그러면 평소 내가 싫어하는 것은 어떻게 말할까요? 상대가 이렇게 묻습니다. Do you like Thai food?(태국 음식 좋아해요?)

(×) **I hate Thai food.** [직설적인 답변]

태국 음식 싫어요.

(○) **I'm not really into Thai food.** [완곡한 답변]

태국 음식 별로 좋아하지 않아요.

이처럼 원어민과 대할 때 싫은 감정이나 비관적인 의견을 살짝 눌러 말하면 어색하지 않게 대화를 진행할 수 있습니다.

knowhow

매끄럽게 말문이 터지는
비즈니스 회화
영어상식

01 | 대략적인 시간 말하기

지나간 시간

어떤 사건의 시기를 대략 언급할 때 다음과 같은 표현을 쓰면 매끄럽습니다.

John was here just a moment ago. John은 조금 전에 여기 있었는데요.

He went home a while ago. 조금 전에 집에 갔어요.

I finished the book a while back. Two months ago, I think.
얼마 전에 책을 다 읽었습니다. 두 달 전이었던 것 같아요.

현재

'지금'을 말할 때 now 외에도 다양한 표현이 있습니다.

We'll have to call Cindy now. 지금 Cindy에게 전화해야 합니다.

We need to go right now. 지금 당장 가야 합니다.

Right now, I'm not sure. 지금은 잘 모르겠어요.

I'm a little busy at the moment. 전 지금 좀 바쁩니다.

'요즘'을 말할 때는 이런 표현들이 있지요.

I haven't seen him at all lately. 최근에 그 사람 통 보지 못했어요.

People are too busy nowadays. 요즘에는 사람들이 너무 바쁩니다.

No one seems to read books these days. 요즘에는 책을 읽는 사람이 없는 것 같아요.

나중에

잠깐만 기다리라고 할 때는 '금방'을 의미하는 second(초) 또는 minute(분) 쓰는 경우가 많습니다.

I'll be there in a sec. 금방 갈게.

I'll be done in a minute. 금방 끝낼 거야.

조금 있다가 처리할 일일 때 쓰는 표현입니다.

I'll get to it a little later. 조금 있다 하겠습니다.

You can check it again in a little while. 조금 있다 다시 확인해 보세요.

조금 더 시간이 걸릴 듯한 것들은 이런 표현을 씁니다.

I can call later on. 나중에 전화하면 돼요.

Drop by sometime. 언제 한번 들러요.

We can talk about it further down the line. 향후 논의하면 돼요.

지금부터 얼마 후에

지금부터 얼마 후에 뭔가를 한다고 할 때 자주 틀리는 표현입니다.

> 5분 후에 전화할게요.

(×) **I will call you five minutes later.**

(○) **I will call you in five minutes.**

"5분 후"를 five minute later라고 하는 것을 자주 듣습니다. 문법적으로 문제가 있는 건 아니지만, 원어민 표현과는 거리가 있습니다. 5분같이 짧은 시간을 말할 때는 in을 써서 in five minutes라고 합니다. 이때 in은 '안에'를 뜻하는 게 아니라 '후에'를 의미합니다. '안에'를 말하려면 within을 씁니다.

더 긴 기간을 말할 때는 in이 아닌 from now가 적절합니다.

> 5년 후에 스페인 갈 겁니다.

(×) **I'm going to Spain five years later.**

(○) **I'm going to Spain five years from now.**

02 | 날짜와 시간 표현

시간 알리기

원어민들은 시간을 말할 때 minutes(분)을 생략하고 다른 방식으로 말합니다. 우선한 시간을 quarter(15분) 단위로 나누고 중간을 half(30분)라고 합니다. 정시에서 15분단위 또는 반 단위로 시간을 말하죠. 시간을 묻는 말에 대답할 때는 앞에 It's를 붙여서 말합니다. 1시 기준으로 한번 보겠습니다.

1:15   **quarter past one** 1시 15분

       quarter after one 1시 15분

1:30   **half past one** 1시 30분

       half after one 1시 30분

1:45   **quarter to two** 1시 45분 (2시 15분 전)

       quarter till two 1시 45분 (2시 15분 전)

그러면 5분이나 20분, 40분은 어떻게 표현할까요? 1분부터 9분은 중간에 0을 의미하는 "oh" 소리를 넣어 말합니다.

1:05   **one oh five** 1시 5분

       five past one 1시 5분

1:20   **one twenty** 1시 20분

       twenty past one 1시 20분

1:40   **one forty** 1시 40분

       twenty till two 1시 40분 (2시 20분 전)

물론 가장 쉬운 방법은 정시에 분 단위를 갖다 붙이는 겁니다. 예를 들어 1:15는 one fifteen, 1:30 one thirty 등 말입니다. 여기에 a.m.과 p.m., 또는 in the morning이나 in the afternoon, in the evening이나 at night을 추가할 수 있습니다.

o'clock은 정시에만 씁니다.

(×)   **1:20 o'clock**

(○)   **1 o'clock**

그리고 o'clock과 a.m./p.m은 함께 쓰지 않습니다.

(×)   **1 o'clock p.m.**

(○)   **1 o'clock**

(○)   **1 p.m.**

12시 정각을 의미하는 정오와 자정은 이렇게 표현하죠.

noon 정오

midnight 자정

이른 시간대와 늦은 시간대

하루를 오전과 오후, 저녁으로 나눈 후 조금 더 세밀하게 구분할 수 있습니다.

early morning 이른 아침	**early afternoon** 이른 오후	**early evening** 이른 저녁
mid-morning 아침나절	**mid-afternoon** 오후 중반	**mid-evening** 저녁나절
late morning 늦은 아침	**late afternoon** 늦은 오후	**late evening** 늦은 저녁

같은 방식을 월(month)에도 적용합니다.

early June 6월 초

mid-August 8월 중순

late December 12월 말

지났거나 다가오는 날짜 단위

그저께부터 모레까지는 이렇게 표현합니다.

the day before yesterday 그저께(그제)

yesterday 어제

today 오늘

tomorrow 내일

the day after tomorrow 모레(내일모레)

오고 가는 주나 달에 대해서는 이렇게 말합니다.

last week 지난주	**last month** 지난달
this past week 지난주	**this past month** 지난달
this week 이번 주	**this month** 이번 달
this coming week 돌아오는 주	**this coming month** 돌아오는 달
next week 다음 주	**next month** 다음 달
the following week 그다음 주	**the following month** 그다음 달

오고 가는 요일도 같은 방식입니다.

last Monday 지난 월요일

this past Monday 지난 월요일

this Monday 이번 월요일

this coming Monday 오는 월요일

next Monday 다음 월요일

the following Monday 그다음 월요일

어제와 오늘, 내일과 함께 말하는 시간대

자주 혼동되는 시간대이기에 옳은 표현과, 틀린 표현을 함께 소개합니다.

어제	오전 **yesterday morning**	
	오후 **yesterday afternoon**	
	저녁 **yesterday evening /last night**	(×) **yesterday night**

오늘	오전 **this morning**	(×) **today morning**
	오후 **this afternoon**	(×) **today afternoon**
	저녁 **this evening /tonight**	(×) **today night**

내일   오전 **tomorrow morning**

오후 **tomorrow afternoon**

저녁 **tomorrow evening /tomorrow night**

주기적인 일정

1~4분기, 상반기, 후반기는 이렇게 표현합니다.

first quarter 1분기

second quarter 2분기

third quarter 3분기

fourth quarter 4분기

first half of 상반기

second half of 하반기

정기적으로 반복되는 일이나 행사는 이런 표현과 함께 사용하세요.

quarterly 분기별의

semi-annual 반년마다

weekly 매주의

biweekly 격주의 또는 한 주일에 두 번 하는

bimonthly 격월의 또는 한 달에 두 번 하는

regular 정기적인, 주기적인

03 | 시간 앞에 붙는 전치사

시간 전치사: in

오전과 오후, 저녁에는 in이 붙습니다.

in the morning 오전에

in the afternoon 오후에

in the evening 저녁에

월과 연도에도 in이 적용됩니다.

in January 1월에

in 2020 2020년에

in January 2020 2020년 1월에

계절도 마찬가지입니다.

in (the) summer 여름에

in (the) fall / autumn 가을에

in (the) winter 겨울에

in (the) spring 봄에

시간 전치사: on

요일에는 on이 먼저 나옵니다.

on Monday

오전부터 밤을 말할 때도 on을 씁니다.

on Monday morning 월요일 아침에

on Tuesday afternoon 화요일 오후에

on Wednesday evening 수요일 저녁에

on Sunday night 일요일 밤에

정확한 날짜를 언급할 때도 on을 씁니다. 1일부터 31일까지 표현할 때는 보통 서수로 표현합니다. January 1은 January first로 읽습니다.

on January 1, 2023 2023년 1월 1일에

특별한 날 또는 공휴일에도 on을 씁니다.

on Christmas day 크리스마스 날에

on Thanksgiving 추수감사절에

on Easter (Sunday) 부활절에

on New Year's eve 섣달 그믐날에

시간 전치사: at

밤(night)이나 구체적인 시각을 말할 때는 at이 들어갑니다.

at night 밤에

at noon 정오에

at midnight 자정에

at 1:20 (one twenty) 1시 20분에

04 | 분수와 소수점

분수 읽기

한국에서 1/3을 읽을 때는 "3분의 1"이라고 하죠. 분모가 먼저, 그다음 분자가 나오는 방식입니다. 영어는 순서가 반대입니다. 먼저 분자(numerator)를 기수(cardinal number)로 읽은 후 분모(denominator)를 서수(ordinal number)로 읽지요. 분모가 4일 때는 quarter라는 단어로 대신하기도 합니다.

1/2 **one-half** 2분의 1

1/3 **one-third** 3분의 1

1/4 **one-fourth / one-quarter** 4분의 1

1/8 **one-eighth** 8분의 1

분자가 단수일 때는 a 또는 an을 앞에 넣어서 이렇게도 말합니다. 단, half에는 관사가 붙지 않습니다.

1/2 **half** 2분의 1

1/3 **a third** 3분의 1

1/4 **a fourth** 4분의 1

1/8 **an eighth** 8분의 1

분자가 복수면 서수를 읽을 때 s가 붙습니다.

2/3 **two-thirds** 3분의 2

3/4 **three-fourths / three-quarters** 4분의 3

3/8 **three-eighths** 8분의 3

5/8 **five-eighths** 8분의 5

분수를 사용한 예문을 몇 개 보겠습니다.

Almost a third of the students didn't pass.
학생 중 거의 1/3이 시험을 통과하지 못했습니다.

Two-thirds of the order has now been processed.

이제 주문 중 2/3가 처리됐습니다.

Can I get half of that? 그거 반 가져도 돼요?

소수점 읽기

점 앞의 숫자는 기수(cardinal number)로 읽고 '점'은 point로, 그 뒤는 숫자 하나씩 읽습니다. 점 앞의 숫자가 0이면 zero를 생략하기도 합니다.

12.05   **twelve point zero five**

11.247   **eleven point two four seven**

0.21   **zero point two one / point two one**

05 | 숫자(번호)

숫자 0

한국에서 숫자 0을 '공'이나 '영'이라고 하는 것처럼, 영어로도 0을 zero라고 하는 것보다 알파벳 O처럼 '오'라고 하는 경우가 많습니다. 따라서 707은 seven oh seven이지요. 참고로 0이 007처럼 두 번 연속 나오면 zero zero seven이 아니라 double oh seven입니다.

두 자리 단위로 말하는 숫자

영어로 2465를 어떻게 읽을까요? 예를 들어 전화로 "전 2465호에 있습니다"(I'm in room 2465.)를 말할 때 말입니다. 만약 two four six five라고 해도 틀린 건 아닙니다. 하지만 가장 세련된 표현은 twenty-four (잠시 끊고) sixty-five입니다. 두 자리 단위씩 말하지요. 1901처럼 중간에 0이 들어가도 흔히 nineteen oh eight으로 끊어서 읽습니다.

연도도 마찬가지입니다. 서울 올림픽이 열리던 1988는 nineteen (잠시 끊고) eighty-eight입니다. 2000년 대도 마찬가지만 일반 숫자처럼 읽기도 합니다. 이를테면 2019년은 twenty nineteen이나 two thousand nineteen입니다. 다만 2000년부터 2009년은 중간에 끊지 않고 일반 숫자처럼 읽는 경우가 많습니다. 예를 들어 한일 월드컵이 열린 2002년은 two thousand two로 말합니다.

06 | 축약형과 생략

축약형(contractions)

같은 말이라도 조동사는 축약형으로 쓰면 더 자연스럽게 들립니다. 먼저 be 동사를 축약하는 경우입니다.

I am	I'm	**I'm home.** 집에 왔어요.
You are	you're	**You're here.** 오셨군요.
He is	he's	**He's gone.** 그분 갔어요.
She is	she's	**She's my sister.** 제 여동생입니다. / 제 언니(누나)입니다.
It is	It's	**It's not right.** 옳은 일이 아니에요.
They are	they're	**They're at work.** 그분들 회사에 있어요.

Be 동사의 과거형도 축약할 수 있습니다.

| was not | wasn't | **I wasn't home.** 전 집에 없었어요. |
| were not | weren't | **They weren't at work.** 그분들 회사에 없었어요. |

또 do의 부정 축약형이 있습니다.

do not	don't	**I don't want to.** 그러기 싫어요.
does not	doesn't	**He doesn't work.** 그분 일 안 해요.
did not	didn't	**She didn't go.** 그분 가지 않았어요.

have의 축약형입니다.

I have	I've	**I've been there.** 전 가본 적 있어요.
He has	He's	**He's gone home.** 그분은 집에 갔어요.
I had	I'd	**I'd already seen it.** 전 이미 본 적 있었어요.

have의 부정 축약형도 있습니다.

have not	haven't	**I haven't.** 전 한 적 없어요.
has not	hasn't	**She hasn't.** 그분은 한 적 없어요.
had not	hadn't	**I hadn't** known then. 그때는 몰랐었어요.

Here과 there, how와 now도에 is를 붙여서 축약할 수 있습니다.

Here is	Here's	**Here's an idea.** 좋은 생각이 있어요.
There is	There's	**There's no class tomorrow.** 내일 수업 없어요
How is	How's	**How's work?** 직장 어때요?

will과 would도 축약할 수 있습니다.

| I will | I'll | **I'll go.** 제가 갈게요. |
| I would | I'd | **I'd say so.** 그렇게 생각해요. |

이중 부정 축약형도 있습니다.

cannot	I can't	**I can't do it.** 그렇게 못합니다.
could not	couldn't	**I couldn't do it.** 그렇게 못하겠습니다.
should not	shouldn't	**I shouldn't do it.** 그렇게 하면 안 될 듯해요.
will not	won't	**I won't do it.** 그렇게 안 하겠습니다.

원어민들이 자주 쓰는 비격식적인 축약표현도 알아둡시다.

going to	gonna	**I'm gonna go.** 가볼게요.
want to	wanna	**I wanna go.** 가고 싶어요.
got to	gotta	**I gotta go.** 가야 해요.

단어 생략하기(ellipsis)

캐주얼한 대화에서 앞부분, 특히 첫 단어를 생략할 수 있는 표현들도 있습니다. I가 생략되는 예입니다.

I got to go.	**Got to go. / Gotta go.** 가야 해요.
I hope you're right.	**Hope you're right.** 그게 맞기를 바랍니다.
I can't do it.	**Can't do it.** 못 하겠어요.

Are you가 들어가는 질문에서 are가 생략되기도 합니다.

[Are] You going? 갈 거예요?

[Are] You happy? 기분 좋아요?

Do you에서 Do, 또는 Do you 두 단어 모두 생략되기도 하지요.

Do you mind?	**You mind?** 그래도 괜찮아요?
Do you have time?	**You have time?** 시간 있어요?
Do you want to go?	**You want to go? / Want to go?** 갈래요?
Do you need this?	**You need this? / Need this?** 이거 필요해요?

That을 빼기도 합니다.

That sounds good.	**Sounds good.** 좋은 생각입니다.
That needs work.	**Needs work.** 손 좀 봐야 해요.
That feels wrong.	**Feels wrong.** 느낌이 안 좋아요.
That might work.	**Might work.** 될 수도 있겠네요.

07 | 발음

완벽한 발음이 목표가 아니다

원어민이 아닌 이상 완벽한 발음을 하는 것은 쉽지 않습니다. 발음이 좋을수록 대화가 매끄럽지만, '발음'보다 더 중요한 것은 '의사소통'입니다. 글로벌 비즈니스에서 영어를 사용하는 것은 상대와 의사소통을 원활하게 하기 위해서이니까요. 그러나 몇몇 의사 전달을 방해하는 발음 오류는 바로 잡는 것이 좋습니다.

흔히 잘못 발음하는 단어들

시작을 의미하는 단어 중 begin은 be 부분이 '비' 발음과 비슷하죠. 하지만 '베'처럼 발음할 때도 많습니다. 예를 들어 better와 best, bet 등이 있습니다. 문제는 가끔 '베' 소리가 나와야 하는 단어에서 '비'소리가 나온다는 겁니다. 아래 단어를 잘못 발음하는 경우가 생각보다 잦습니다.

beverage 음료

(×) 비브리지   (○) 베브리지

re로 시작하는 단어로는 '레'(원어민에 가까운 발음은 '뤠')발음이 나오는 record나 reference 등이 있지만, '리'(실은 '뤼')발음의 remember나 reply 등도 있습니다.

report 보고서

(×) 레포트   (○) 뤼폴트

whi~는 'ㅎ'소리 보다는 'ㅇ'소리에 더 가깝습니다.

white 하얀

(×) 화이트   (○) 와잇

whistle 휘파람

(×) 휘슬   (○) 위쏘

이번에는 vel로 끝나는 단어입니다. 전반적으로 '벨'이 아닌 '보'소리가 납니다.

level 정도, 수준

(×) 레벨   (○) 레보

que로 시작하는 단어들은 '퀘' 보다는 '쿠웨'로 발음되는 경우가 많습니다.

question 질문

(×) 퀘스천   (○) 쿠웨스천

이 외에도 흔히 잘못 발음하는 단어가 많지만 몇 가지만 더 소개합니다.

vacation 휴가, 방학

(×) 버케이션   (○) 베케이션

online 온라인

(×) 올라인   (○) 언라인

theme 테마

(×) 테마   (○) 띰 (소위 번데기 발음)

이중 자음(double consonant)

한국에서 pizza는 '피자'로 발음하는데, 영어에서는 이중 자음을 끊는 느낌으로 '핏자'에 더 가깝습니다. 그런데 다른 이중 자음 단어는 보통 부드럽게, 즉 끊기지 않는 소리가 납니다. 한국에서는 오히려 끊어서 읽기 때문에 주의해야 합니다.

Hanna 한나

(×) 한나   (○) 해나

summer 여름

(×) 썸머   (○) 써멀

running 달리기

(×) 런닝   (○) 뤄닝

비슷한 방식으로 d와 g가 붙은 단어들이 있습니다. 여기서도 한국에서는 끊어 읽지만, 영어로는 부드럽게 발음합니다.

bridge 다리

(×) 브릿지   (○) 브뤼지

온라인 사전에서 발음 확인

평소 아는 단어라도 발음을 확실히 모르겠다면 스마트폰으로 사전을 찾아 들어보는 것도 좋은 습관입니다. 듣고 여러 번 따라 해보기를 권합니다. 가능하면 단어가 담긴 문장을 만들어보고 그 문장 자체를 여러 번 읽어 보는 것도 한 가지 방법이지요.

08 | 미국식 영어와 영국식 영어

같으면서도 다른 언어

미국식 영어와 영국식 영어는 무엇보다 먼저 발음에서 차이가 있습니다. 그 외에도 미묘한 문법의 차이와 특정 철자의 차이가 있고요. 이 책은 미국식 영어에 초점을 맞췄지만, 참고를 위해 두 스타일의 차이점을 간단하게 소개합니다.

과거형(past tense)

미국에서 단순한 과거형을 쓰지만, 영국에서는 과거완료 또는 반과거형을 씁니다.

수업을 들으셨나요?

미국 **Did you take the class?**

영국 **Have you taken the class?**

이탈리아에서 정말 좋은 시간을 보냈어요.

미국 **I had a great time in Italy.**

영국 **I have had a great time in Italy.**

저 혼자라는 걸 알게 되었어요.

미국 **I realized that I was alone.**

영국 **I had realized that I was alone.**

정관사(definite articles)

영국식 영어에서는 정관사 the를 자주 생략합니다.

처음 할 때 성공했어요.

미국 **I succeeded the first time.**

영국 **I succeeded first time.**

당신의 미래의 모습은 어떨 것 같아요?

미국 **How do you see yourself in the future?**

영국 **How do you see yourself in future?**

집합명사(collective nouns)와 동사(verbs)

미국에서는, 집합명사에 따르는 동사가 단수형이지만 영국에서는 복수형을 사용하는 편입니다.

제 가족은 서울에 삽니다.

미국 **My family lives in Seoul.**

영국 **My family live in Seoul.**

부정 단축형(negative contractions)

부정 단축형을 만들 때 흔히 미국인은 조동사와 not을 줄이는 반면, 영국인은 대명사와 조동사를 줄여 말합니다.

아직 중국에 가보지 못했습니다.

기본 **I have not been to China yet.**

미국 **I haven't been to China yet.**

영국 **I've not been to China yet.**

본 적이 없었습니다.

기본 **I had not seen it.**

미국 **I hadn't seen it.**

영국 **I'd not seen it.**

철자(spelling)

흔히 사용하는 단어의 철자가 다른 때도 있습니다. 모두 다룰 수는 없으니 여기에서는 몇 가지 예만 소개합니다.

의미	미국	영국
색깔	color	colour
매우 좋아하는	favorite	favourite
극장	theater	theatre
미터	meter	metre
센터	center	centre
전문으로 하다	specialize	specialise
외우다	memorize	memorise
여행자	traveler	traveller
배웠다	learned	learnt
꿈꿨다	dreamed	dreamt

단어 차이

일상에서 사용하는 단어 자체가 다르기도 합니다. 아래 예로 든 것 외에도 꽤 많습니다.

의미	미국	영국
아파트	apartment	flat
화장실	bathroom, restroom	toilet
쓰레기	trash, garbage	rubbish
벽장	closet	wardrobe
엘리베이터	elevator	lift
1층	first floor	ground floor
쿠키	cookie	biscuit
감자튀김	French fries	chips
편의점	convenience store	corner shop
안경	glasses	spectacles
지폐	bill	note
우편	mail	post
철도	railroad	railway
주차장	parking lot	car park

트렁크	trunk	boot
차 앞유리	windshield	windscreen
고속도로	highway, freeway	motorway
휘발유	gas	petrol
교차로	intersection	crossroads
지하철	subway	tube, underground
산타클로스	Santa Claus	Father Christmas
메리 크리스마스!	Merry Christmas!	Happy Christmas!
극장	movie theater	cinema
축구	soccer	football
플래시, 손전등	flashlight	torch
이름	first name	Christian name

patterns

매일 쓰는 비즈니스 표현 패턴

01 | 고맙습니다

원어민이 일상에서 가장 흔히 쓰는 표현이라고 해도 과언이 아닙니다. Thank you 는 말하는 사람, 듣는 사람 모두 기분이 좋아지고 분위기를 띄우는 역할을 합니다. 상황에 따라 간단히 Thanks나 좀 더 긴 Thanks a lot으로도 표현할 수 있으며, 고 마워하는 이유를 덧붙일 때는 뒤에 for+고마운 일(명사 또는 -ing 형태)를 씁니다.

Thanks for + 명사 (~ 고맙습니다)

도움 고맙습니다.
Thanks for your help.

충고 고맙습니다.
Thanks for the heads up.

Thank you for + 명사 (~ 감사합니다)

그 책 감사합니다.
Thank you for the book.

친절하게 대해주신 것 감사합니다.
Thank you for your kindness.

Thanks for + -ing (~해 줘서 고맙습니다)

전화해줘서 고맙습니다.
Thanks for calling.

그 일 처리해줘서 고맙습니다.
Thanks for taking care of that.

Thank you for + -ing (~해 주셔서 감사합니다)

기회를 주셔서 감사합니다.
Thank you for giving me a chance.

저희를 공항까지 데려다주셔서 감사합니다.
Thank you for driving us to the airport.

I appreciate + 명사 (~ 고맙습니다)

콘서트 티켓 고맙습니다.

I appreciate the concert tickets.

조언 고맙습니다.

I appreciate your advice.

I appreciate you + -ing (~해주셔서 고맙습니다)

그것에 대해 알려주셔서 고맙습니다.

I appreciate you telling me about it.

이렇게 빨리 끝내주셔서 고맙습니다.

I appreciate you finishing it so quickly.

02 | ~에 관해 얘기합시다

무언가에 대해 논의하고자 할 때 다짜고짜 본론부터 들어간다면 상대는 혼란스러워할 수 있습니다. 먼저 아래 패턴 중 하나를 선택해서 논의할 주제를 붙여서 언급하면, 상대의 주위를 집중시킨 후 자연스럽게 본론에 들어갈 수 있습니다.

Let's talk about + 명사 (~에 관해 얘기합시다)

다른 것에 관해 얘기합시다.

Let's talk about something else.

돈에 관해 얘기합시다.

Let's talk about the money.

We need to discuss + 명사 (~에 관해 논의해야 합니다)

일정에 대해 논의해야 합니다.

We need to discuss the schedule.

프로젝트에 대해 논의해야 합니다.

We need to discuss the project.

Could we talk about + 명사 (~에 관해 얘기할 수 있나요?)

Fred에 관해 얘기할 수 있나요?

Could we talk about Fred?

세부사항에 관해 얘기할 수 있나요?

Could we talk about the details?

It's about + 명사 (~에 관한 겁니다)

중국에 대한 겁니다.

It's about China.

전에 논의했던 그 문제에 대한 겁니다.

It's about the problem we talked about before.

03 | 죄송합니다

Sorry는 사과를 뜻하는 기본 단어입니다. 실수로 누구와 부딪치거나 가벼운 실례를 했을 때 Sorry 또는 Sorry about that 정도로 사과하면 그만이지만, 조금 더 강도 높은 사과를 할 경우 I'm really sorry about처럼 표현이 길어집니다. 그런데 비즈니스 상황에서 사과할 때 한 가지 신중하게 고려할 것이 있습니다. 향후 법적 문제가 생길 경우, 내가 선의로 한 사과가 '잘못'을 인정했다는 증거로 인정될 수 있다는 점이 그것입니다. 따라서 정중하게 사과하되, 표현은 가려서 해야 합니다.

Sorry to + 동사 (~해서 죄송합니다)

끼어들어서 죄송합니다.
Sorry to interrupt.

이 말을 하게 돼서 죄송합니다.
Sorry to tell you this.

I'm sorry about + 명사 (~에 대해 죄송합니다)

그렇게 하게 되어 죄송합니다.
I'm sorry about that.

제가 한 일에 대해 죄송합니다.
I'm sorry about what I did.

I apologize for + 명사 (~에 대해 사과합니다)

지연에 대해 사과합니다.
I apologize for the delay.

점심때 저의 행동에 대해 사과합니다.
I apologize for my behavior during lunch.

I want to apologize for + -ing (~한 것에 대해 사과하고 싶습니다)

비서에게 무례하게 대한 것을 사과하고 싶습니다.
I want to apologize for being rude to your assistant.

보고서를 너무 늦게 드려서 사과하고 싶습니다.
I want to apologize for getting the report to you so late.

04 | 유감입니다

Sorry는 안타까움과 유감을 표현하는 단어이기도 합니다. 사실 영어권에서 Sorry 를 사과할 때 흔히 쓰지만, 유감의 뜻을 전할 때도 자주 씁니다.

Sorry, but (유감이지만)

유감이지만, 전 못합니다.
Sorry, but I just can't do it.

유감이지만, 그건 너무 비쌉니다.
Sorry, but that's too high.

I'm sorry, but (유감스럽지만)

유감스럽지만, 저희 CEO는 동의하지 않을 겁니다.
I'm sorry, but our CEO won't agree to that.

유감스럽지만, 우린 그만하겠습니다.
I'm sorry, but we're done here.

I'm afraid (that) + 절 (유감스럽지만)

유감스럽지만 그 제안을 받아들일 수 없습니다.
I'm afraid we can't accept the proposal.

유감스럽지만 아무런 진전이 없네요.
I'm afraid that this is going nowhere.

I hate to say this, but (이런 말 하기 싫지만)

이런 말 하기 싫지만, 저희는 선택에 여지가 없습니다.
I hate to say this, but we have no choice.

이렇게 말하기 싫지만, 대답은 no입니다.
I hate to say this, but the answer is no.

I'm sorry (that) + 절 (~해서 안타깝네요)

그렇게 느낀다니 안타깝네요.

I'm sorry you feel that way.

합의를 보지 못해서 안타깝네요.

I'm sorry that we couldn't come to an agreement.

05 | ~했으면 합니다 / ~하겠습니다

would에는 희망이나 의지의 뜻이 담겨있습니다. 따라서 I would는 내가 무언가를 바라거나 하고 싶다, 또는 무엇을 하겠다고 할 때 사용합니다. 말할 때에는 I would 의 축약형인 I'd를 쓰는 것이 자연스럽습니다.

I'd be + 형용사 (~하겠습니다)

기꺼이 하겠습니다.

I'd be happy to.

연설하는 걸 영광으로 생각하겠습니다.

I'd be honored to give the speech.

I'd + 동사 (~하겠습니다)

사양하겠습니다.

I'd rather not.

저 같으면 Cindy와 얘기하겠습니다.

I'd talk to Cindy if I were you.

I'd like to + 동사 (~하고 싶습니다)

한번 시도해 보고 싶습니다.

I'd like to give it a try.

왜 그런지 알고 싶습니다.

I'd like to know why.

06 | ~이 가능할까요?

상대방에게 무언가를 요청하는 표현으로는 간결한 Can you~?와 Can I~?를 가장 많이 씁니다. 조금 더 격식을 차릴 때는 Can 대신 Could를 사용하지요. Would you mind if~ 패턴에서는 보통 과거시제를 쓰지만 캐주얼하게 현재시제를 쓰는 경우도 많습니다.

Can you + 동사 (~해 주시겠어요?)

창문 열어 주시겠어요?

Can you open the window?

더 구체적으로 말해 주시겠어요?

Can you be more specific?

Could you + 동사 (~해 주시겠습니까?)

월요일에 전화 주시겠습니까?

Could you call me Monday?

다시 한번 설명해 주시겠습니까?

Could you go over that again?

Can I + 동사 (~해도 될까요?)

질문 하나 해도 될까요?

Can I ask you a question?

그거 한번 봐도 될까요?

Can I take a look?

Could I + 동사 (~할 수 있을까요?)

제가 그에게 직접 물어볼 수 있을까요?

Could I ask him directly?

그 부분 다시 들어 볼 수 있을까요?

Could I hear that part again?

Mind if I + 동사 (~해도 괜찮나요?)

내일 하루 휴가 내도 괜찮나요?
Mind if I take a day off tomorrow?

제 상사에게 이걸 보여줘도 괜찮나요?
Mind if I show this to my boss?

Would you mind + -ing (~해 주시겠습니까?)

회의를 미뤄 주시겠습니까?
Would you mind postponing the meeting?

이유를 말씀해 주시겠습니까?
Would you mind telling me the reason?

Would you mind if + 과거형 또는 현재형 동사 (~해도 괜찮겠습니까?)

잠깐 휴식을 취해도 괜찮겠습니까?
Would you mind if we took a short break?

이 전화 받아도 괜찮겠습니까?
Would you mind if I take this call?

May I + 동사 (~해도 되겠습니까?)

들어가도 되겠습니까?
May I come in?

잠깐 얘기 좀 해도 되겠습니까?
May I talk to you for a moment?

If possible, (가능하다면)

되도록 내일까지 주세요.
If possible, get it to me by tomorrow.

함께 하고 싶습니다, 가능하다면요.
I'd like to join you, if possible.

좋은 소식을 들었거나 전할 때 I'm에 happy 또는 glad를 붙여서 기쁘다는 표현을 할 수 있습니다. 그리고 내가 향후 어떤 행동을 기꺼이 하겠다고 말하려면 I'd be에 happy나 glad를 넣으면 됩니다.

I'm happy to + 동사 (~하게 되어 기쁩니다)

다시 돌아온 걸 보니 기쁩니다.

I'm happy to see you back.

도움이 될 수 있어서 기쁩니다.

I'm happy to be of service.

I'm glad to + 동사 (~하게 되어 기쁘네요)

다시 뵙게 되어 기쁘네요.

I'm glad to see you again.

그 말을 들으니 기쁘네요.

I'm glad to hear that.

It's good to + 동사 (~하게 되어 좋습니다)

다들 다 잘 지내고 있으니 좋습니다.

It's good to see everyone doing so well.

당신 같은 전문가와 말을 나눌 수 있어서 좋습니다.

It's good to be able to talk to an expert like yourself.

I'm glad (that) + 동사 (~해서 기쁩니다)

이렇게 와주셔서 기쁩니다.

I'm glad you could make it.

좋은 영화의 진가를 알아주는 사람이 있어서 기쁩니다.

I'm glad that someone appreciates a good movie.

I'd be happy to + 동사 (기꺼이 ~하겠습니다)

기꺼이 처리하겠습니다.

I'd be happy to take care of it.

기꺼이 사무실에 들르겠습니다.

I'd be happy to come by the office.

I'd be glad to + 동사 (기꺼이 ~하겠습니다)

기꺼이 세미나에 참석하겠습니다.

I'd be glad to attend the seminar.

원한다면 기꺼이 함께 가겠습니다.

I'd be glad to go with you, if you want.

08 | ~대로

글에서는 '~대로'를 뜻하는 의미로 as를 흔히 쓰지만, 말에서는 as와 함께 like도 자주 사용합니다.

As + 주어 + said, (~가 말한 대로)

Tim이 말한 대로, 현시점에서 우리가 할 수 있는 건 별로 없습니다.

As Tim said, there's not much we can do at this point.

말씀하신 것처럼, 시간이 좀 걸릴 겁니다.

As you said, it'll take a while.

Like + 주어 + said, (~가 말한 대로)

제가 말한 것처럼, Kate Lee는 기분이 좀 상했어요.

Like I said, Kate Lee was upset.

저분들이 말씀한 대로, 일정이 주요 쟁점입니다.

Like they said, the schedule is the main issue.

As + 주어 + mentioned, (~가 언급했듯이)

Matt가 언급했듯이, 이게 도시 지도입니다.

As Matt mentioned, this is the map of the city.

언급하셨듯이, 변호사들이 내일 만나길 원합니다.

As you mentioned, the lawyers want to meet tomorrow.

As + 주어 + pointed out, (~가 지적했듯이)

제대로 지적하셨듯이, 날씨가 문제가 될 수 있습니다.

As you rightly pointed out, the weather could be a problem.

그가 지적했듯이, 이사회가 계약서를 별로 반기지 않네요.

As he pointed out, the board isn't all that happy with the contract.

As we discussed (우리가 논의한 대로)

어제 논의한 대로, Kevin의 팀이 먼저 프레젠테이션을 하겠습니다.

As we discussed yesterday, Kevin's team will make the presentation first.

논의한 대로, 우리 다 함께 그들을 만나러 가겠습니다.

As we discussed, we'll all go see them.

09 | 축하합니다

가장 흔히 쓰는 축하 표현은 단연 Congratulations이지요. 주의할 것은 단어 끝에 반드시 s를 붙여야 한다는 것입니다. 친한 사람에게는 이 단어를 줄여 간단하게 Congrats라고도 합니다.

Congrats on (~을 축하합니다)

승진을 축하합니다!
Congrats on your promotion!

훌륭한 일 처리 축하합니다!
Congrats on a job well done!

Congratulations (축하드립니다)

축하드립니다! 프로젝트를 따냈다면서요.
Congratulations! I hear you got the project.

축하드립니다, 저와 함께 파리를 가게 됐어요.
Congratulations, you're going to Paris with me.

Congratulations on (~을 축하드립니다)

멋진 프레젠테이션을 축하드립니다.
Congratulations on a great presentation.

특별상 수상을 축하드립니다.
Congratulations on receiving the special award.

Congratulations to (~에게 축하드립니다)

모두에게 축하드립니다.
Congratulations to everyone.

그 계약을 따낸 것에 대해 그쪽 팀에게 축하드립니다.
Congratulations to your team on getting the contract.

잘 해냈어요!

Nice work!

잘했어요!

Great job!

브라보!

Bravo!

10 | ~해주세요

Please는 무엇을 요청하거나 부탁할 때 쓰지만, 지시할 때도 사용합니다. 비즈니스 상 please는 '제발'이나 '부디'라는 의미보다는 예의를 갖추는 역할을 합니다.

Please + 동사 (~해 주세요)

팩스를 받으면 알려주세요.

Please let me know when you get the fax.

제시간에 오세요.

Please arrive on time.

I'd like to ask (당부합니다)

클라이언트에게 전화하는 걸 미루기를 당부합니다.

I'd like to ask that you hold off on calling the client.

그거 좀 그만했으면 합니다.

I'd like to ask you to stop doing that.

I'd appreciate it if you + 동사 (~하면 좋겠습니다)

일정을 변경했으면 좋겠습니다.

I'd appreciate it if you would change the schedule.

공지하지 않았으면 좋겠습니다.

I'd appreciate it if you didn't make the announcement.

I/We would like to request that 명사 + 동사 (~하기를 요청합니다)

그건 나중에 논의하기를 요청합니다.

I would like to request that we discuss that later.

이 회의를 비밀로 해 두기를 요청합니다.

We would like to request that this meeting be kept confidential.

etiquette

모르면 낭패 보는
비즈니스
에티켓

식당에서 tip은 정해져 있다

국내 기업에서 '비즈니스 영어 워크숍'을 진행할 때, 미국 외식 문화를 언급하면서 참가자들에게 항상 묻는 말이 있습니다. "미국에서 식당 종업원 팁은 얼마나 줘야 할까요?" 미국으로 여행이나 출장을 가 본 적 없는 참가자들은 대게 5%나 10%를 제시합니다. 팁 문화가 없는 국내에서는 5~10%는 아주 후한 비율로 느껴지기 마련 이지요.

그러나 실제로 팁은 전체 금액에 최소 15%입니다. 밥값이 비싸게 나와도 15%, 저렴 하게 나와도 15%입니다. 서비스가 특히 마음에 들었다면 이보다 더 주는 경우도 있 습니다. 카드로 계산할 때는 간단한 방법이 있습니다. 종업원에게 "Add 15% tip(팁 을 15% 더하세요)"이라고 말하면 알아서 처리해줍니다. 물론 패스트푸드점은 예외지만 요.

식사할 때 몇 가지 매너는 절대 지킨다

미국에서는 식사 중 팔꿈치를 테이블에 놓는 것은 실례입니다. 우리에게는 큰 문제 같지 않지만 어렸을 때부터 이 관례가 몸에 밴 원어민에게는 팔꿈치를 테이블에 놓 고 식사를 하는 게 매너 없게 느껴질 수 있습니다. 손과 팔은 괜찮습니다.

그리고 팔을 뻗어 멀리 있는 소금이나 냅킨 같은 걸 가져와도 실례가 됩니다. Can you please pass the(~좀 집어 주시겠어요)? 패턴을 활용해서 옆 사람에게 필요한 것을 요청하는 게 맞습니다. 음식을 먹을 때나 음료를 마실 때 후루룩 소리 내지 않는 것 도 잊지 마세요.

피부 접촉은 금물이다

타인과의 피부 접촉에 대해 미국인은 한국인보다 민감하게 반응합니다. 악수 외에 는 다른 접촉을 가능한 피하는 것이 일반적이지요. 동성끼리도 마찬가지입니다. 가 볍게 어깨를 치는 것도 그렇지만 너무 가까이 서 있어도 실례가 됩니다. 자신을 감싸 고 있는 투명한 버블이 있다고 상상하세요. 미국 문화에서는 타인이 이 버블을 넘어 오면 자기도 모르게 긴장을 합니다. 물론 친해지면 사정은 달라질 수 있습니다.

V사인은 욕이 될 수도 있다

우리는 사진 찍을 때 손가락으로 V사인을 자주 합니다. 미국에서는 V사인이 한창 유행을 타던 6, 70년대 이후 일상에서 자취를 감췄습니다. 의미도 다릅니다. 전쟁을 반대하며 평화를 뜻하는 표시였으니까요. 물론 요즘은 영어권 사람들이 유튜브 등을 통해 동양 문화도 자주 접하게 되면서 사진 찍을 때 V사인을 아주 낯설어 하지는 않습니다. 다만 영국에서는 손등이 바깥으로 향한 V사인은 매우 나쁜 욕으로 간주하니 주의가 필요합니다.

엘리베이터와 문에서의 예의

엘리베이터 에티켓은 영어권 국가뿐 아니라 한국에서도 중요하지요. 엘리베이터 문이 열리면 일단 안에 있는 사람들이 모두 내리기를 기다린 후 들어갑니다. 한국의 지하철 질서와 같습니다. 그리고 어떤 출입문이든 먼저 도착한 사람이 문을 열고 뒤에 오는 일행이 다 지나간 다음 들어가는 것이 원칙입니다.

금물 주제

가벼운 대화에서든 비즈니스 관련 논의에서든, 상대에게 불쾌감을 주는 주제나 자신의 개인적인 성향을 드러내는 발언은 하지 않는 것이 좋습니다. 따라서 돈, 정치, 종교, 섹스, 성적 성향, 인종과 관련된 주제는 멀리해야 합니다.

테이블 세팅

실제로 영어권에서조차 테이블 세팅(table setting)을 제대로 아는 사람이 많지 않습니다. 복잡해서 혼란만 초래할 테이블 세팅 그림은 생략하고, 대신 미국 비즈니스 에티켓 전문가 바바라 패치터(Barbara Pachter)가 고안한 쉽게 기억할 수 있는 팁을 몇 가지 소개하겠습니다.

먼저 BMW라는 약자를 떠올려보세요. bread(빵)는 왼쪽, main meal(주요 요리)은 중간, water(물)은 오른쪽입니다. 간단하지요? 그리고 포크와 스푼, 나이프는 어디로 갈까요? 이것도 기억하기 쉽습니다. 왼쪽은 영어로 LEFT이니까 네 글자로 기억, 오른쪽은 RIGHT이니까 다섯 글자로 기억하면 됩니다. fork도 네 글자이니 left에 있고, spoon과 knife는 다섯 글자이니 right에 있습니다. 식기류를 쓸 때 순서는 바깥에서 안쪽 순입니다.

명함 교환하기

명함을 교환할 때 한국에서처럼 일어서서 명함을 두 손으로 받을 필요는 없습니다. 지나치게 격식을 차린 느낌을 주고, 문화적으로 실례를 범하지는 않을까 하는 생각에 불안감을 느낄 수 있습니다. 하지만 공통적인 규칙은 같습니다. 명함에서 이름이 보이는 앞면을 위쪽으로 하는 건 기본이며, 자신의 명함홀더에 넣기 전에 모서리를 잡고 잠시 훑어보는 제스처를 취하는 건 상대에 대한 호의를 나타내는 좋은 매너입니다.

복장

정장을 입을 때 몇 가지만 기억해두면 더욱 세련돼 보입니다. 우선 한국에서도 마찬가지지만, 글로벌 비즈니스 현장에서 하얀 양말은 정장과 절대 어울리지 않습니다. 양말 색은 바지 색과 맞추는 게 일반적입니다. 남자의 경우 넥타이는 벨트 버클 중간까지 내려오고, 벨트 색은 흔히 구두 색과 맞춥니다. 그리고 양복 상의 단추가 두 개든 세 개든, 가장 아래 단추는 잠그지 않습니다.

열린 표정과 시선 맞추기

요즘은 한국에서도 대화할 때 시선을 피하면 뭔가 숨기거나 부끄럼 타는 듯 비칩니다. 무표정 역시 긍정적으로 받아들이기 어렵지요. 시선 맞추기는 물론 열린 표정(open face)이 중요합니다. 자기도 모르게 인상을 쓰거나 눈을 자꾸 피하면 상대방의 신뢰를 절대 얻을 수 없습니다.

가장 흔히 쓰는 세 가지 표현

원어민이 입에 달고 사는 표현을 딱 세 가지만 뽑는다면 다음 표현들입니다. 이 간단한 표현들은 항상 자연스럽게 튀어나와야 좋습니다.

Thank you.

Excuse me.

Please.

UNIT 01

전화 받고 걸기
Making & Receiving Calls

전화를 할 때는 상대방의 표정이나 제스처 같은 정보가 없습니다.
그래서 대면 대화보다 더 어렵게 느껴지기도 합니다. 말은 천천히
뚜렷하게 하고, 주고받는 정보를 거듭 확인하는 것이 중요합니다.

3분
저자 직강
01

매일 입에 달고 사는 비즈니스 영어 일상 패턴

Unit 1에 나오는 표현 중에서 비즈니스 상황에서 가장 많이 쓰는
패턴을 뽑았습니다. 생각 없이 바로 튀어 나오도록 입에 붙이세요.
QR코드를 찍어서 케빈경 선생님의 심플한 해설을 들어보세요.

통화를 요청하거나 전화를 약속할 때

전화 달라고 하기

전화해주실 거죠?
Call me? [INF]

전화해요.
Give me a buzz. [INF] ▶

◀ 전화로 얘기하거나 직접
얼굴을 마주한 상황에서 모두
쓸 수 있는 표현이다. 친한
사이라면 가볍게 말해 보자.

전화 부탁합니다.
Please call me.

오늘 오후에 **전화 주세요.**
Give me a ring this afternoon.

제 휴대폰으로 **전화 주세요.**
Call me on my cell.
Call me on my mobile. [UK] ▶

◀ 영국식 영어에서는 휴대
폰을 mobile이라고 한다.

시간 되실 **때 전화 주세요.**
Call me when you get a chance.

전화로 얘기하죠.
Let's talk on the phone.

언제 전화 한번 주세요.
Why don't you give me a call sometime?

TIPS & MORE 스마트폰

핸드폰(handphone)은 콩글리시입니다. 휴대폰은 영어로 cell, cell phone, cellular phone, mobile phone,
mobile이라고 합니다. 스마트폰은 휴대폰의 종류로, 전화 달라고 하거나, 전화하겠다는 말을 할 때는 굳이
smartphone이라고 쓰지 않습니다.

전화 드릴게요.

I'll call you.

사무실에 들어가면 전화 드릴 수 있습니다.

I can give you a call when I get in the office.

이메일 받으면 바로 전화 드리죠.

Why don't I ring you as soon as I get the email?

■ Why don't I ~
질문이 아니라 '~할게요'라는
의미에 가깝다.

Steve Yoon이 샘플을 가지고 오면 전화 드리겠습니다.

When Steve Yoon brings the samples in, **I'll give you a call.**

언제 전화 드릴까요?

When do you want me to call you?

7시 이후에 전화 드려도 괜찮겠어요?

Would it be okay if I called you after seven?

전화하려면 언제가 좋으세요?

What's a good time for me to call you?

비서나 동료와 전화가 연결됐을 때

대표번호로 온 전화 받기 `003`

안녕하세요, A & T Software사**입니다.**
Good morning, A & T Software.

Colors Korea사입니다.
Colors Korea. ▸

◀ 일반적으로 전화를 받으면
이렇게 회사명이나 자기
이름만 간단히 말하는 경우가
많은데, 무례한 표현은 아니다.
필요하다면 회사명 뒤에
자신을 밝히기도 한다.

여보세요, Peter Kim**입니다.**
Hello, Peter Kim **speaking.**

M. H. Cho입니다.
This is M. H. Cho.

용건 묻기 `004`

도와드릴까요?
May I help you?

어떻게 도와드릴까요?
How may I help you?

무슨 용건 때문이신가요?
What is this in regard to?

찾는 부서 말하기 `005`

회계팀과 통화하려고 하는데요.
I'm trying to reach accounting.

인사팀**인가요?**

Is this Human Resources? ▸

◂ 부서 이름을 말할 때, 누구나 알고 있는 department는 생략하고 말해도 된다.

배송팀**에 있는 직원과 통화할 수 있을까요?**

Could I talk to someone in shipping? [FOR]

사람 찾기 `006`

Patterson씨 **자리에 계신가요?**

Is Mr. Patterson in?

Ben Stein씨와 **통화할 수 있습니까?**

Could I speak to Ben Stein?

해외영업부 Adam Smith씨와 **통화할 수 있을까요?**

May I speak to Adam Smith in overseas sales, **please?**

그분 **내선 번호를 모릅니다.**

I don't know his extension number.

내선 번호 207 **부탁합니다.**

Extension 207, **please.**

전화 건 사람 확인하기 `007`

전화하시는 분이 누구시죠?

May I know who's calling?

누구시죠?

Who's calling, please?

누가 전화하셨다고 말씀드릴까요?

Who should I say is calling? [FOR]

그쪽 전화를 기다리고 계신가요? (그분과 통화 약속이 되어 있나요?)

Is he expecting your call?

제 이름은 Kevin Kyung입니다.
My name is Kevin Kyung.

—

Ahn Consultants사의 Eric Ahn입니다.
This is Eric Ahn **from** Ahn Consultants.

—

전 소비자입니다.
I'm a customer.

—

네, 한국에 있는 Joe Go라고 말씀해주시겠어요?
Yes, could you tell him it's Joe Go **from** Korea? [FOR]

—

잠깐만요.
Just a moment, please.

—

연결 기다리시겠어요?
Can you hold?

—

자리에 계신지 볼게요.
Let me see if he's in.

—

통화 가능하신지 확인해보겠습니다.
I'll check if she's available.

—

연결해드릴게요.
I'll put you through.

—

그 부서에 연결해드리겠습니다.
Let me connect you to that department. [FOR]

—

잠깐만요. 돌려드릴게요.
Hold on, I'll transfer your call.

담당자와 연결해드리겠습니다.
I'll put you through to the person in charge.

부재중이라고 말하기

방금 봤는데, 지금은 어디 있는지 모르겠네요.
I just saw her, but I don't know where she is right now. [INF]

지금 전화를 받을 수 없습니다.
She's not available right now.

Joe가 자리에 안 계시네요.
Joe's away from his desk.

출장 중이십니다.
He's off on a business trip.

방금 나가셨어요.
You just missed him.

방금 사무실에서 나가셨습니다.
She just stepped out of the office.

사무실에 안 계세요.
He's out of the office.

지금 자리에 안 계십니다.
She's not at her desk right now.

오늘 결근입니다.
He's not coming in today.

Jane은 독감 때문에 **결근**입니다.

Jane's out with a flu.
Jane's off with a flu. [UK]

오늘 **휴가**입니다.

It's her day off. ▸

◂ She's on leave.라고 하면
개인사정으로 휴가를 낸
느낌을 준다.

Robert 씨는 다음 주**까지 휴가**입니다.

Mr. Robert **is on vacation until** next week.
Mr. Robert **is on holiday until** next week. [UK] ▸

◂ 영국식 영어에서는 휴가를
holiday라고 한다.

내일 오후에 **들어오실 예정**입니다.

We're expecting him **back** tomorrow afternoon.

휴대폰으로 전화해보셔도 좋겠어요.

You might want to try his cell.
You might want to try his mobile. [UK]

고객과 계십니다.

He's with a client. ▸

◂ 보통 B2B에서 고객인
'기업'은 client, B2C에서
고객인 개인은 consumer
또는 customer라고 한다.

회의 중이십니다.

She's in a meeting.

점심 식사하러 나가셨어요.

He's on his lunch break.

Aaron이 **퇴근한 것 같은데**, 한번 확인해볼게요.

I think Aaron **might have left for the day**, but let me check.

TIPS & MORE   possible vs. available

통화와 관련해서 형용사 available는 '시간적 여유가 있는'이라는 뜻이 있습니다. 통화 가능한지 물을 때 직역으로
possible to talk라는 표현을 쓰는 경우가 있는데, 통화 가능성을 언급할 때는 일반적으로 available를 씁니다. 만날
시간이 있는지 물을 때도 Is John available tomorrow?(내일 John이 시간이 되나요?)라고 합니다.

전화하라고 할까요?

Can I have her call you back?

메모 남기시겠어요?

Would you like to leave a message?

■ leave a message
메모를 남기다

메모해드릴 수 있는데요.

I can take a message.

■ take a message
메모를 받다

◉ 걸려온 전화가 통화 대기 상태에서 넘어왔을 때 쓸 수 있는 표현입니다. 다른 안내 없이 전화를 넘겨 받았다면 어떤 용건인지 물어볼 수도 있지만 아래처럼 다양하게 말해보세요.

누가 도와드리고 있나요?(누구와 통화하고 계셨나요?)

Is someone helping you?

누구 기다리고 계신 건가요?(누구와 통화하려고 하시나요?)

Are you waiting for someone?

제가 도와드릴 수 있나요?(제가 도와드릴까요? / 도와드려도 될까요?)

Could I help you?

Matt, 그쪽 전화예요.

Matt, it's for you.

전화 왔어요.

You got a call.
You've got a call. [UK] ▶

Henry, 1번 받아 볼래요?

Henry, can you pick up line one?

◀ 영국식 영어와 미국식 영어의 큰 차이 중 하나는 현재완료 사용이다. 미국식 영어는 가까운 과거를 말할 때 단순과거형을 쓰지만 영국식 영어는 현재까지 영향을 미치는 것은 현재완료를 사용한다.

Ace Center 프로젝트에 관해 묻는 전화예요.

It's someone asking about the Ace Center project.

Eric Carlson이란 사람이 통화하고 싶답니다.

Someone named Erin Carlson **wants to talk to you.**

이 전화 받아보시는 게 좋을 것 같은데요.

You might want to get this.

당신 아내예요.

It's your wife.

다른 사람이나 부서와 통화하도록 권하기   **015**

다른 분과 통화하시겠어요?

Do you want to talk to someone else?

회계팀에 있는 Stephanie가 도와 드릴 수 있을 것 같은데요.

I think Stephanie at accounting **might be able to help you.** [FOR]

디자인팀과 통화해보시는 게 좋을 것 같습니다.

You might want to try the design team.

전화 연결이 안 됐을 때   **016**

전화해달라고 해주시겠어요?

Could you ask him **to call me back?**

괜찮습니다. 제가 나중에 다시 걸게요.

That's okay, I'll call back later.

메모 남겨도 될까요?

Could I leave a message?

Seong Kim이라고 합니다. 이름은 S, E, O, N, G입니다.

It's Seong Kim. **The first name is** S-E-O-N-G.

제 이름 **철자를 알려드릴게요.**

Why don't I spell out my name **for you?**

철자는 C, H, O입니다.

It's spelled C-H-O.

실은 good 할 때 G입니다.

Actually, it's G, **as in** good. ▸

▸ 상대가 잘 못 알아들은 상황이다. Actually는 '사 실은, 그게 아니고'라는 뜻으로 쓸 수 있다.

summer 할 때 S. eggs 할 때 E. orange 할 때 O. night 할 때 N. good 할 때 G.

S **as in** summer. E **as in** Eggs. O **as in** orange. N **as in** November. G **as in** good. ▸

▸ as in 대신에 for를 쓸 수 있다.

TIPS & MORE NATO 음성 문자

알파벳을 부를 때 상대가 쉽게 알아들을 수 있도록 해당 알파벳으로 시작하는 흔한 단어를 공식적으로 정한 것이 NATO Phonetic Alphabet입니다. 할리우드 영화 속에서 군인이나 경찰관이 무전으로 통신할 때 자주 쓰죠. 하지만 일상에서는 D는 David, E는 eggs 등 일상에서 흔하게 접할 수 있는 단어를 임의로 사용하면 됩니다.

A Alpha	**B** Bravo	**C** Charlie	**D** Delta	**E** Echo
F Foxtrot	**G** Golf	**H** Hotel	**I** India	**J** Juliet
K Kilo	**L** Lima	**M** Mike	**N** November	**O** Oscar
P Papa	**Q** Quebec	**R** Romeo	**S** Sierra	**T** Tango
U Uniform	**V** Victor	**W** Whiskey	**X** X-ray	**Y** Yankee
Z Zulu				

그럼요. John에게 뭐라고 전해줄까요?

Sure. What would you like me to tell John?

성함 철자 알려주시겠어요?

Could you spell your name for me? [FOR]

성함 철자가 어떻게 되나요?

How do you spell your name?

전체 성함 주시겠어요?

Can I have your full name**, please?**

전화번호는요?

And your phone number? [INF]

잊지 않고 메시지 전달해 드리겠습니다.

I'll make sure he **gets the message.**

알겠습니다, Christine이 전화하도록 할게요.

Okay, I'll have Christine **call you.**

전화하셨다고 말씀드리겠습니다.

I'll let him **know you called.** ▸

그게 다인가요?

Is that all? [INF]

◂ have와 let은 뉘앙스 차이가
있다. have는 '(어떤 사람이)
~을 하게 만들다', let은 '(내가)
~해 드리겠다'라는 의미로
기억하자.

메모 내용 확인하기

제가 다시 한번 불러보겠습니다.

Let me just repeat it back to you.

마지막 숫자가 0이었나요?

Was the last digit zero**?**

■ zero
원어민은 숫자 0을 알파벳
O[오]로 발음한다. 예를 들어
505는 five-oh-five라고 하는
경우가 많다.

번호 다시 불러주시겠어요?

Could you repeat the number?

Kim이라고 하셨나요?

Did you say Kim**?** [INF]

통화 연결이 됐을 때

연결된 전화 받기

020

Henry입니다.
This is Henry.

네, 접니다.
Yes, speaking.

▶ 전화 상황에서 '~씨 맞나요?'
라고 물을 때 맞다고 확인하는
표현이다. yes라고만 하면
무례하게 들릴 수 있으니 뒤에
speaking을 붙여서 말하는
것이 좋다.

기다리게 해서 죄송해요.
Sorry to keep you waiting.

연결됐을 때 인사하기

021

안녕하세요, John. Paul Kim입니다.
Hi, John. **This is** Paul Kim.

안녕하세요, Ron. Laser Korea사의 Jo입니다.
Hey, Ron, **it's** Jo **at** Laser Korea.

저예요, 임채호입니다.
It's me, Chae-ho Im.

용건 묻기

022

무슨 일이에요?
What's up? [INF]

안녕하세요, Harold. 잘 지내죠?
Hey, Harold, **how are you?** [INF]

아, 안녕하세요, Cindy. 무슨 일이에요?
Oh, hello, Cindy. What are you up to? [INF]

오늘 아침에는 **뭘 도와드릴까요?**
What can I do for you this morning**?**

통화 가능한지 묻기 023

통화 가능해요?
You free to talk? [INF]
Are you free to talk? [UK]

바빠요?
You busy? [INF]
Are you busy? [UK] ▶

◀ 미국식 영어는 질문을 할 때 동사를 생략하는 경우가 많은데 영국식 영어는 생략하지 않고 말한다.

곤란한 시간에 전화한 건 아니죠?
Did I catch you at a bad time?

통화할 수 있어요?
Can you talk?

잠깐 시간 돼요?
You got a few minutes?
Have you got a few minutes? [UK]

용건 말하기 024

금요일 저녁식사 **때문에 전화 드렸습니다.**
I'm calling about the dinner on Friday night.

제 이메일을 받으셨**는지 확인하려고 전화 드렸어요.**
I'm calling to see if you got my email. ▶

◀ see는 꼭 '보다'가 아니라, 여기서는 '알다, 확인하다'의 의미다.

새로 보내주신 샘플**에 대해서 말씀드리려고요.**
This is regarding the new samples you sent us.

■ regarding ~에 관해

공장에서 생긴 일에 관해 의논하고 싶어서요.

I wanted to talk to you about a problem we had at the plant.

I wanted to talk to you about a problem we had at the factory. [UK] ▶

◀ 영국식 영어에서는 공장을 factory로 쓴다.

질문이 있어서요.

I had a question for you.

조언이 좀 필요해요.

I need some advice.

잘 지내는지 보려고 그냥 전화 걸었어요.

I thought I'd just call and see how you were doing.

제안서를 검토할 시간이 있었**는지 여쭤보려고 전화했어요.**

I called to ask if you had a chance to look over the proposal.

■ look over
(서류 등을) 검토하다

소개받았다고 말하기 025

All That Trekking사에서 일하는 James Han으로부터 성함을 받았어요.

I got your name from James Han **at** All That Trekking.

저희 제품에 관심이 있으실지도 모른다고 Mel이 그러더군요.

Mel **thought you might be interested in our** products.

City Bookstores의 Jon Wang이 한국 미술 서적**에 관해 연락해보라고 했습니다.**

Jon Wang at City Bookstores **said I might contact you about** Korean art books.

■ contact
연락하다, 접촉하다

<CEO Times>에서 인터뷰를 읽었습니다.

I read your interview **in** CEO Times.

Sandy가 전화 드려보라고 하더군요.

Sandy **said I should call you.**

106

절 기억하시는지 모르겠네요.

I don't know if you remember me.

지난주 금요일 소프트웨어 협회 만찬회**에서 만났죠.**

We met at the software association dinner last Friday.

모금행사에서 이야기를 나누게 되어 정말 좋았습니다.

I really enjoyed talking with you at the fundraiser.

어제 저희 부스를 방문해주셔**서 감사하다는 말씀 드리려고 전화했습니다.**

I wanted to call you and thank you for visiting our booth yesterday.

이제 그만 끊어야겠네요.

I'd better let you go.

시간을 더 뺏으면 안 되겠습니다.

I don't want to take up any more of your time.

■ take up
(시간, 공간을) 차지하다

곧 전화 끊어야겠어요.

I'm going to have to hang up soon.

■ hang up 전화를 끊다

저기, 끊어야겠네요.

Listen, I need to go.

이제 정말 끊어야겠네요.

I really have to go now.

다른 전화가 오네요.

I've got someone on the other line.

금방 다시 전화 드릴게요.

I'll call you right back.

나중에 통화하죠.

What do you say we talk later?

■ what do you say...
'~하면 어때요?'라는 의미다.
말끝에 붙이면 "어때?",
"어떻게 생각해?"라는 말로
쓸 수 있으며 친한 사이의
채팅에서는 줄여서 WDYS
라고 쓸 수 있다.

나중에 전화 드려야 할 것 같아요.

I'm going to have to call you back.

10분 후에 다시 전화해주시겠어요?

Why don't you call me back in ten minutes?

이 회의 끝나고 전화 다시 드려도 될까요?

Can I call you when I'm done with this meeting?

◀ 대체표현
점심식사 후에 **after lunch**
퇴근 후에 **after work**

연결을 기다려 주시겠어요?

Let me just put you on hold, okay?

잠깐만요.

Hold on a sec? [INF]

■ hold on
(전화를 든 상태로) 기다리다
■ sec
잠시 (second의 줄임말)

잠깐 기다리실 수 있죠?

Can you hold?

죄송해요, 잠깐만요.

Sorry, hold on.

저기, Carl하고 통화 중입니다.

Listen, I got Carl **on the other line.**
Listen, I've got Carl **on the other line.** [UK]

연결이 끊어지면, 제가 바로 다시 걸게요.

If we get cut off, I'll call you right back.

안 들려요.

I can't hear you.

말이 끊겨요.

You're breaking up.

■ break up
기본적으로 '깨지다'라는
의미로, 소리가 끊겨 들린다고
할 때 흔히 쓰는 표현이다.

제 말 들리세요?

Can you hear me?

더 크게 말씀해주시겠어요?

Can you speak up?

제가 다시 전화 드릴게요.

Why don't I call you back?

배터리가 거의 다 나갔네요.

My battery's almost dead. ▸

◂ '배터리가 나가다,
닳다'는 동사 die를 써서
말하기도 하고, run out
of battery라고도 한다.
'방전됐다'라고 할 때는 ran
out이라고 한다.

마지막 부분을 잘 못 들었습니다.

I didn't catch that last part.

끊어지면 제가 다시 전화 드리겠습니다.

If we get disconnected, I'll call you back. ▸

◂ get disconneted는
전화에 이상이 생겨 끊어
지는 것을 말한다. get cut
off라고도 한다.

죄송해요, 왠지 모르게 전화가 끊어졌네요.

Sorry, we got cut off for some reason.

터널을 지나가고 있었어요.

I was in a tunnel.

제가 전화기를 떨어뜨렸어요.

I dropped my phone.

회의 중에 전화를 받아야 할 때

전화 건 사람 밝히기　　031

앗, 제 아내입니다.

Oops, it's my wife.

사무실 전화네요.

It's the office **calling.**

◀ 대체표현
고객 **the client**
상사 **your boss**
조 스미스 **Joe Smith**

제 상사네요.

It's my **boss.**

> *TIPS & MORE*　회의 중 통화 매너
>
> 중요한 회의 중이라도 긴급한 전화가 오면 받아야 할 때가 있습니다. 이때는 상대에게 급한 전화가 있어서 중간에
> 받아야 할 수 있다고 미리 알리는 것이 좋습니다. 그리고 갑작스럽게 전화를 받아야 할 때는 먼저 누구에게 온
> 전화인지 밝히면서 양해를 구하는 것이 바람직하죠.

양해 구하기　　032

(받아도) 괜찮죠?

Do you mind?

죄송한데, 이거 받아야 합니다.

Sorry, I need to take this call.

이거 좀 받을게요.

Let me answer this.

이거 받아야 할 것 같은데요.

I think I'd better answer this.

이거 받아도 될까요?

Mind if I answer this? ▶

◀ 대화에서는 흔히 앞에 Do you를 생략하고 mind if로 시작한다.

잠깐만요.

Hold on a sec? [INF] ▶

◀ 회의 중 전화를 받을 때 다른 사람에게 양해를 구하는 말로, 앞에 Could you가 생략됐다.

모르는 번호인데, 받아봐야겠어요.

I don't know this number, but I should answer it.

로버트인 것 같네요. 받아야겠어요.

I think it's Robert. I should take this.

명절과 연말연시 인사하기 — 033

즐거운 부활절 보내세요!
Happy Easter!

즐거운 독립기념일 보내세요!
Happy Independence Day!

즐거운 7월 4일(독립기념일) 보내세요!
Happy Fourth of July!

즐거운 할로윈을 기원합니다.
Happy Halloween.

행복한 추수감사절 보내세요!
Happy Thanksgiving!

메리 크리스마스!
Merry Christmas! ▸

▸ 미국식 명절 인사 앞부분에는 거의 Happy가 붙지만 Christmas의 경우에는 Merry가 붙는다. 이와 달리 영국에서는 Happy Christmas를 선호하는 편이다.

멋진 크리스마스 보내세요.
Have a great Christmas.

계절 인사를 전합니다!
Season's greetings!

즐거운 새해가 되시길!(새해 복 많이 받으세요!)
Happy New Year!

즐거운 명절 보내세요!
Happy Holidays! ▸

▸ 종교가 기독교가 아닌 사람들을 위해 Christmas 대신 Holidays를 쓰기도 한다.

거기 하노이 날씨는 어때요?

What's the weather like there in Hanoi?

디트로이트 날씨는 어때요?

How's the weather in Detroit**?**

현재 서울은 아주 후덥지근**합니다.**

It's really muggy **in** Seoul **right now.**

요새 불볕더위**입니다.**

It's been scorching hot.

올 여름에 거기 비가 유난히 많이 왔다고 들었어요.

I hear you've been getting a lot of rain **this** summer.

지난 겨울 눈이 엄청 내렸어요.

We've had a lot of snow **this past** winter. ▸

◂ past는 형용사로 '지난,
지나간'이라는 뜻이 있다.
여기서 this past winter는
'지난 겨울'을 뜻한다. 이때
반드시 this를 쓴다. 같은
표현으로 this는 생략하고 last
winter로 바꿔 쓸 수 있다.

여긴 계속 너무 추워요.

It's been freezing **here.**

대전은 상당히 쌀쌀**합니다.**

It's pretty chilly **in** Daejeon.

TIPS & MORE

다양한 날씨 표현

화창한	sunny	건조한	dry	흐릿한	hazy	습한	humid
구름 낀	cloudy	후덥지근한	muggy	폭염인	scorching hot	안개 낀	foggy / misty
컴컴한	dark	바람 부는	windy	비 오는	rainy / wet	산들바람이 부는	breezy
눈 오는	snowy						

따뜻한/추운

온화한	mild	서늘한	cool	따뜻한	warm	추운	cold
더운	hot	쌀쌀한	chilly	얼어붙을듯이 추운		freezing	

이번 겨울은 예년보다 추워요.

This winter's been colder than usual.

거기 로스앤젤레스는 날씨가 아주 좋겠어요.

It must be quite nice back there in Los Angeles.

자연현상

서리	frost	소나기	showers	폭풍우	rainstorm	한파	cold wave
황사	yellow dust	허리케인	hurricane	무더위	heat wave	태풍	typhoon
가뭄	drought	토네이도	tornado	홍수	flood	돌발 홍수	flash flood
미세먼지	fine dust			폭설, 눈보라	snowstorm / blizzard		
해일	tsunami / tidal wave			가랑비(이슬비)	drizzle		
꽃샘추위	cold spell / cold snap / spring frost			천둥을 동반한 소나기	thunderstorm		

날씨 관련 어휘

일기예보	weather forecast, weather report	강우량	rainfall
체감온도	wind chill (factor)	강설량	snowfall

UNIT 02

스피커폰 회의하기
Conference Calls via Speakerphone

스피커폰 회의에서는 발언할 때 내가 누구인지를 알리고, 평소보다 목소리를 키워서 말해야 합니다. 다른 사람의 발언 중 끼어들 때는 양해를 구하는 것도 잊지 마세요.

3분
저자 직강
02

매일 입에 달고 사는 비즈니스 영어 일상 패턴

Unit 2에 나오는 표현 중에서 비즈니스 상황에서 가장 많이 쓰는 패턴을 뽑았습니다. 생각 없이 바로 튀어 나오도록 입에 붙이세요. QR코드를 찍어서 케빈경 선생님의 심플한 해설을 들어보세요.

회의를 시작할 때

스피커폰 통화임을 알리기   035

스피커폰으로 돌릴 건데, 괜찮죠?

I'm going to put you on speaker, okay?

스피커폰입니다.

You're on speakerphone.

한부장님께서 스피커폰으로 돌리라고 하시네요.

Director Han **wants to put you on speakerphone.**

스피커폰 참가자 소개하기   036

우리 돌아가면서 자기소개를 하는 게 어떨까요?

Why don't we go around the room and introduce ourselves?

여기에는 Yun Kim씨와 Jane Lee씨가 있습니다.

We have here Mr. Yun Kim **and** Ms. Jane Lee. ▸

◂ 스피커폰 회의에서는
here를 넣어서 말하자.

우린 여기 네 명입니다.

There are four **of us here.**

Paul과 J. K., Lynn이 저와 함께 있습니다.

I have Paul, J. K., and Lynn **with me.**

제가 시작하죠.

I'll start.

전 회계팀에 있는 John입니다.

This is John from accounting.

또 Joe입니다.

It's Joe **again.**

전 Kim & Associates사의 Karl Kim이라고 합니다.

My name is Karl Kim, **with** Kim & Associates.

저는 J. Park과 함께 일하는 김수지라고 합니다.

I'm Suji Kim. **I work with** J. Park.

저는 영업부에 새로 들어왔습니다.

I just joined the Sales department.

TIPS & MORE 전화회의 매너

회의 시작 전에 주요 질문과 하고자 하는 말 등을 간단히 메모해두는 게 좋습니다. 회의 중에도 중요한 내용을 수시로 메모합니다. 본인이 처음 발언할 때는 이름을 말하는 것이 원칙이고, 필요한 경우 부서나 회사 이름도 말합니다. 얼굴 맞대고 하는 회의와는 달라서 끼어들어야 하는 상황이 자주 생길 수 있으니, 평소보다 크게 말하는 것이 좋습니다. 다른 사람의 발언 중 끼어들 때 상대가 말을 멈추지 않는데도 막무가내로 내 발언을 이어가는 것은 무례하게 보일 수 있습니다. 상대가 멈추는 타이밍에 양해를 구하고 말을 하는 것이 좋습니다.

회의를 진행할 때

소리 조정하기

038

우리 쪽 소리 잘 들려요?

Can you hear us okay?

더 크게 말해주시겠어요?

Could you speak up?

■ speak up
소리 높여 말하다

볼륨을 높이겠습니다.

Let me increase the volume.

끼어들기

039

한마디 해도 될까요?

Can I say something?

Robert? 여기서 제가 끼어들어야겠어요.

Robert? I need to interrupt you there.

■ interrupt 끼어들다

끼어들어도 될까요?

Can I interrupt?

잠깐만요, Pat. 한마디 하겠습니다.

Wait, Pat. Let me say something.

John인가요?
Is that John?

William, 맞죠?
William, **is that you?**

Pat이죠?
That's Pat, **right?**

죄송한데, 방금 뭐라고 하셨죠?
Sorry, what did you just say?

방금 하신 말씀 다시 해주실 수 있나요?
Can you repeat what you just said? ▶

◀ 이때 I can't hear you.라고 하면 직설적이고 무례한 느낌을 줄 수 있으니 조심하자.

뭐라고 하시는지 알아듣기가 좀 어렵네요.
It's kind of hard to make out what you're saying.

잡음이 너무 많네요.
There's too much static.

네?
Come again? ▶

◀ come again은 상대방의 말을 못 알아들었을 때 '뭐라고요?'라는 의미로 두루 쓸 수 있다.

마지막 부분을 놓쳤습니다.
I didn't catch the last part.

한 번 더 말씀해주시겠어요?
Can you repeat that?

다시 말씀해주실 수 있나요?
Do you mind saying that again?

말씀하신 걸 확인해보겠습니다.

Let me just confirm what you said.

제가 제대로 들었는지 확인 좀 할게요.

Let me just make sure I heard you correctly.

고객이 동의**했다는** 건가요?

You're saying the client agreed**?**

◀ 대체표현
CEO가 요청했다는
the CEO requested it
이미 결정됐다는
the decision has been made
이미 끝났다는
it's already over

그럼 저희는 그 디자인을 진행해도 된**다는 말씀이시군요.**

So what you're saying is we can proceed with the design.

제가 제대로 알아들었다면 '세 명'이라고 하셨어요.

If I understood you correctly, you said "three people."

죄송한데, '일요일'이라고 하셨나요?

Sorry, did you say "Sunday?"

맞게 들었나요?

Did I get that right?

휴식 제안하기　043

자. 휴식을 하는 게 좋겠어요.

Okay. I think a break might be good.

있잖아요, John, 잠깐 쉬면 어떨까요?

Listen, John, why don't we take a short break?

■ take a break
휴식을 취하다

그쪽 **시간으로** 오전 10시에 다시 시작하죠.

Let's continue at 10 a.m. your time.

그래요, 30분 후에 다시 얘기합시다.

All right, we'll talk again in 30 minutes.

우리가 전화 다시 드릴게요.

We will call you back.

그쪽에서 전화 다시 주시는 게 좋을 것 같아요.

Maybe you could call us back.

회의 내용 정리하기　044

모든 걸 다시 한번 정리해서 말해보겠습니다.

Let me just go over everything one more time.

좋아요, 그럼 요약하면, 우린 5월 12일에 시카고에서 만나**기로 했습니다.**

All right, to summarize then, we will meet in Chicago on May 12.

■ go over
점검하다, 정리하다, 훑다
■ summarize 요약하다

◉ 334에서 비슷한 상황에 쓰는 다양한 표현을 참조하세요.

끝난 것 같습니다.
I think we're done.

모든 사안을 다룬 것 같습니다.
I think we've covered everything.

■ cover
(사안, 주제 등을) 다루다

그게 다인 것 같습니다. 다른 것 있나요?
I guess that's everything. Anything else?

그럼 마무리합시다.
Let's wrap it up then.

■ wrap up
끝내다, 마무리하다

시간 내줘서 고맙습니다.
Thank you for your time.

John Lee가 일정에 관해 연락드릴 겁니다.
John Lee **will get back to you on** the schedule.

그 리스트를 메일로 보내드릴게요.
I'll email you that list.

수치는 다음 달이면 준비될 겁니다.
We will have the figures **by** next month.

Susan이 사진을 받으면 전화드릴 겁니다.
Susan **will call you when** she gets the photos.

저희가 논의한 후 연락드릴게요.
We'll discuss it and get back to you.

금요일에 다시 얘기하죠.
Let's talk again on Friday.

다음 주 언제가 좋습니까?
When is a good time for you next week?

좋아요. 나중에 통화해요. 끊어요.
Okay. Talk to you soon. Bye.

통화할 수 있어 좋았습니다.
It was great talking with you. ▸

◂ talking to you로 써도
무방하다. with를 쓰면
'함께'라는 뉘앙스가 있다.

그럼 다음 주요. 고마워요. 끊어요.
Next week, **then. Thanks. Bye.**

TIPS & MORE 날짜 쓰고 읽기

미국식 영어에서 날짜를 쓸 때는 월(month)을 먼저 쓰고, 일(day)을 쓴 수 콤마(comma)를 찍고 연도(year)를
숫자로 씁니다. 이와는 다르게 영국식 영어에서는 일, 월, 연도 순으로 쓰지요. 2020년 9월 2일을 예로 들어 봅시다.

미국식 영어 September 2, 2020   9/2/20
영국식 영어 2 September, 2020   2/9/20

말할 때는 미국식, 영국식 공통으로 The second of May, two thousand two라고 합니다. 미국식 영어에서는
May (the) second, two thousand two라고도 합니다. 날짜를 읽을 때 주의할 점은 일(day)을 숫자 two로 말하지
않는다는 것입니다. 날짜는 반드시 서수로 말하세요.

UNIT 03

전화로 약속 정하고 변경하기

Scheduling & Changing Appointments on the Phone

전화로 약속을 정할 때는 상대방에게 시간 및 장소를 명확하게 말하고 이를 재확인해야 합니다. 약속을 변경할 때는 가급적 빨리 알리고 새로운 일정 역시 재확인하는 것이 필수입니다.

3분
저자 직강
03

매일 입에 달고 사는 비즈니스 영어 일상 패턴

Unit 3에 나오는 표현 중에서 비즈니스 상황에서 가장 많이 쓰는 패턴을 뽑았습니다. 생각 없이 바로 튀어 나오도록 입에 붙이세요. QR코드를 찍어서 케빈경 선생님의 심플한 해설을 들어보세요.

전화로 약속 정할 때

오늘 저녁 몇 시에 만나는 거죠?
What time are we meeting tonight**?**

회의가 언제인가요?
When's the meeting?

언제 도착하면 되나요?
When should I arrive?

언제 도착하면 좋을까요?
What's a good time to get there?

내일 9시에 만나는 게 어떨까요?
What do you say we meet tomorrow at 9**?**

내일 30분 정도 시간 좀 내줄 수 있어요?
Can you spare half an hour or so tomorrow**?**

■ **half an hour** 30분

이번 주 수요일 오후에 그쪽 근처에 갑니다. 잠깐 들러도 돼요?
I'm going to be in your neighborhood this
Wednesday afternoon. **Mind if I drop by?** ▸

◂ Mind if i drop by?는 자주
쓰는 표현이므로 한덩어리로
자연스럽게 말하도록
연습하자.

오늘 오후 일정 어때요? 1시간만 가서 뵐 수 있을까요?
What's your schedule like this afternoon**?**
Can I come see you for an hour**?** ▸

◂ come see처럼 '동사+
동사'인 구조가 있는데, and가
생략된 형태이다. 예를 들어,
'가서 가방 가져와'는 Go get
your bag. '가서 앉아'는 Go
take a seat.이라고 한다.

제가 방문해도 괜찮은 시간이 언제인가요?
When's a convenient time for me to visit you?

그럼, 언제가 좋은 날짜인가요?
Okay, what's a good date for you?

괜찮으시다면, 6월 초에 John과 함께 방문하고 싶습니다.

John and I would **like to visit you** in early June, **if that's okay with you.**

◀ 대체표현
6월 중순 mid-June
6월 말 late June

월요일에 만나는 게 괜찮으신지 궁금해서요.

I was wondering if it'd be okay to meet on Monday.

약속을 잡게 다음 주에 제게 전화 주세요.

Why don't you call me next week **to set up an appointment?**

■ set up
(일정, 약속 등을) 잡다

다음 주에 30분만 시간 내주시면 정말 감사하겠습니다.

I would really appreciate thirty minutes **of your time** next week. [FOR]

7월 25일로 약속을 잡을 수 있을까요?

Could I set up an appointment with you for July 25?

다음 주 금요일로 회의 날짜를 잡을 수 있나요?

Could we schedule a meeting for next Friday?

그 날짜가 편하신가요?

Is the date convenient for you?

■ convenient
편리한, 간편한

다시 전화 주셔서 언제가 편한지 알려주시겠어요?

Can you call me back and let me know when would be convenient?

편한 날짜를 알려주세요.

Let me know what day will be good for you.

편하실 때 기꺼이 만나 뵙겠습니다.

I'd be glad to meet with you at a time that's convenient for you.

새 방침에 관해 되도록 빨리 만나서 의논하고 싶은데, 언제가 편하세요?

I'd like to see you as soon as possible to talk about the new policy. **When's a good time for you?**

조만간 만나서 더 논의하는 게 좋을 것 같네요.

It might be good to meet up soon to discuss it further.

해결책을 찾기 위해 만나는 게 좋을 것 같습니다.

It would be a good idea for us to get together, so we can find a solution.

일정 논의를 위해 직접 만날 수 있을까요?

Can we meet in person to discuss the schedule?

◀ 대체표현
계약서에 서명하기 위해
to sign the contract
디자인 확정을 위해
to decide on the design

먼저 아이디어를 좀 나눌 수 있게 만나면 어떨까 생각합니다.

I thought we could meet and brainstorm some ideas first.

MOU를 직접 논의할 수 있으면 좋겠습니다.

We would like to discuss the MOU **with you in person.**

■ **MOU** = memorandum
of understanding
양해각서(정식 계약 체결 전에
상호 합의 사항을 명시하는
문서)

디자이너 사무실에서 만나는 거 어때요?

How about meeting at the designer's office?

대회의실에서 만나죠.

Let's meet at the main conference room.

어디서 만나면 좋을까요?

Where would you like to meet?

제가 그쪽 사무실로 가도 될까요?

Could I go over to your office**?**

그쪽 사무실과 저희 사무실 중 어느 쪽에서 보는 것이 더 좋으세요?

Would you rather meet at your office **or mine?**

◄ my office를 줄여서 mine이라고 한다. 우리 사무실이라는 개념으로 ours라고 해도 좋다.

저희는 길 건너에 있는 커피숍에 있을 겁니다. 그곳에서 뵐 수 있으면 좋겠습니다.

We'll be at the coffee shop across the street. It'd be great if you could meet us there.

회사로 오라고 제안하기 **051**

나중에 들르시겠어요?

Can you stop by later**?**

5시 정도 저희 사무실에 들르시겠어요?

Why don't you swing by the office**, say around** five**?**

◄ swing by, stop by, drop by는 비슷한 의미로 쓸 수 있다. 단 swing by는 다른 곳에 가는 길에 잠깐 들른다는 느낌을 준다.

지금 한가하니, 저희 사무실에 들르시겠어요?

I'm free now, so maybe you could swing by?

이쪽으로 오시는 게 더 좋을 것 같습니다.

Maybe it'd be better if you could come over.

제 사무실에서 얘기하죠.

Let's talk at my office.

오세요.

Come on by.

이건 함께 앉아서 의논할 만한 것 같군요.

It might be worthwhile to sit down and talk about this.

수요일에 여기로 오시는 게 어떠세요?

How about coming here on Wednesday**?** [INF]

저희 사무실에서 만날까요?

Should we meet at my office**?**

샘플이 다 여기 있으니, 저희 사무실에서 뵙는 건 어떨까요?

All the samples are here, so **why don't you meet us at** my office**?**

이쪽으로 오셔서 가능한 계약에 관해 논의할 수 있게 약속을 정하고 싶습니다.

We want to set up an appointment to have you come in and discuss a possible contract. ▸

◂ come in에서 전치사 in을 빼도 무방하지만, in은 '내가 있는 장소'를 강조하는 느낌을 줄 수 있다.

이 일에 관해서 논의가 필요하시면, 다음 주에 저희 쪽에서 뵐 수 있습니다.

If you need to discuss this, **I could see you** here next week**.**

새 프로젝트에 대한 논의를 위해 귀하와 직원들을 저희 사무실로 초대하고 싶습니다.

I'd like to invite you and your staff **to** our office, **so** we can discuss the new project.

대신 이쪽으로 와주실 수 있을까요?

Could I ask you to come here **instead?**

순천에 있는 저희 사무실에서 회의를 진행하는 게 어떨까요?

Why don't we conduct the meeting at our office in Suncheon**?**

■ conduct
(회의 등을) 진행하다

가능하면 저희 사무실로 와주시죠.

Maybe you can come to our office**.**

약속 장소에 가고 있다고 말하기

052

가고 있어요, Karen.

On my way, Karen.

지금 차가 꽉 막혀서 꼼짝 못하고 있습니다.

I'm stuck in traffic right now.

■ be stuck in
~에 꼼짝없이 갇히다(끼다)

129

차가 꼬리를 물고 늘어서 있습니다.

The traffic's bumper to bumper.

거의 다 왔어요.

I'm close.

대략 두 블록 정도 남은 것 같아요.

I'm maybe two blocks away.

정말 1분 전입니다.

I'm literally a minute away.

방금 주차장으로 들어왔어요.

I just pulled into the parking lot.
I just pulled into the car park. [UK]

타인과의 만남 주선하기　　　　053

Jeff Parsons를 만나주십사 부탁드려도 될까요?

Can you do me a favor, and meet with Jeff Parsons?

Paul이 다음 주쯤 전화를 드려도 될까요? 그가 찾아뵐 시간을 정하고
싶어하더군요.

Will it be okay for Paul to call you sometime next
week? He wants to set up a time to go see you.

다음 주 수요일이나 목요일에 그분을 만나줄 수 있으세요?

Would it be okay for you to meet with him on
Wednesday or Thursday next week?

J. K. Lee가 당신을 만나고 싶어 합니다. 언제 한번 만나주시겠습니까?

J. K. Lee is interested in meeting with you. Would
you be able to see him sometime?

9월 9일로 Moore 씨의 공장 방문 일정을 잡아주실 수 있을까요?

Could you schedule a plant tour for Mr. Moore for September 9?
Could you schedule a factory tour for Mr. Moore for September 9? [UK]

제 직장동료 세 명을 데리고 이번 주 수요일에 찾아 봬도 될까요?

Mind if I bring three of my coworkers **to see you** this Wednesday?

제 상사께서 인사 차 그쪽 사무실에 들르고 싶어 하십니다.

My boss **wants to come by** your office **to say hello.**

만남에 필요한 추가 사항 언급하기　　　　054

사무실 로비에 도착하면 전화를 드릴까요?

Should I give you a call when I get to the office lobby?

제가 오전 11시까지 10층으로 가면 됩니까?

Would you like me to go to the tenth floor **by** 11 a.m.?

제안서를 가지고 가는데, 그 밖에 다른 것도 가져갈 게 있나요?

I'm bringing the proposal, **but would you like me to bring anything else?**

저희 회계사 중 한 명과 같이 가려고 합니다.

One of our accountants **will be joining me.**

2월 20일 미팅을 확인하려고 전화했습니다.

I'm calling to confirm our meeting on February 20.

월요일에 그쪽 회사에서 또 어느 분이 저희와 함께할 건지요?

Who else from your company **will be joining us on** Monday?

■ who else 그밖의 누구

회의에 참석할 저희 팀원 명단을 문자로 보내드리겠습니다.

I'll text you a list of people from our team **that will be attending the meeting.**

■ text 문자메세지를 보내다

6월 5일에 저희와의 만남에 응해주셔서 감사합니다.

Thanks for agreeing to meet with us on June 5.

약속을 수락하거나 거절할 때

약속 수락하기

055

월요일 괜찮습니다.

Monday **would be no problem.** [INF]

3월 중 괜찮습니다.

Sometime in March will be fine.

금요일에 만나는 것 좋죠.

I'd be happy to meet with you on Friday.

두 날짜 다 괜찮습니다.

Either date would be okay.

좋아요. 언제 만나길 원하세요?

Sure. When do you want to meet?

좋습니다, 그런데 회의는 짧게 끝내야 할 것 같습니다.

All right, but I think it'll have to be a quick meeting.

네, 만납시다. 언제가 좋겠습니까?

Yeah, let's meet. When's a good time for you?

좋아요, 화요일 2시에 뵙겠습니다.

Okay, I'll see you at 2 on Tuesday.

그때는 한가하니까 금요일 1시 반에 봅시다.

I'm free then, so I'll see you at 1:30 on Friday.

사무실 떠나시기 전에만 전화 주세요.

Just give me a call before you leave your office.

◀ 대체표현
빌딩에 도착하시면 **when you get to the building**

다음 주 아무 때나 괜찮습니다.

Any time next week **would be fine.**

하루 종일 사무실에 있을 테니 아무 때나 들르세요.

I'll be in the office all day, so drop by any time.

■ take long 오래 걸리다

어쩌면 3시까지 회의 중일 수도 있지만 오래 걸리진 않을 겁니다.

I might be in a meeting until 3, **but that shouldn't take long.**

제가 선택할 수 있는 가능한 날짜를 몇 개 주시는 게 어때요?

Why don't you give me a couple of days to choose from?

그럼 11월 5일에 봐요.

See you on November 5 **then.**

오늘 오후 4시 괜찮아요?

You okay with this afternoon at four?
Are you okay with this afternoon at four? [UK]

오후 1시 괜찮으시겠어요?

Will 1 in the afternoon **work for you?**

다음 주 수요일 어떠십니까?

How about Wednesday next week?

전 그때 사무실에 없습니다. 오후쯤이 더 좋습니다.

I'm out of the office then. Sometime in the afternoon **would be better.**

◀ 대체표현
이른 아침 **early morning**
점심 전 **before lunch**

사실, 그날은 제가 곤란하네요. 내일은 어때요?

Actually, that's not a good day for me. How does tomorrow **sound?** [INF]

■ sound
~인 것 같다, ~처럼 들리다

오는 수요일은 시간이 안 되니까, 다음 주 수요일이 좋을 것 같아요.

I won't be free this Wednesday, **so** next Wednesday **is probably the way to go.** [INF]

133

2시 이후 아무 때나 들르세요.

You can stop by any time after 2.

■ stop by 들르다

저는 오후 4시가 가장 좋아요.

For me the best time would be 4 p.m.

오전 10시가 좋습니다.

10 a.m. **would be good.**

4월 7일이나 8일이면 좋겠습니다.

I prefer April 7 **or** 8.

■ prefer
~을 (더) 좋아하다, 선호하다

그날 오후 2시부터 4시 반까지 시간이 있습니다.

I'm available from 2 **to** 4:30 that afternoon.

그 대신 1월 25일은 어떠세요?

Could I suggest January 25 **instead?**

다음 주는 좀 곤란하니 대신, 그 다음 주는 어떠세요?

Next week is bad for me, so can I suggest the following week? ▸

◂ '그 다음 주'를 말할 때 the following week 대신 the week after next라고도 할 수 있다.

이쪽에 도착해서 연락 주시면, 제가 바로 내려가겠습니다.

Give me a holler when you get here, **and I'll come right down.**
Give me a shout when you get here, **and I'll come right down.** [UK]

제 사무실은 2층 오른편 두 번째 방입니다.

My office will be the second door on your right.

■ give ~ a holler
~에게 연락하다

절 찾기 쉬울 겁니다. 청색 정장에 오렌지색 넥타이를 매고 있을 테니까요.

I'll be easy to spot, since I'll be wearing a blue suit with an orange tie.

■ easy to spot
찾기 쉬운, 알아보기 쉬운

엘리베이터를 타고 20층으로 올라오셔서 **접수원에게 저하고 약속이 있다고 말씀하세요.**

Just take the elevator up to the twentieth floor **and tell the receptionist you have an appointment with me.**

Just take the lift up to the twentieth floor **and tell the receptionist you have an appointment with me.** [UK]

10층에 도착하면 엘리베이터 옆에 있는 전화로 내선 451번을 누르세요.

When you get to the tenth floor, dial extension 451 on the phone next to the elevators.

When you get to the tenth floor, dial extension 451 on the phone next to the lifts. [UK]

로비**에서 만납시다.**

I'll meet you at the lobby.

제 조수인 Ellie씨가 빌딩 바로 밖에서 당신을 만날 겁니다.

Ellie, my assistant, **will meet you** right outside the building.

계단을 이용해서 2층으로 올라오신 후, 현관 앞에서 **인터폰을 누르시고 저를 찾으세요.**

Take the stairs to the second floor, and at the door there, **push the intercom and ask for me.**

약속 거절하기

058

8월 1일 도착 예정**이니**, 그때 **다시 약속을 정하죠.**

I'm scheduled to return on August 1, **so let's set up another appointment then.**

전 구매 담당이 아닙니다. 구매팀 **전화번호를 드릴게요.**

I don't handle purchasing. **Let me give you the number for** the purchasing team.

■ handle 다루다, 취급하다

만나는 게 그다지 생산적일 것 같지 않습니다.

I don't think a meeting would be that productive.

■ productive 생산적인

이 문제를 의논하기 위해 그쪽과 만나는 건 안됩니다. 기밀이라서요.

I won't be able to meet you to discuss this issue. It's confidential. ▸

◂ confidential이라고 할 수 있는 기밀은 사내에 유통되거나 고객만 알 권리가 있는 정보로, 계약금이나 법적인 사안이 될 수 있다.

제가 좀 바빠서 두 날짜 다 어렵습니다.

I'm a bit busy, so **neither of the dates works for me.**
I'm a bit busy, so **neither of the dates work for me.** [UK]

만나자는 요청은 고맙지만, 현시점에서 좋은 생각은 아닌 것 같습니다.

Thanks for asking me for a meeting, but I don't think it's a good idea at this point.

3월 말까지 제가 사무실에 없을 겁니다. 4월 초에 다시 전화해주세요.

I'll be out of the office until the end of March. **Why don't you give me a call in** early April?

아쉽게도 전 그때 일본에 있을 거니까, 대신 Paula를 만나는 게 좋겠네요.

Unfortunately, I will be in Japan then, so **you might want to meet with Paula instead.**

이미 전화로 이 건에 관해서 상세하게 논의했으니, 만나는 게 별 도움이 되지 않을 것 같네요.

We've already discussed this in detail over the phone, so **I don't see that a meeting would be all that useful.**

약속을 변경하거나 취소할 때

약속 변경하기

059

갑작스러운 일이 생겨서, 만나는 날짜를 바꿔야겠습니다.

Something came up, so I'm going to need to change our meeting date.

회의를 5시로 미뤄도 될까요?

Is it okay if we pushed our meeting back to 5?

약속 날짜를 앞당길 수 있는지 여쭤봐야겠네요.

I need to ask if we can push up our appointment date.

- push up
(일정 등을) 앞당기다
- push back
(일정 등을) 미루다

약속을 10월 10일에서 10월 17일로 변경할 수 있나요?

Can we change our appointment on October 10 **to** October 17**?**

갑작스럽게 말씀드리게 돼서 죄송한데, 혹시라도 더 이른 날짜에 만날 수 있을까요? 화요일은 어때요?

Sorry for the short notice, but is there any way we can meet on an earlier **date? Like** Tuesday **maybe?**

- short notice
갑작스러운 통보

한 주 더 일찍 만날 수 있을까요?

You think we can meet a week **earlier?**

정말 죄송한데, 일정이 겹치게 됐어요. 만나는 걸 오후 6시로 변경해도 될까요?

I'm really sorry, but there's a scheduling conflict. Mind if we move our get-together to 6 p.m.**?**

- scheduling conflict
일정 중복
- get-together
(비격식적, 사교적) 만남

약속을 이번 주 금요일에서 다음 주 월요일로 변경해도 괜찮을까요?

Would you mind changing our appointment from this Friday **to** next Monday**?**

137

날짜를 4월 7일로 앞당길 수 있을까요?

Could we move up the date to April 7?

■ move up
'(날짜를) 앞당기다'는 뜻으로, 좀더 강한 뉘앙스로는 push up을 쓸 수 있다.

목요일로 회의 연기가 가능할까요?

Would it be possible to postpone the meeting to Thursday?

원래 약속 날짜를 지키기 힘들 것 같습니다.

I won't be able to keep our original appointment date.

■ original appointment
처음 잡은 약속

약속 변경을 위해 내일 전화 드릴게요.

I'll call you tomorrow to reschedule.

◀ again 같은 부사보다는 동사 reschedule을 써서 간결하게 말하자.

약속 취소하기

060

Aaron, 다음 기회에 봐야 할 것 같습니다.

Aaron, I'm going to have to see you some other time.

이러긴 싫지만, 수요일 만남을 취소해야겠습니다.

I hate to do this, but I have to cancel our meeting on Wednesday.

정말 죄송한데, 11월 1일 약속을 취소해야겠네요.

I'm really sorry, but I need to cancel my November 1 appointment with you.

3월 3일로 잡힌 약속을 지킬 수 없게 되었습니다.

I won't be able to honor our appointment on March 3.

■ honor
(하기로 한 약속 등을) 지키다

Harris 씨가 아파서 다음 주로 잡힌 약속을 지키지 못하게 되어서 제가 대신 전화 드리는 겁니다.

I'm calling for Ms. Harris, who's really ill and can't make her appointment with you next week.

UNIT 04

전화로 견적 요청 및 주문하기

Quotes & Orders

전화로 견적을 요청하거나 주문할 때는 품목, 수량, 가격, 납품 날짜 및 방법, 지불 조건 등을 공급자에게 정확하게 알리고, 이메일 등으로 내용을 다시 한번 전달하는 것이 좋습니다.

3분
저자 직강
04

매일 입에 달고 사는 비즈니스 영어 일상 패턴

Unit 4에 나오는 표현 중에서 비즈니스 상황에서 가장 많이 쓰는 패턴을 뽑았습니다. 생각 없이 바로 튀어 나오도록 입에 붙이세요. QR코드를 찍어서 케빈경 선생님의 심플한 해설을 들어보세요.

안녕하세요, Sam, 견적이 필요해요.

Hi, Sam, I need a quote.

견적에 필요한 건 이겁니다.

This is what I need on the quote.

■ the quote 견적서

오클랜드까지 본선 인도 가격이 필요해요.

I need FOB Oakland.

■ **FOB** = free on board
본선 인도 가격

최고 제안가를 알려주시고, 대량 구매 할인도 포함해주세요.

Give me your best offer, and include any bulk discounts.

2천 개에 대한 견적을 주세요.

We'd like a quote for 2,000 units.

■ unit 개, 단위

대량 주문 할인 해주시나요?

Do you offer any volume discounts?

FOB와 CIF 가격 둘 다 필요해요.

We need both FOB and CIF prices.

■ **CIF** = cost insurance and freight
보험료 및 운임 포함 가격

방금 저희가 필요한 항목 목록을 메일로 보냈습니다.

I just sent you an email listing what we need.

내일까지 견적을 메일로 보내주시겠어요?

Could you email me your quote by tomorrow?

오늘 오후에 견적서 보내드렸어요.

I sent you the quote this afternoon.

판매세가 가격에 포함되었**다는 걸 상기시켜드리고 싶었어요.**

I wanted to remind you that the prices include sales tax.

■ remind 상기시키다

질문이 있는지 해서 전화 드렸습니다.

I'm calling to see if you have any questions.

3일을 주시면 배송할 수 있습니다.

Give me three days, **and I can ship it.**

물품 재고가 있으니까, 아무 때라도 배송할 수 있습니다.

We have the products **in stock, so we can ship** anytime.

■ in stock 재고가 있는

승인이 떨어지면 30일 안에 배송할 수 있어요.

We can ship within 30 days, **once we get the go-ahead.**

■ the go-ahead 승인

2% 할인을 제공해드릴 수 있습니다.

I can offer you a 2% discount.

30개 이상 구입하시면 5% 할인해드릴 수 있어요.

If you order 30 **or more, we can give you a 5% discount.** ▸

◂ 30 or more는 30을 포함하여 그것을 초과한 경우를 말하고, more than 30은 30을 포함 하지 않고 초과된 경우를 말한다. (반대는 or less와 less than)

죄송하지만, 대량 구매 **할인은** 천 개가 넘는 주문에만 적용됩니다.

Sorry, but the bulk **discount is only for orders of 1,000 or more.** ▸

◂ bulk discount와 volume discount는 비슷한 의미로 쓴다.

결제 조건은 전과 같습니다.

The payment terms are as before.

■ be as before
그대로다, 여전하다

주문을 진행하려면 30% 계약금이 필요합니다.

We need a 30% deposit before we can process the order. ▸

◂ 계약금을 contract fee라고 잘못 말하는 경우가 있다. 계약금을 뜻하는 말은 deposit 또는 down payment다.

신용장이 필요합니다.

We'll need an L/C.

■ L/C = letter of credit
신용장

신용카드도 받습니다.

We accept credit cards.

송장 날짜로부터 30일 안에 결제해주셔야 합니다.

Payment has to be made within 30 days **of the invoice date.**

■ invoice 송장 청구서

견적 요청 거절하기　　　　065

죄송한데, 재고가 없습니다.

I'm sorry, but we don't have any in stock.

그 모델은 더 이상 생산하지 않습니다.

We don't make that model anymore.

그 품목은 취급하지 않습니다.

We don't carry that item.

M200은 단종됐습니다.

We discontinued M200.

■ discontinue (제품, 서비스 등을) 단종하다, 중단시키다

북미 유통업체 **연락처를 보내드리겠습니다.**

I'll send you the contact info for the distributor in
North America.

주문이 아주 많이 밀려서, 6월이 되기까지는 견적을 드리지 못합니다.

The orders are really backed up, **so we won't be
able to give you a quote until June.**

■ be backed up
(주문이) 밀려 있다

호주**로 배송 못합니다.**

We can't ship to Australia.

교섭할 때

주문자로서 요청하기

066

대량 주문이니까, 적어도 5% 할인을 해주셨으면 합니다.

It's a large order, so we'd like to ask for at least **a** 5% **discount.**

FOB 로스앤젤레스가 아니라 CIF 인천이 필요합니다.

We need CIF Incheon, **not** FOB Los Angeles.

2% 할인해주시면 새로운 배송 날짜를 수용하겠습니다.

We'll accept the new delivery date **if you give us** a 2% discount.

저희가 주문량을 5,000개로 늘리면 개당 5달러로 할 용의가 있으신가요?

Would you be open to five dollars **a unit if we** increased the order to 5,000 units**?**

■ be open to
~할 여지가 있다

선적물이 3월 30일까지 여기에 도착해야 합니다.

The shipment has to get here **by** March 30.

공급자로서 답변하기

067

대신 2% 할인을 해드리면 어떨까요?

What if we gave you a 2% **discount instead?**

100개를 덤으로 추가해드리면 어떨까요?

How about if we threw in 100 extra units**?**

■ throw in (덤으로) 얹어주다

선적물 수령 후 15일 안에 결제하실 수 있다면 5% 할인을 해드릴 수 있습니다.

We can offer a 5% discount **if you can** make payment within 15 days of receiving shipment.

가격은 내릴 수 없습니다.

We can't lower the price.

■ lower 가격을 낮추다

그건 정말 불가능합니다.

That's just not possible. ▸

◂ impossible이라고 하면 직설적인 느낌을 주므로, 비즈니스 상황에서는 다소 완곡한 not possible을 쓰는 것이 좋다.

그게 저희가 해 드릴 수 있는 최고 할인율입니다.

That's the best discount we can offer.

수락하기

068

수락하겠습니다.

We'll accept that.

괜찮은 것 같습니다.

That sounds fair enough.

■ fair enought (생각이나 제안이) 괜찮은, 좋은

청구서 수령 후 결제**하는 걸로 동의하겠습니다.**

We can agree to payment upon receipt of invoice.

주문할 때

주문하기

069

주신 견적 괜찮네요.

Your quote looks good.

구매주문서를 받으셨는지 확인하고 싶었습니다.

I wanted to make sure you got our purchase order.

■ purchase order
구매주문서

주문을 진행해주세요.

Go ahead and process the order.

제 신용카드로 결제해주시겠어요?

Can you charge it to my credit card?

재고 수량 있죠?

You have it in stock?
Do you have it in stock? [UK]

배송 관련 말하기

070

견적서에 기재된 그 배송 날짜가 아직도 유효한 거 맞죠?

We're still okay with the delivery date on the quote, right?

주문품을 5월 중순까지 꼭 받아야 합니다.

We really need the order by the middle of May.

◀ 대체표현
이달 말 the end of this month
다음 달 초 the beginning of next month

그 수량을 빨리 보내주세요.

We'd like the units sent immediately.

UNIT 05

정보 요청 및 제공 전화하기

Requesting & Providing Information

정보를 요청할 때는 왜 그 정보가 필요한지 구체적인 이유를 알리는 것이 예의입니다. 자신이 정보를 제공할 때 역시 상대방이 혼동하지 않도록 정보의 명칭을 정확하게 언급합시다.

3분
저자 직강
05

매일 입에 달고 사는 비즈니스 영어 일상 패턴

Unit 5에 나오는 표현 중에서 비즈니스 상황에서 가장 많이 쓰는 패턴을 뽑았습니다. 생각 없이 바로 튀어 나오도록 입에 붙이세요. QR코드를 찍어서 케빈경 선생님의 심플한 해설을 들어보세요.

정보 제공을 요청할 때

Ferris & Company에 있는 Pete Anderson에게서 성함을 받았습니다.

I got your name from Pete Anderson at Ferris & Company.

웹사이트에서 성함을 찾았습니다.

I found your name on your website.

◀ 대체표현
페이스북 Facebook
링크드인 LinkedIn
회원 리스트
the membership list

Joe Lee가 전화번호를 주셨어요.

Joe Lee **gave me your phone number.**

Sellers Association 소속인 Pasty Young이 귀사를 추천하셨습니다.

Patsy Young from the Seller's Association **recommended your company to us.**

샌프란시스코에 있는 저희 지사가 귀사의 이름을 알려줬습니다.

Our office in San Francisco **gave me your firm's name.**

J. K.가 전화를 해보라고 했습니다.

J. K. **told me that I should call you.**

Sara의 말로는 플라스틱 제품에 관해선 당신이 적임자라고 하더군요.

Sara **said you're the person to talk to about** plastic products.

TIPS & MORE   **learn**

learn은 '배우다', '학습하다'라는 의미 외에도 다양한 뜻이 있다. '(정보를) 알게 되거나 소식을 듣다', ' 깨닫다', '(기술을) 습득하다'라는 의미도 된다. 예문을 통해 알아보자.

I learned that John came home late.(John이 늦게 귀가했다는 걸 **알게 되었어요.**)
I learned that I was a pretty good singer.(내가 노래를 꽤 잘한다는 걸 **깨달았어요.**)
I learned to ski as a kid.(어릴 때 스키를 **배웠어요.**)

유럽 여행 패키지에 대한 정보를 좀 보내주시겠습니까?

Would you mind sending me some information on travel packages to Europe**?**

카탈로그 한 부를 이메일로 보내주실 수 있나요?

Could you email me a copy of your catalog**?** ▸

◂ catalog는 주로 북미에서 쓴다. 일반적으로는 catalogue라고 쓴다

제공하시는 다양한 훈련 프로그램에 관해 더 자세히 알고 싶습니다.

I'd like to learn more about the various training programs **you offer.** ▸

◂ learn의 기본적인 의미는 '어떤 것에 대한 지식이나 기술을 습득하다'이다.

월간 뉴스레터도 구독하고 싶습니다.

We're also interested in subscribing to your monthly newsletter. ▸

◂ subscribe는 '구독하다' 라는 뜻으로, 기존의 정기 간행물뿐 아니라 인터넷이나 모바일로 컨텐츠를 정기 결제해서 받아볼 때도 쓰인다.

새 복사기를 구입하고 싶으니, 주실 수 있는 어떤 정보라도 큰 도움이 될 겁니다.

We're in the market for a new photocopier, **and any information you could give us would be really helpful.**

■ in the market for~ ~을 구입하고 싶다

귀사 사무용 책상에 관한 구체적인 정보가 좀 필요합니다.

I need some detailed information on your office desks.

이메일 주소가 어떻게 되죠?

What is your email address**?**

캘리그라피 책도 있나요?

Do you offer books on calligraphy**?**

◂ 대체표현
아동용 제품
children's products
한국어 판
a Korean version

한국 제조사 물품도 **취급하시나요?**

Do you also carry items from Korean manufacturers?

■ carry
(상품, 제품)을 취급하다,
판매중이다

한국에 유통업체가 있나요?

Do you have a distributor in Korea?

이 기관에 가입**하려면 어떻게 하면 되죠?**

How do I go about joining the organization?

지난주 **보내드린 메일의 후속으로 연락드리는 겁니다.**

I'm following up on the email I sent you last week.

항공 화물로도 배송**하는지 알고 싶습니다.**

I'd like to know if you also ship via air freight.

◀ 대체표현
DHL로도 배송
also ship via DHL
선박 화물로도 배송
also ship via ocean freight

추가 정보 요청하기　　　　　　　　**074**

트레이너들에 관한 추가 정보는 어떻게 구하나요?

How do I get more information on the trainers?

모델 번호들을 보내주셔서 고맙습니다, 그런데 기술 사양서**도 받아 볼 수 있을까요?**

Thanks for sending me the model numbers, **but can I also get** the technical specs?

■ specs(=specifications)
사양, 명세서

아시아 관련 데이터**도 필요합니다.**

I also need data on Asia.

■ data on ~에 관한 데이터

수제 넥타이 **관련 정보를 더 받아볼 수 있을까요?**

Can I get more information on the handmade neckties?
Can I get more information on the handmade ties? [UK]

중국에서 진행한 프로젝트 사진들**도 보내주실 수 있나요?**

Could you also send me photos of projects in China?

어디서 이 정보를 받았는지 알려주시겠어요?

Can you tell me where you got the info?

새 고객에 관해 누구와 말하는 게 맞을까요?

Who's the right person to talk to about the new client**?**

누가 이 정보를 줬나요?

Who gave you the information?

이 자료를 어떻게 구했어요?

How did you get this material?

제삼자 및 거래처를 소개할 때

사람 소개해달라고 요청하기　076

좋은 번역가 좀 추천해줄 수 있나요?

Can you recommend a good translator**?**

믿을 만한 엔지니어링 회사 아시나요?

Do you know any reliable engineering firms**?**

일본 매출액에 관해 문의하려면 누가 가장 좋을까요?

Who would be the best person to ask about the sales figures in Japan**?**

◀ 대체표현
시공 견적을 위해 연락
**contact for a
construction estimate**
디자인에 대해 논의
talk to about a designer

Anne Hong을 소개해주실 수 있나요?

Would you mind introducing me to Anne Hong**?**

상대방을 추천했다고 말하기　077

Ace Packaging사의 Matt Simpson이 견적에 관해 의논하고 싶답니다.

Matt Simpson at Ace Packaging **is interested in
talking to you about** a quote.

Jane이 당신을 만나고 싶어해요.

Jane **wants to meet you.**

직장동료가 디자이너를 찾고 있어서, 당신을 소개했습니다.

A co-worker **is looking for a** designer**, so I referred
him to you.**

■ refer A to B
A를 B에게 소개하다

고객 한 분이 좋은 회계사 아느냐고 묻길래, 당신 이름을 알려줬어요.

A client **asked me if I knew any good** accountants**,
so I gave** her **your name.**

컨설턴트가 필요한 어떤 분에게 당신의 이름을 알려줬습니다.

I passed your name on to someone **who needs a** consultant.

■ pass 넘겨주다, 전달하다

Min Kang 씨가 당신 전화번호를 원하길래 드렸어요.

Min Kang **wanted your** phone number, **so I gave it to** her.

제 상사가 곧 전화 드릴 겁니다

My boss **should be calling you soon.**

◀ should be 대신 will be를 쓰면 반드시 전화한다는 의미가 된다.

상대방에게 타인을 추천하기

078

제 생각엔 Pamela Han에게 전화하는 게 맞을 것 같아요.

I think Pamela Han **might be the person to call.**

Johnson Enterprises에서 알아보는 게 좋을 것 같습니다.

You might want to try Johnson Enterprises.

G. T. Oh가 도와드릴 수 있을 겁니다. 전화 드리라고 할게요.

G. T. Oh **can probably help you. I'll ask** him **to call you.**

경관조명에는 Carl Lee가 아마 최고 권위자가 아닐까 합니다.

Carl Lee is **probably the best authority on** landscape lighting.

■ authority 권위, 권위자

마케팅부서에 있는 Dan에게 전화해보세요. 인쇄광고에 대해 많이 알아요.

Give Dan at marketing **a call. He knows a lot about** print advertising.
Give Dan in marketing **a call. He knows a lot about** print advertising. [UK]

이게 전화번호입니다.

Here's the number.

정보나 자료를 보낼 때

문의에 대해 답변하기   079

제 이메일 주소입니다. 준비되셨어요?

Here's my email address. Are you ready?

그 정보를 메일로 보내드리면 어떨까요?

Why don't I email you that information?

죄송하지만, 그런 종류의 책은 취급하지 않습니다.

Sorry, we don't carry those types of books.

네, 합니다. (네, 취급합니다.)

Yes, we do.

사실 현재 타이완 동업자를 모색하는 중입니다.

Actually, we are currently looking for a partner in Taiwan.

그것에 관한 세부적인 정보는 저희 웹사이트에 있습니다.

You can get detailed information on that on our website.

자료 보낸다고 말하기   080

카탈로그를 메일로 보내드리겠습니다.

I'll email you the catalog.

오늘 샘플을 우편으로 보냈습니다.

We mailed the samples today.

■ mail ~을 우편으로 보내다

금요일까지 보도자료를 받아보실 수 있을 겁니다.

You should get the press kit **by** Friday.

■ press kit 보도자료,
비즈니스에서 상품이나 사람에
대한 정보를 제공하는 자료

내일 아침 소책자를 **빠른 우편으로 발송하겠습니다.**

We will express mail the booklet tomorrow morning.

그 정보에 대한 세부사항을 한 시간 내**에 이메일로 보내드리겠습니다.**

I'll send you an email detailing that information
within the hour.

회계부서**에서** 데이터**를 받자마자 보내드리겠습니다.**

I'll send the data **as soon as** I get it from accounting.

오늘 늦게 **이 정보를 메일로 보내드릴게요.**

I'll email you this information later today.

081

자료 받았다고 말하기

고마워요. 정보 받았어요.

Thanks. I got the info. [INF]

오늘 빠른 우편으로 소포를 받았습니다.

I got the express mail package **today.**

오늘 아침 샘플을 받았다고 말씀드리고 싶었습니다.

I just wanted to let you know we received the
samples this morning.

◀ 대체표현
요청했던 자료
**the information we
requested**
어제 ppt 파일
**the PowerPoint slides
yesterday**

카탈로그 **고맙습니다.**

Thanks for the catalog. [INF]

정보 고맙습니다.

I appreciate the information.

이메일 주셔서 고맙습니다.

Thank you for the email.

정보 제공을 거절할 때

정보가 없다고 말하기

082

미안하지만 전 그 정보가 없어요.

Sorry, I don't have that information.

그 물품에 대해 잘 모르겠어요.

I'm not familiar with that item.

■ be familiar with
~에 대해 익숙하다, 잘 알다

Tanya McCarthy에게 연락해보실래요?

Why don't you contact Tanya McCarthy**?**

Paul에게 도면이 있을 수 있습니다.

Paul **might have** the drawings.

전 그런 것에 대해 모릅니다.

I'm the wrong person to ask.

제공하기 어렵다고 말하기

083

그 프로젝트에 대해서는 언급할 수 없습니다.

I'm not allowed to discuss the project.

그건 얘기할 수 없어요.

I can't talk about it.

그건 기밀입니다.

That's confidential.

■ confidential
기밀의, 비밀의

저는 데이터를 드릴 권한이 없습니다.

I don't have the authority to give you the data.

현재 다른 업체와 논의 중이라서, 사양을 보내드릴 수가 없네요.

We're currently talking to another firm, **so we can't send you** the specs **at this time.**

■ spec(=sepcifications)
(건물, 자동차, 전자제품 등의)
사양(서), 설계 명세(서)

저는 그 파일에 접근할 권한이 없습니다.

I don't have the authority to access the file.

서면 승인 없이는 보내드릴 수가 없어요.

I can't send it without a written approval.

정보를 드려도 되는지 이사님께 여쭤봐야 합니다.

I need to ask the director if I can give you the information.

전 그 프로젝트에 관여하지 않았습니다.

I'm not involved with that project.

TIPS & MORE **명사를 동사로 사용하자**

"메일 보내드릴게요"를 영어로 I'll send you an email.이라고 쓰기도 하지만, I'll email you.(메일 보내드릴게요)처럼 email이란 단어를 동사로 쓰기도 합니다. 우편으로 보낼 때도 마찬가지입니다. "카탈로그를 우편으로 보내드리겠습니다." I'll send you the catalogue by mail.와 같은 의미로 I'll mail you the catalogue.라고도 합니다. 빠른 우편을 뜻하는 express mail도 명사와 동사로 쓸 수 있어서, I'll send you the catalogue by express mail.과 I'll express mail you the catalogue.라고 쓸 수 있습니다. 문자메세지를 뜻하는 명사 text도 동사로 써서 "문자메세지 보낼게요"를 I'll send you a text. 또는 I'll text you.라고 합니다.

UNIT 06

항의 및 독촉 전화하기
Complaints & Collections

항의하거나 독촉할 때는 침착함과 냉정함을 유지하는 것이 중요합니다.
상대가 항의하는 경우에도 차분하고 매너 있게 대처해야 하지요.
사과할 때는 나중에 책임 소지를 따지는 일이 생기지 않도록 신중하게
표현해야 합니다.

3분
저자 직강
06

매일 입에 달고 사는 비즈니스 영어 일상 패턴

Unit 6에 나오는 표현 중에서 비즈니스 상황에서 가장 많이 쓰는
패턴을 뽑았습니다. 생각 없이 바로 튀어 나오도록 입에 붙이세요.
QR코드를 찍어서 케빈경 선생님의 심플한 해설을 들어보세요.

항의 및 클레임을 걸 때

손상 · 고장 · 불량

084

오늘 배터리를 받았는데, 제대로 충전되지 않습니다.

I received the battery today, **but it's not** charging **properly.**

헤드폰에 결함이 있습니다.

The headphones **are defective.**

■ defective 결함이 있는

작동이 안 돼요.

It's not working.

펜 2개가 고장 났습니다.

Two of the pens **are broken.**

박스를 개봉했을 때 이미 손상돼 있었습니다.

It **was already damaged when I opened the box.**

지난주에 제품을 받았는데 제대로 포장돼 있지 않았어요.

I received the product last week, **but it wasn't** wrapped **properly.**

지금 프린터를 받았는데 박스에 케이블이 없네요.

I just received the printer, **but there is no** cable **in the box.**

아직 제 주문품을 받지 못했습니다.

I haven't received my order yet.

8월 10일은 너무 늦습니다.

August 10 is too late.

지연을 용납할 수 없습니다.

The delay is unacceptable.

■ unacceptable
용납할 수 없는

한 달 전에 주문했는데, 어제서야 도착했습니다.

I placed the order a month **ago, but I didn't get it until** yesterday. ▸

◂ It arrived yesterday나
I got it yesterday를 쓰지
않고 I didn't get it until
yesterday라고 하면 늦었다는
점이 더 부각된다.

제 주문품을 왜 아직 받지 못하는지 알려주시겠어요?

Can you tell me why I haven't gotten my order yet?

너무 늦게 도착해서 아무 소용이 없습니다.

It arrived too late to be of any use. ▸

◂ 직역하면 '쓸모 있기에는
너무 늦게 도착하다'라는
의미다.

받은 건 제가 주문한 게 아닙니다.

What I got was not what I ordered.

박스 안에 10개밖에 없었습니다.

There were only ten units **in the** box.

그쪽에서 착오가 있었던 것 같네요.

I think there was a mix-up on your end.

■ mix-up 착오, 혼동
■ on ... end ~쪽

누락된 개수가 최대한 빨리 필요합니다.

We need the missing units **ASAP.**

■ ASAP
= as soon as possible
최대한 빨리
발음은 [에이쌥] 또는 [에이에
스에이피]라고 한다.

50개를 주문했는데 49개만 받았어요.

I ordered fifty, **but I only got** forty-nine.

저희가 받은 제품이 그쪽에서 보내주셨던 샘플과 일치하지 않습니다.

**The product we received does not match the
sample you'd sent.**

품질이 정말 실망스럽습니다.

I'm really disappointed with the quality.

색깔이 제가 받은 샘플과 다릅니다.

The color is different from the sample I got.

◀ 대체표현
사이즈 **the size**
제품번호 **the product code**
소재(재질) **the material**

품질에 일관성이 없네요.

The quality is inconsistent.

■ inconsistent
불일치하는, 모순되는

저희는 그 제품들을 받을 수 없습니다.

We can't accept the products.

잘못된 청구서를 받았어요.

We got the wrong invoice.

400달러나 과다 청구하셨어요.

You overbilled me by $400.

■ overbill 과다청구하다

청구서 번호 21A-004에 관해 전화 드리는 겁니다.

I'm calling about the invoice number 21A-004.

그 금액을 청구서에서 공제해주세요.

Please deduct the amount **from the billing.**

그 주문을 취소했는데 아직 확인을 받지 못해서요.

**I canceled that order but I haven't gotten any
confirmation yet.** ▸

◀ 흔히 말하는 '컨펌받는다'는
대부분 동사 confirm 을 써서
말할 수 있지만 confirm의
명사형은 confirmation이다.

직원들이 무례했습니다.

Your staff **was rude.**

Your staff **were rude.** [UK]

제가 받은 대우가 불쾌했어요.

I was offended by the treatment I got.

■ offend
기분 상하게 (불쾌하게) 하다

정식으로 불만 사항을 제기하고 싶습니다.

I'd like to file a formal complaint.

■ file (소송 등을) 제기하다

이것에 대해 누구와 얘기하면 되죠?

Who should I talk to about this?

웨이터가 그런 말을 했다는 게 아직도 어이가 없네요.

I still can't believe the server would say something like that.

◀ 대체표현
매니저가 그런 행동을 했다는 게
the manager would do something like that

문제를 처리해주세요.

Please take care of the problem.

사과를 받고 싶습니다.

I would like an apology.

■ apology 사과
(apologize 사과하다)

전액 환불해주세요.

I want a full refund.

◀ 대체표현
수리해 **repair**

제품을 교환해주시길 바랍니다.

I would like you to replace **the product.**

품목을 교환해주시면 고맙겠습니다.

I'd appreciate it if you'd exchange the item.

문제를 인정하고 사과하기

091

기분 상하게 해드린 점 죄송합니다.

I'm sorry that you were offended.

왜 불쾌하셨는지 이해가 갑니다.

I can see why you were upset. ▶

◀ see 대신 know를 쓰면
상대가 기분 나쁠 수 있다.
know는 '이미 알고 있다'라는
뉘앙스가 있기 때문이다.

절대 있어서는 안 되는 일이었습니다.

That should never have happened.

그 사건에 대해 듣고 저희도 마음이 안 좋았습니다.

We were distressed to hear about what happened.

■ distressed
괴로워(고통스러워)하는

일 처리가 서툴렀습니다.

That was handled poorly.

점원의 태도에 대해 사과드리고 싶습니다.

Let me apologize for the clerk's behavior.

이 문제를 알려주셔서 감사합니다.

Thank you for bringing this to our attention.

■ bring ... to one's
attention
~에게 ...을 알려주다

청구서 오류에 대해 사과드립니다.

I apologize for the billing error.

■ billing error 청구서 오류

저희 사과를 받아 주십시오.

Please accept our apologies.

말도 안 되는 일이네요. 유감입니다.

That's terrible. I'm sorry to hear that.

당장 교체해 드리겠습니다.

We will immediately replace it.

당연히 전액 환불해 드려야죠.

Of course, we'll refund the full amount.

새것과 교환해 드리겠습니다.

We'll exchange it with a new one. ▸

◂ with 대신 for를 써도 같은
의미다.

오늘 오후 제품을 배송할 예정입니다.

We'll be shipping the product this afternoon.

무료 쿠폰을 좀 보내드리고 싶습니다.

We would like to send you some complimentary coupons.

월 명세서를 수정하겠습니다.

We'll revise the monthly statement.

◂ 대체표현
견적서 **the estimate**
청구서 **the billing**
주문서 **the order**

오류를 정정했습니다.

We corrected the error.

최대한 빨리 정확한 물품이 발송되도록 조치하겠습니다.

I'll have the correct items **sent to you as soon as possible.**

제가 직접 직원에게 얘기하겠습니다.

I'll talk to the employee **myself.**

다시는 이런 일이 없도록 하겠습니다.

I'll make sure this never happens again.

■ make sure
반드시 ~하게 하다

직원들 회의를 소집하겠습니다.

I'm going to call a meeting of my staff.

유감이지만, 물품을 교체해 드릴 수 없습니다.

Unfortunately, we can't replace **the** item.

편의는 봐드리고 싶지만, 저희에게 파손에 책임은 없는 것 같습니다.

As much as I would like to accommodate you, we don't feel we are responsible for the damage.

■ as much as I would like to ~은 하고 싶지만
■ accommodate 편의를 봐주다

그쪽 기록을 재검토하시기 바랍니다.

Please recheck your records.

그게 어떻게 가능한지 도저히 이해가 안 되네요.

I just can't see how that's possible.

박스를 열었을 때 물품들이 파손돼 있었**다는 걸 보여주는 증거를 뭐든** 보내주실 수 있나요?

Could you send us any documentation that might show the items were damaged when you opened the box? ▸

◂ documentation은 '입증할 자료'를 뜻한다. document는 일반적인 '서류'라는 의미이므로, 여기에는 documentation이 적절하다.

사용설명서**를 보시면** 펜은 방수가 안 된**다는 걸 아실 겁니다.**

If you would take a look at the user's guide, **you'll see that** the pen is not waterproof.

■ waterproof 방수의

165

연체 사실을 통지하거나 독촉할 때

연체에 대해 조심스럽게 말하기

094

고객님의 계정이 현재 2주째 연체되었다는 걸 알려드리고 싶었습니다.

I just wanted to remind you that your account is now two weeks **overdue.**

그냥 깜빡하신 것 같은데, 그 청구서 결제가 아직 안 됐어요.

I'm sure it's just an oversight, but that invoice **hasn't been paid yet.**

■ oversight
(못 보고 지나친) 실수, 간과

기록을 검토하다가 아직 2천 달러가 미납된 것을 알게 됐습니다.

I was going through the records, and I noticed that there's still an unpaid balance of $2,000.

이른 시일 내에 결제할 수 있으신지요?

Do you think you might be able to settle the payment soon?

■ settle
(줄 돈을) 지불하다, 정산하다

오늘 대금을 지불하실 수 있는지요?

Could you send your payment today? ▶

◀ 여기서 send는
'지불하다'라는 의미다.

연체 해결 강하게 요구하기

095

이런 전화 드리긴 싫지만, 정말 결제를 하셔야 합니다.

I hate to call you about this, but you really need to settle the account.

계속 고객님을 모실 수 있게 해주세요.

Help us to continue to serve you. ▶

◀ 연체 대금을 지불하지 않으면 조치를 취하겠다는 것을 돌려 말하는 표현이다.

최대한 빨리 결제해주시길 부탁드립니다.

I ask that you make the payment as soon as possible.

정말 곧 지불하셔야 합니다.

We really need the payment soon.

내일까지 결제가 안 되면 추가 요금이 청구됩니다.

There'll be additional charges if it's not settled by tomorrow.

■ additional charges
추가요금

저희 메일에 답변을 한번도 안 하셨습니다.

You haven't answered any of our emails.

7일 안에 결제를 안 하시면 저흰 수금 대행사로 연락해야 합니다.

If payment is not made within seven days, **we'll have to contact a collection agency.**

■ collection agency
수금(추심) 대행사

방금 법무팀과 통화했는데, 법적 절차를 밟고 싶답니다.

I just talked to our legal department, and they want to take legal action.

■ take legal action
법적 절차를 밟다

전액이 지불되기 전까지 여신 제공을 중단할 수밖에 없습니다.

We're forced to stop extending credit to you until payment is made in full.

■ extend credit to ...
~에게 외상을 주다

이봐요, 결제를 안 하시면, 변호사들에게 넘기는 것 외엔 뾰족한 수가 없어요.

Look, if you don't pay, I have no choice but to let the lawyers take over.

■ take over 떠맡다

UNIT 07

전화로 통보하기
Phone Announcements to Business Partners

전화로 일상적인 통보를 할 때는 간결하면서도 세부 사항을 빠짐없이 알리는 것이 맞습니다. 전화 전에 상대가 할 만한 질문을 미리 생각해보고 답변을 생각해두는 것도 좋습니다.

3분
저자 직강
07

매일 입에 달고 사는 비즈니스 영어 일상 패턴

Unit 7에 나오는 표현 중에서 비즈니스 상황에서 가장 많이 쓰는 패턴을 뽑았습니다. 생각 없이 바로 튀어 나오도록 입에 붙이세요. QR코드를 찍어서 케빈경 선생님의 심플한 해설을 들어보세요.

휴가 · 출장 · 개인 사정 말하기

097

Jeff는 휴가 중입니다.

Jeff is on vacation.
Jeff is on holiday. [UK]

Kevin Lee대신 전화 드립니다.

I'm calling for Kevin Lee.

■ call for
~를 대신해서 전화하다

저는 Hopson 씨와 함께 일합니다.

I work with Mr. Hopson.

그분은 출장 중입니다.

He's on a business trip.

■ be on a business trip
출장 중이다

Paul이 다음 주에 전화 드린다고 전해달랍니다.

Paul **asked me to tell you** he'll call you next week.

Y. K.가 일찍 퇴근해야 해서, 귀하에게 전화를 드려서 Max Mall 프로젝트에
대한 자세한 내용을 말씀드리라고 저에게 부탁했습니다.

Y. K. **had to** leave work early, **so he asked me to
call you and** give you the details on the Max Mall
project.

■ leave work 퇴근하다

Pat이 자리를 비우는 동안 필요하신 게 있으면, 제가 도와드리겠습니다.

If you need anything while Pat's away, **I can help
you.**

169

엔지니어링부서에 있는 Henry Anderson이 귀하에게 전화 드려서 지불 조건에 대해서 논의해보라고 요청했습니다.

Henry Anderson at engineering **asked me to call you and talk to you about** payment terms.

일정에 대해 궁금한 부분이 있다고 들었습니다.

I'm told you have questions about the schedule.

■ be told ~를 듣다

HR 쪽에선 그 프로젝트 스태프를 고용하는 데 저보고 도움을 드리라고 했습니다.

HR **thought I could help you with** hiring staff for the project. ▶

◀ HR(Human Resources)은 무생물 주어이지만 think와 같은 동사를 쓰고 있다. 그 부서의 '사람들'이 생각하는 것이지만, 영어에서는 단체나 조직, 정부를 사람 주어처럼 쓰기도 한다. 따라서 Korea thinks...나 The U.S. feels...라고 할 수 있다.

전 R&D에 있으니, 아마 당신의 질문에 답변을 드릴 수 있을 겁니다.

I'm in R&D, **so I could probably** answer your questions.

B. K.가 당신이 회계팀 사람과 얘기하고 싶으시다고 하더군요.

B. K. **said you wanted to talk to someone in** accounting.

자기 소개하기

099

저는 얼마 전에 해외영업팀에 합류했습니다. 전화 드려서 제 소개를 하고
싶어서 전화드렸습니다.

I just joined the overseas sales team, **and I wanted
to call you and introduce myself.**

제 이름은 오형수이며 플라스틱 소재부의 매니저입니다.

My name is Hyeong-su Oh, **and I'm** a manager **in**
the plastic materials division.

제가 새 프로젝트매니저입니다.

I'm the new project manager.

Patrick Yoo의 후임입니다.

I'm taking over for Patrick Yoo.

■ take over for
~의 일을 맡다

Cindy와 일한 지 2년이 넘었습니다.

I've worked with Cindy **for** over two years.

Colors Korea에서 일한 지 5년이 됩니다.

I've been with Colors Korea **for** five years.

■ have been with
~에 다니다, ~에서 일하다

전엔 유럽영업팀에서 일했습니다.

I used to be with the European sales team.

전 공인회계사입니다.

I'm a certified public accountant.

오늘부터 고객님과의 거래를 맡게 됐습니다.

I'll be handling your account from today. ▶

서부영업팀을 담당하게 됐습니다.

I'll be heading the west coast sales team.

◀ 사내에서의 대화에서는 will
대신 be going to를 쓰지만,
고객을 상대하거나 거래처와의
비즈니스 상황에서는 be
going to가 캐주얼하게 느껴질
수 있다.

171

아마 Paul Yoon이 저에 대해 언급했겠죠?

Paul Yoon probably already mentioned me?

저에 대해 이미 말씀드렸다고 Larry가 그러더군요.

Larry said he's already talked to you about me.

Mary가 이미 저에 대해 언급했을 줄로 압니다.

I'm sure Mary's mentioned me already.

아시다시피, Joe는 얼마 전에 은퇴하셨습니다.

As you know, Joe just retired.

Paul은 이제 국내영업부에서 일하게 됐습니다.

Paul's now with the domestic sales division. ▸

◂ 부서나 팀의 크기는
주로 큰 것부터 division 〉
department 〉 team 순이다.

Larry는 뉴욕 지사로 전근했습니다.

Larry has transferred to the New York office.

Mary는 퇴사하셨습니다.

Mary is no longer with the company.

함께 일할 수 있게 되어 기쁩니다.

I'm excited about being able to work with you.

직접 만나뵙기를 기대하고 있습니다.

I'm looking forward to meeting you in person.

■ meet ... in person
~을 직접 만나다

필요하신 게 있으면 전화나 메일 주세요.

If you need anything, just give me a call or email me.

통화하게 돼서 정말 좋았습니다.

It was great talking to you.

172

가격 인상

이 정보를 곧 메일로 보내 드리겠지만, 먼저 전화로 알리고 싶었습니다.

We'll be emailing the information soon, but I wanted to call you first to let you know.

다음 달**부터 저희** 서비스 요금을 55달러**로 올릴 예정입니다.**

We'll be raising our service fee **to** fifty-five dollars, **starting** next month.

거의 모든 제품 **가격이** 5% **인상됩니다.**

The price of most of our products **will be raised** five percent.

9월 1일부터 새 가격이 적용됩니다.

The new fee will go into effect on September 1.

■ go into effect on ...
~날짜부터 적용되다

가격 인상 외엔 달리 도리가 없습니다.

We have no choice but to raise our prices.

■ have little choice
방법이 없다

최근 원자재 **가격이 정말 많이 상승하는 바람에, 선택의 여지가 없었습니다.**

Raw material **prices have really gone up recently, so we had little choice.**

■ go up (가격 등이) 상승하다

가격을 동결하려고 노력했지만 이제 더는 불가능합니다.

We've tried to hold our prices down, but that's no longer possible.

■ hold ... down
(가격 등을) 동결하다

저희도 내키지 않습니다만, 요즘은 어려운 시기라서요.

We're not happy about it, either, but these are tough times.

173

절감된 비용을 저희 클라이언트들께 돌려드리는 게 공정하다고 생각했죠.

We thought it only fair that we pass on the savings to our clients.

원자재 가격이 내려갔으니 저희 가격도 인하합니다.

Raw materials **prices have gone down, so we're lowering our prices, too.**

■ lower (가격 등을) 낮추다

이달에 모든 예술 서적을 20% 할인해서 제공합니다.

We're offering a twenty percent **discount on** all our art books this month.

구 모델은 한 개에 단돈 백 달러에 판매할 예정입니다.

The older model **will be on sale for** just a hundred dollars each.

새 가격은 저희 웹사이트에 있습니다.

The new prices are on our website.

새 가격표는 메일로 보내드리겠습니다.

I'll email you the new price list.

다음 주까지 Lynn이 업데이트된 리스트를 보낼 겁니다.

Lynn **will be sending you** the updated list by next week.

◀ 대체표현
내일까지 / 새로 작성된
리스트를 the new list by
tomorrow

이해해주셔서 고맙습니다.

I appreciate your understanding.

당신과의 거래를 소중하게 생각한다는 거 아시죠.

You know we value your business.

■ value 소중히 여기다, 가치를 평가하다

항상 거래에 감사드립니다.

Thank you for your business as always.

TIPS & MORE (가격이) 오르다, 내리다, 동결되다

가격이 오르다   **go up, rise, raise**
가격이 내리다   **lower, go down, decrease**
가격이 동결되다   **hold down**

주어에 따라 쓰는 동사가 다릅니다. 회사가 주어인 경우에는 raise (price), lower (price)라고 하고, 가격이 주어일 때는 go up, rise를 쓰거나 go down, decrease라고 합니다. 가격이 하락할 때 '가격이 내리다'라는 의미라면 go down이라고 하지만, 할인이 적용됐다면 offer a discount나 on sale 등으로 표현할 수 있습니다.

이전 통지하기

106

다음 달에 새로운 장소로 이전합니다.

We're moving to a new location next month.

아세요? 저희 이전했어요.

Guess what? We moved. [INF] ▶

◀ guess what은 친한 사이에 뭔가 놀랄 만한 소식을 전할 때 쓰는 표현이다.

수원에 있는 저희 새 시설로 이전합니다.

We'll be relocating to our new facilities in Suwon. ▶

◀ relocate는 다른 장소로 옮기는 것을 뜻하는데, 사람에 대해서 말할 때는 '이사하다, (근무지 등을) 이동하다'라는 의미도 된다.

더 큰 공간이 필요했어요.

We needed a larger space.

새 사무실은 삼성동에 있습니다.

The new office is in Samseong-dong.

5월 초까지는 이전이 완료될 겁니다.

We should be moved in by early May.

이게 새 주소예요.

Here's our new address.

새 전화번호는 문자로 보내드릴게요.

I'll text you the new phone number.

전화번호는 이전과 같습니다.

The phone numbers are the same.

9월에 대전 지사를 **개설합니다**.

We're opening a branch in Daejeon **in** September.

저희 서초동 매장을 **열었습니다**.

Our Seocho-dong store **is now open.**

새 매장 **약도는** 메일로 **보내드릴게요**.

I'll email **you the map to** the new store.

이제 배송 시간이 더 **빨라질 겁니다**.

Now our delivery time will be quicker.

서비스 중단은 전혀 없습니다.

There won't be any interruptions in service.

■ interruption
중단, 가로막음

이제 주차공간이 더 **좋아요**.

There's better parking **now.**

이전하게 되어 다들 신나 있습니다.

Everyone is pretty excited about the move.

새 사무실이 참 좋습니다.

The new offices are really nice.

지하철역과 아주 **가까워요**.

It's really **close to** the subway station.

일시적인 부재를 알릴 때

출장이나 교육으로 인한 부재 알리기   109

다음 주 내내 **자리를 비웁니다.**
I'm going to be out of the office all next week.

7월 말**까지** 미국에 머무를 겁니다.
I'll be in the States **until** the end of July.

12월 1일**까지** 외국에 나가 있을 겁니다.
I'll be out of the country until December 1.

라스베이거스 무역 박람회**에 참가합니다.**
I'll be at the trade show **in** Las Vegas.

이틀 동안 저희 연수원**에서** 열리는 워크숍**에 참가해야 합니다.**
I have to attend a workshop **at** our training center **for** two days.

◀ **대체표현**
일주일간 / 로얄호텔에서 /
세미나에 **a seminar** / the
Royal Hotel / a week

> *TIPS & MORE* the U. S. vs the States
> 미국사람끼리는 미국 본토를 말할 때, the United States를 줄여 the States라고 부릅니다.

휴가 알리기   110

전 다음 주 금요일 **휴가입니다.**
I'm off next Friday.

8월 7일**부터** 11일**까지 휴가입니다.**
I'll be on vacation from August 7 **to** 11.
I'll be on holiday from August 7 **to** 11. [UK]

3개월 동안 출산휴가입니다.

I'll be on maternity **leave for** three months.

■ maternity leave
출산휴가

일주일간 개인 휴가를 냅니다.

I'm taking a personal leave for a week. ▸
I'm taking personal leave for a week. [UK]

◀ personal leave는
개인적인 이유로 쉬는 것을
의미하고, day off는 이유를
특정하지 않고 단순히 '쉬는
날'을 뜻한다.

연락 방법 알리기　111

메일은 확인할 수 있습니다.

I can still check my emails.

3월 29일에 다시 출근할 예정입니다.

I'm due back at the office on March 29.

■ due ~할 예정인

제 휴대폰으로는 연락 가능합니다.

You can still reach me on my cell.
You can still reach me on my mobile. [UK]

■ reach ~에게 연락하다

휴대폰을 받지 못할 겁니다.

I won't be able to answer my cell phone.
I won't be able to answer my mobile phone. [UK]

급한 일이면 그냥 전화 주세요.

If it's urgent, go ahead and call me.

제가 없는 동안 제 팀의 Anne Jang이 도와드릴 수 있습니다.

Anna Jang from my team **can assist you while I'm away.**

제 이메일을 자주 확인할 겁니다.

I'll be checking my email regularly.

사무실에 있는 Joe 아니면 Sang에게 메모를 남기시면 됩니다.

You can leave a message with Joe or Sang at the office.

5월 1일은 근로자의 날이라서 사무실이 휴무입니다.

It's Labor Day **on** May 1, **so our office will be closed.**

재고 조사를 위해 오는 금요일에 일찍 문을 닫습니다.

We're closing early this Friday **to** do inventory. ▸
We're closing early this Friday **to** do stock-take. [UK]

◂ 오늘을 기준으로 '앞으로 돌아오는 금요일'을 명확하게 특정할 때는 this coming Friday라고 하는 것이 좋다. 영국에서는 재고 조사를 stcok-take라고 한다.

저희 모든 사무실은 추석 연휴 동안 휴무입니다.

All our offices will be closed during the Chuseok holidays.

저희 매장들은 설날에 문을 닫습니다.

Our stores **will be closed for** the Lunar New Year's Day.

화요일은 저희 회사 창립 21주년 기념일이라 사무실이 휴무입니다.

We're celebrating our twenty-first **anniversary on** Tuesday, **and the office will be closed.**

혹시 모르니까, 여기 제 전화번호 드리겠습니다.

Just in case, here's my number.

제 휴대폰으로는 연락하실 수 있습니다.

You can still get hold of me on my cell.
You can still get hold of me on my mobile. [UK]

■ get hold of
~와 연락하다, ~와 연락이 닿다

사무실에 누군가 당직을 설 겁니다.

We'll have someone on duty at the office.

■ on duty 당직인

TIPS & MORE 한국의 주요 휴일

한국의 공휴일 명칭을 영어로 말할 때 바로 나오지 않는 경우가 많습니다. 아래 공식 명칭을 미리 알아두세요.

설날	Lunar New Year's Day	석가탄신일	Buddha's Birthday
추석	Chuseok	현충일	Memorial Day
어린이날	Children's Day	제헌절	Constitution Day
개천절	National Foundation Day	광복절	Liberation Day / Independence Day
삼일절	The Anniversary of the Independence Movement of March 1, 1919		

UNIT 08

이직·전근·추천·채용 전화하기

New Job, Transfers, Recommendations & Employment

전화로 이직 또는 퇴사를 알릴 때는 구체적인 이유는 피하고 후임자를 명확히 알리는 것이 좋습니다. 채용 관련 전화는 두 쪽 모두 매너 있는 외교적인 어조를 사용하는 것이 좋습니다.

3분
저자 직강
08

매일 입에 달고 사는 비즈니스 영어 일상 패턴

Unit 8에 나오는 표현 중에서 비즈니스 상황에서 가장 많이 쓰는 패턴을 뽑았습니다. 생각 없이 바로 튀어 나오도록 입에 붙이세요. QR코드를 찍어서 케빈경 선생님의 심플한 해설을 들어보세요.

이직이나 전근을 알릴 때

이직 및 퇴사 알리기 | 114

7월에 행성파트너스사를 그만두었습니다.
I left Haengseong Partners **in** July.

다음 달에 **퇴사합니다.**
I'll be leaving the company next month.

Pan Korea사에서 **퇴사했습니다.**
I've resigned from Pan Korea.

■ resign from
~에서 퇴사하다

전 이제 Colors Korea사에서 일합니다.
I'm now with Colors Korea.

다른 제조사에서 일할 겁니다.
I'll be working for a different manufacturer.

최근 이직했습니다.
I recently changed jobs.

개인 창업 알리기 | 115

이젠 개인 사업을 하고 있습니다.
I'm now running my own business.

자립했습니다.
I've struck out on my own.

■ strike on one's own
자립하다, 독립하다

제 개인 소매점을 작년에 시작했습니다.
I started my own retail store last year.

182

다음 달에 샌프란시스코 **지사로 옮기게 됐어요.**

I'll be moving to our office in San Francisco next
month.

최근 해외팀**으로 옮겼어요.**

I recently transferred to the overseas team.

■ transfer 전근가다, 옮기다

다음 달 초 인천 **지사로 전근합니다.**

I'm transferring to the Incheon **office** early next
month.

제 새 연락처를 드리려고요.

I wanted to give you my new contact information.

Pat Ji가 제 후임입니다.

Pat Ji will be taking my place.

자리를 옮기게 되어 기대가 큽니다.

I'm pretty excited about the move.

■ move 이직, 전출

전근일 뿐이니, 제가 계속 거래를 맡을 겁니다.

It's just a transfer, so I will still handle your account.

계속 함께 사업관계를 유지하기를 바랍니다.

I hope we can continue to do business together.

■ do business
사업적으로 관계를 맺다

적응한 후 전화 드릴게요.

I'll give you a call once I'm settled in.

■ settle in
(새로운 환경에) 적응하다

함께 일하던 시간이 그리울 겁니다.

I'm going to miss working with you.

사람을 추천할 때

적임자 추천하기

Joe는 어때요?
How about Joe? [INF]

제가 아는 사람 중에 그 자리의 적임자가 있을 것 같습니다.
I might have the perfect person for the job. ▸

■ perfect person 적임자
◀ 추천할 만한 사람이 있다는
뜻이다.

Jack이 딱일 것 같은데요.
I think Jack **would be perfect.**

그 자리에 Ellie Lee를 추천하고 싶습니다.
I'd like to recommend Ellie Lee **for that position.**

연구개발부에 있는 Larry Larson이 좋을 것 같아요.
Larry Larson from R&D **would be good.**

그분을 강력하게 추천합니다.
I give her **my highest recommendation.**

그 사람은 어느 조직에서든 자산이 될 거예요.
He **would be a great asset to any organization.**

그분보다 더 적절한 사람이 없는 것 같아요.
I can't think of anyone better than him.

본인과의 관계 말하기

Peter와는 Sierra Building 프로젝트에서 함께 일했어요.
I worked with Peter **on** the Sierra Building **project.**

오랫동안 알고 지낸 사람이라 인격은 보장할 수 있습니다.

I've known him for a long time, so I can vouch for his character.

■ vouch for
보증하다, 보장하다

5년을 함께 일했습니다.

We've worked together for five years.

제 상사였습니다.

He was my boss. ▸

◂ 같은 직장에서 근무하는 동료는 co-worker, 전문가는 colleague라고 한다. 한국에서처럼 후배, 선배를 구분하지는 않는다.

같은 학교를 나왔어요.

She **went to my school.**

같은 등산 동호회 소속이에요.

We're in the same trekking club.

친구를 통해 알게 된 사이입니다.

I know him **through a friend of mine.**

■ know A through B
B를 통해서 A를 알다

Paul의 여동생입니다.

She's Paul's younger sister.

유능한 사람이에요.

He's good.

제가 아는 엔지니어 중 최고입니다.

She's **the best** engineer I **know.**

충분한 자질이 있습니다.

He **has what it takes.** ▸

◂ have what it takes는 어떤 일을 하는 데 필요한 것을 가지고 있다, 즉 자격이나 능력이 된다는 뜻이다. You have what it takes.(너 능력 있어) 같은 식으로 많이 쓴다.

아주 똑똑합니다.

He's really smart.

John은 사교성이 좋은 사람입니다.

John's a people person.

훌륭한 회계 능력을 가지고 있어요.

She's got great accounting **skills.**

다들 좋아해요.

Everyone likes her.

그의 긍정적인 태도에 대해 감명을 받았습니다.

I've been impressed with his positive attitude.

TIPS & MORE   성격 및 능력

~하다 (is…)

칭찬할 만한	admirable	근면한	hardworking	유능한	capable
정직한	honest	적격인/적임의	competent	총명한	intelligent
양심적인/성실한	conscientious	충실한	loyal	인정 있는	considerate
꼼꼼한	meticulous	창의적인	creative	전문가다운	professional
믿을 수 있는	dependable	신뢰할 만한	reliable	부지런한	diligent
수완이 좋은	resourceful	추진력이 있는	driven	책임감 있는	responsible
경험이 있는	experienced	요령 있는	tactful	활기에 찬	energetic
배려심 있는	thoughtful	열정적인	enthusiastic	믿을 수 있는	trustworthy

~을 지니고 있다 (has…/possesses…)

성실성	integrity	넓은 경험	broad experience	다양한 능력	a wide range of skills
독창력	initiative	대인관계 기술	interpersonal skills	탁월한 능력	outstanding skills
추진력	drive	문제 해결 능력	a problem-solving ability		

TIPS & MORE   impressed with vs touched by vs moved by

셋 중에 비즈니스 상황에서 많이 쓰는 표현은 impressed with입니다. touched by와 moved by는 주로 선행 등으로 감동을 받았을 때 씁니다. 비즈니스 상황에서는 일 처리가 잘 되거나 사람의 태도가 좋다는 평가를 할 때 impressed를 쓰는데, 주의할 것은 아랫사람이 윗사람에게는 쓰지 않는다는 점입니다. 상황에 따라 자칫 거만하게 들릴 수 있기 때문에 주의해야 합니다.

전화로 채용을 통보할 때

채용 통보하기

121

곧 이메일을 받으시겠지만, 먼저 좋은 소식을 드리고 싶어서 전화드립니다.

You'll be receiving an email soon, but I wanted to call you first and give you the good news.

좋은 지원자들이 많아서 결정이 어려웠지만, 최종적으로 저희는 당신이 그 자리에 적합하다고 느꼈습니다.

With so many good candidates, it was a difficult decision, but ultimately we felt you're the right person for the position.

■ (job) candidates
(취업) 지원자
■ ultimately
결국, 최종적으로, 궁극적으로

2월 1일부터 출근했으면 좋겠습니다.

We'd like you to start on February 1.

그 직책을 제안드리고 싶습니다.

We'd like to offer you the position.

입사를 환영합니다.

Welcome aboard. ▶

◀ 원래는 비행기나 배에 탈 때 받는 환영인사지만, 비즈니스 상황에서도 자주 쓰인다. 입사 시에나 새로운 구성원 영입 시 등 어디에 써도 어색하지 않다.

축하합니다! 한 팀이 된 것을 환영합니다.

Congratulations! Welcome to the team.

불합격 통보하기

122

죄송하지만 현재 제의할 만한 자리가 없네요.

I'm sorry but we're currently unable to offer you a position.

유감이지만, 그 특정 자리는 이미 채용됐습니다.

Unfortunately, that particular position has been filled. ▶

◀ that particular position 대신 that position이라고 쓸 수 있다.

면접 보러 와주셔서 감사드립니다만, 다른 분을 채용하기로 했습니다.

Thank you for coming in for the interview, but we have decided to offer the position to someone else.

Fashion Seoul사에 대한 관심에 감사드립니다.

Thank you for your interest in Fashion Seoul.

지원서는 보관하고 있겠습니다.

We'll keep your application on file.

채용 제안 수락하기　　　　　　　　**123**

전화 주셔서 고맙습니다.

Thank you for the call.

네, 제의를 기쁘게 받아들이겠습니다.

Yes, I'd love to accept your offer. ▶

◀ I'd love to를 쓰면 가고 싶은 의지가 강한 느낌을 실어 적극적인 태도를 보여줄 수 있다.

3월 15일부터 출근할 수 있습니다.

I can start work on March 15.

다음 달 출근하기를 고대하겠습니다.

I'm looking forward to reporting to work next month.

제의는 고맙지만, 다른 자리를 이미 수락했습니다.

Thank you for the offer, but I've already accepted another position.

현 고용주가 새로운 제안을 해서 수락하기로 했습니다.

My current employer gave me a new offer, and I've decided to accept it.

전화 주셔서 고맙지만, 그 자리는 제게 맞지 않는 것 같습니다.

I appreciate the call, but I'm not sure that's the right position for me.

채용 조건 조정하기

125

몇 가지 질문을 드려도 될까요?

Could I ask you a few questions?

귀사의 제안에 감사드립니다. 단, 몇 가지 조건은 의논하고 싶습니다.

Thank you for the offer. I would just like to discuss a few of the conditions.

지난 면접에서 들은 내용 중 몇 가지를 여쭤봐도 될까요?

Could I ask you a few questions about what I heard during our last interview?

출근 날짜를 조정할 수 있을까요?

Would it be possible to change the start date?

UNIT 09

초대 및 참석 여부 전화하기

Inviting, Accepting & Declining

기념일이나 이벤트, 회의에 상대방을 초대할 때 구체적인 일정과 장소와 더불어 초대하는 이유도 언급합니다. 초대를 수락할 때는 간단하게 하면 되지만 거절할 때는 적절한 이유를 말하는 것이 좋습니다.

3분
저자 직강
09

매일 입에 달고 사는 비즈니스 영어 일상 패턴

Unit 9에 나오는 표현 중에서 비즈니스 상황에서 가장 많이 쓰는 패턴을 뽑았습니다. 생각 없이 바로 튀어 나오도록 입에 붙이세요. QR코드를 찍어서 케빈경 선생님의 심플한 해설을 들어보세요.

이벤트에 초대하거나 발표자로 초청할 때

이벤트 참석 제안하기 **126**

저희의 뮤직비디오 특별 발표회에 초대하고 싶습니다.

We'd like to invite you to a special showing of our new music video.

토요일에 저희 부스에 한번 들르시겠어요?

Why don't you stop by our booth on Saturday?

◀ 대체표현
강연장 **the lectural hall**
이벤트 **the event**

게임 박람회에서 Lacondar's Knights 시연을 할 예정인데, 모실 수 있으면 정말 좋겠습니다.

We'll be putting on a demonstration of *Lacondar's Knights* at the game fair, **and it'd be great if you could come.**

> **TIPS & MORE** 어조: 문어체 vs. 구어체
>
> 이벤트에 초대할 때 이메일이나 정식으로 서면 초대장을 보내는 경우가 일반적입니다. 이때는 격식에 맞는 표현을 사용하는 것이 바람직합니다. 그러나 구두로 전할 때는 편하게 구어체로 말해도 좋습니다.

모임이나 파티에 초대하기 **127**

금요일 저녁에 사무실에서 Harry Kim을 위한 송별파티가 있습니다.

There's a going-away **party for** Harry Kim **at the** office **on** Friday night.

저흰 토요일에 집들이를 합니다.

We're throwing a housewarming **party on** Saturday. ▶

◀ 미국에서는 같은 회사 직원이나 친한 고객도 집들이에 초대한다.

오셔서 함께 축하해주실 수 있으면 정말 좋겠네요.

We'd love it if you could come and celebrate with us.

오시면 저희는 정말 기쁠 겁니다.

We'd be delighted if you could come.

들러주실 수 있다면 정말 좋겠습니다.

If you can stop by, it'd be great.

내일 Joe의 생일파티에 올 수 있어요?

Can you come to Joe's birthday party tomorrow?

다른 약속이 없으면 들러주시겠어요?

If you don't have any other plans, maybe you could stop by?

TIPS & MORE 이벤트 종류

개업식	grand opening	제품 출시	product launch	회의, 회담, 컨퍼런스	conference
워크숍	workshop	세미나	seminar	무역 박람회	trade show/fair
결혼식	wedding	약혼	engagement	(자선/정치) 모금	(charity/political) fundraiser
조찬	breakfast	브런치	brunch	만찬	dinner
오찬	luncheon	공연	recital/performance	공장 견학	factory/plant tour
프로모션	promotion	동창회	reunion	프레젠테이션	presentation
스포츠 경기	sports game	시연회	demonstration	특별 발표회	special showing
전시회	exhibition/show	종교 의식	religious ceremony	비공개 발표회	private showing

---

회의 · 세미나 · 프레젠테이션에 초대하기　　128

당신이 제 게스트로 참가해주시면 좋겠다는 생각이 들어서요.

I thought you might like to attend as my guest.

이번 세미나에서 신제품을 발표해주실 수 있는지요?

Could you present the new product at the seminar?

올해 회의에서 프레젠테이션을 해주시면 영광이겠습니다.

We'd be honored if you could make a presentation at this year's conference.

수요일에 이사회에 참석해주시면 좋겠습니다.

I thought maybe you could come to the board meeting **on** Wednesday.

연례회의에 정식으로 초청하고 싶습니다.

I want to formally invite you to the annual conference.

회의 중 짧은 프레젠테이션을 해주실 수 있을까요?

You think you can give a short presentation **during** the meeting**?**
Do you think you can give a short presentation **during** the meeting**?** [UK]

회사 방문 제안하기 129

목요일에 제 사무실에 들러주시겠어요?

Would you mind stopping by my office **on** Thursday**?**

다음 달에 포항에 오신다고 알고 있습니다. 시간 되시면 저희 사무실로 초대하고 싶습니다.

I understand you'll be in Pohang next month. **If you have time, I want to invite you to our** offices.

■ understand
(들어서) 알게 되다

울산에 있는 새 공장을 구경시켜드리고 싶습니다.

We'd like to take you on a tour of the new Ulsan plant.
We'd like to take you on a tour of the new Ulsan factory. [UK]

◀ 대체표현
최근 오픈한 매장 **the store we've recently opened**
새로 구축한 연구실
the new research lab

식사 · 레저 활동 제안하기 130

이번 금요일 저녁에 시간 있으세요?

Are you free this Friday night**?**

우리 나중에 Mac's Bar에 갈 겁니다. 같이 가실래요?

We're going to Mac's Bar later. **You want to come with us?** [INF]
We're going to Mac's Bar later. **Do you want to come with us?** [UK]

이번 주말 스케줄이 어떻게 되세요?

What are your plans for the weekend? ▶

저희와 저녁식사 함께 하시겠어요?

Do you want to join us for dinner**?**

이번 토요일 당신을 골프에 초대합니다.

Let me invite you out to golf **this** Saturday.

■ invite out to...
~에 초대하다

스키 타러 가실 생각이 있는지 궁금해서요.

We were wondering if you were interested in going skiing.

우리 뭐 좀 먹으러 나가는데, 같이 갈래요?

We're going to go grab something to eat. **You in?** [INF]
We're going to go grab something to eat. **Are you in?** [UK]

우리 몇 명은 토요일에 새로 나온 Star Wars를 보러 갈건데, 같이 가고 싶으신지 해서요.

Some of us are going to see the new *Star Wars* movie **on** Saturday, **and we thought you might want to join us.**

컨퍼런스에서 연설하고 싶지 않으세요?

Would you be interested in speaking at the conference?

저희 그룹에 북미에서의 엔지니어 고용에 관해 강의해주시겠어요?

Can you speak to our group **about** hiring engineers in North America?

오찬에서 연설하실 분으로 초청하고 싶습니다.

We'd like to invite you to speak at the luncheon. ▶

◀ luncheon은 공식적인 자리
에서 정식 상차림으로 점심
식사를 말한다. lunch보다는
좀더 formal하다.

기조연설을 해주시면 영광이겠습니다.

It'd be an honor if you could make the keynote speech.

■ keynote speech/
address 기조연설

강연료 1천 달러와 출장 경비를 제공할 수 있습니다.

We can offer you an honorarium of one thousand
dollars and travel expenses.

■ honorarium 사례금

초빙 강연에 대한 정해진 금액이 있으신가요?

Do you have a set rate for speaking engagements?

이벤트 시간 · 일정 · 장소 언급하기   **132**

파티는 저녁 6시에 시작합니다.

The party **starts at** six in the evening.

오전 9시부터 오후 4시까지입니다.

It's from nine a.m. **to** four p.m.

컨퍼런스는 5월 1일부터 6일까지 열립니다.

The conference **runs from** May 1 **to** 6.

■ run 열리다, 계속하다

파티는 파크호텔 로즈볼룸에서 합니다.

The party **is at** the Rose Ballroom at the Park Hotel.

Holiday Mall이 어디 있는지 아세요?

Do you know where the Holiday Mall **is?**

주소를 문자로 보낼게요.

I'll text you the address. ▸

지도를 보내드릴게요.

I'll send you a map.

전체 일정을 메일로 보내드릴게요.

I'll email you the full schedule.

◂ 카카오톡이나 왓츠앱 같은
메신저에서도 문자 메세지를
보내는 것은 모두 text를
동사로 쓸 수 있다. 특정 앱을
언급할 때는 I'll text you on
(앱이름).이라고 하면 된다.

알려주세요.

Let me know.

그곳에서 뵙기를 기대합니다.

I hope to see you there.

생각해보시고 전화 주세요.

Think it over, and call me.

그럼, 전화 기다리겠습니다.

Okay, I'll be waiting for your call.

금요일까지 참석 여부를 확정해주시면 정말 좋겠습니다.

If you could confirm by Friday, **it'd be great.**

오늘까지 알아야 해요.

I really have to know by today.

파티에 대해 답변을 듣지 못했네요.

I haven't heard back from you about the party.

오실 건가요?

Are you coming?

TIPS & MORE 미국의 주요 파티 및 기념 축제

소풍	picnic	칵테일 파티	cocktail party	약혼 파티	engagement party
축제	festival	가면무도회	costume party	새해 전야 파티	new year's eve party
생일파티	birthday party	바비큐 파티	barbeque party	음식 지참 파티	potluck (party)
만찬	dinner party	가든 파티	garden party	집들이	housewarming (party)
총각 파티	bachelor party	할로윈 파티	Halloween party	밸런타인데이 파티	Valentine's day party
댄스 파티	dance party	연회/축하연	banquet	크리스마스 파티	Christmas party
환영회	welcoming party / welcome home party			결혼기념일 파티	wedding anniversary (party)
송별회	farewell party / going away party			미국 독립기념일 파티	Fourth of July party
출산 파티	baby shower			축하연/환영회	reception
미국 추수감사절 저녁식사	Thanksgiving dinner				

초대에 응할 때

참석 알리기

예, 참석할 수 있을 것 같아요.

Yes, I think I can attend.

네, 참석할 수 있어요.

Sure, I can attend.

■ attend ~에 참석하다

꼭 가겠습니다.

I'll definitely be there.

■ definitely 반드시

초대에 감사해요. 참석할게요.

Thanks for the invite. I'll be there.

재미있겠네요.

Sounds fun! [INF] ▶

◀ sounds 뒤에 interesting, good, great 등을 써도 자연스럽다.

좋습니다, 갈게요.

Yes, I'll be happy to go.

좋습니다. 초대해주셔서 감사합니다.

Yes. I appreciate you inviting me. [FOR]

기쁜 마음으로 참석하겠습니다.

I'll be glad to attend.

초대에 응하게 되어 기쁩니다.

I'm pleased to accept the invitation.

5시 무렵에 사무실에 들르겠습니다.
I'll stop by your office around five.

구경시켜주신다는 제의 고맙습니다. 9시까지 갈 수 있습니다.
I appreciate the offer to give me a tour. **I can be there** by nine.

화요일 오후쯤 괜찮을까요?
Would sometime in the afternoon on Tuesday **be okay?** ▸

◂ Would는 공손한 뉘앙스를 준다. would 자리에 is를 쓴다면 뒤에 오는 be는 생략하고 Is ... okay?로 말하자.

저도 낄게요.
Count me in. [INF]

고마워요! 영화 정말 좋죠.
Thanks! I'm definitely up for a movie. [INF]

그래요, 좋아요. 배가 고프네요.
Yeah, sure. I'm starving. [INF]

술이 당기네요.
I could use a drink. [INF]

수락하게 되어 영광입니다.
I'd be honored to accept.

초대해주셔서 감사합니다. 기쁜 마음으로 연설을 하겠습니다.
Thank you for the invitation. I'd be happy to give a speech.

금액 괜찮습니다.

The fee is fine.

위치를 알려주시겠어요?

Can you give me directions?

자세한 일정을 보내주시겠어요?

Could you send me a detailed schedule?

또 누가 오죠?

Who else is coming?

누구누구 가요?

Who's going?

당일에 누구와 연락하면 될까요?

Who should I call on that day?

변경 사항이 생기면 알려주세요.

Let me know if there are any changes.

초대를 거절할 때

업무상의 이유

140

초대는 고맙지만, 전 다음 주에 중요한 프로젝트를 끝내야 합니다.

I appreciate the invitation, but I have to complete an important project next week.

초대해주셔서 고마운데, 그날 고객을 만납니다.

Thanks for inviting me, but I'm meeting a client that day.

고맙습니다만 안타깝게도, 출장 중일 겁니다.

Thank you. Unfortunately, I'll be on a business trip.

개인적인 이유

141

고맙고, 가고 싶은데, 그 주 주말엔 부산에 계신 부모님을 뵈러 갑니다.

Thanks, I'd love to go, but I'm visiting my parents in Busan that weekend.

재미있을 것 같지만, 5일에 치과 예약이 있어서요.

That sounds like fun, but I have a dental appointment **on** the fifth.

아, 그날은 제 딸의 생일입니다. 죄송해요.

Oh, it's my daughter's birthday **that day. Sorry.**

고맙지만, 월요일 저녁에는 가족모임이 있습니다.

Thanks, but there's a family get-together **on** Monday night.

■ get-together
(비공식적) 모임
(get together 모이다)

UNIT 10

사무실 일상 대화
Everyday Conversations in the Workplace

업무상 말을 걸 때는 상대가 시간이 있는지를 먼저 확인하고 용건만
간단히 말하는 것이 좋습니다. 또한 너무 사적인 주제는 피하고 친한
사이더라도 비즈니스 관계에 맞게 대화하세요.

3분
저자 직강
10

매일 입에 달고 사는 비즈니스 영어 일상 패턴

Unit 10에 나오는 표현 중에서 비즈니스 상황에서 가장 많이 쓰는
패턴을 뽑았습니다. 생각 없이 바로 튀어 나오도록 입에 붙이세요.
QR코드를 찍어서 케빈경 선생님의 심플한 해설을 들어보세요.

대화를 제안할 때

상대방에게 말걸기

Todd, 시간 좀 있어?

Todd, you got a minute?
Todd, **have you got a minute?** [UK]

잠깐 시간 있어?

You got a sec? [INF] ▶
Have you got a sec? [UK]

◀ second를 줄여 sec이라고
한다. 대화는 물론 문자나
채팅에서도 흔하게 쓰인다.

(대화하기에) 안 좋을 때인가요? (나중에 얘기할까요?)

Is this a bad time?

잠깐 얘기 좀 할까요?

Can I talk to you for a sec?

시간 좀 있어요?

You free? [INF]
Are you free? [UK]

바빠요?

You busy? [INF]
Are you busy? [UK]

일하는 거 방해하는 거 아니죠?

I hope I'm not interrupting your work.

■ interrupt
방해하다, 중단하다

말할 게 있어.

I have to tell you something.

응.
Yep. [INF]
Yeh. [UK]

말해봐.
Shoot. [INF] ▶

◀ 허물없는 사이에서 쓸 수
있는 표현

그래요. 무슨 일이에요?
Sure, what's up?

몇 분 여유 있어요.
I can spare a few minutes.

■ spare 할애하다

좋아요.
Okay.

아뇨, 바쁘지 않아요.
No, I'm not busy.

금방 회의가 있긴 한데, 몇 분 여유는 있습니다.
I got a meeting soon, but I have a few minutes.
I have a meeting soon, but I have a few minutes. [UK]

네, 긴 얘기만 아니면요.
Yeah, if it's not going to take long.

■ take long 오래 걸리다

걷는 동안 얘기해도 돼요?
Can we talk while we walk?

저, 이제 가봐야 돼요.
Look, I've got to run.

아, 나중에 얘기하면 안 될까요?

Um, can we talk later?

아주 중요한 건가요?

Is it really important?

꼭 지금 해야 하나요?

Does it have to be now?

미안해요. 저 늦었어요.

Sorry, I'm running late.

요점 묻기

무슨 말을 하려는 건데요?

What are you trying to say?

어서 말해봐요.

Come on. [INF]

본론으로 가요.

Cut to the chase.

그래서?

Well? ▸

그래, 그런데?

Okay, so?

◀ well?이나 Okay, so?
같은 표현은 대화 중간에
추임새로도 많이 쓴다. 이런
표현을 쓰면 상대의 말을 계속
듣고 있다는 뜻이다.

정보를 듣고 반응하기

알려줘서 고마워요.

I'm glad you told me.

와, 그거 문제네요.

Wow, that's a problem.

좋은 정보 고마워요.

Thanks for the heads up. ▸

◂ heads up은 어떤 상황이나 진행되고 있는 계획에 대한 정보를 뜻한다.

알려줘서 고마워요.

I appreciate you letting me know.

참 네. (오, 저런.)

Oh, boy. ▸

◂ 가벼운 불만이나 체념을 나타내는 감탄사다. 뜻대로 안 될 때 쓰는 표현이다.

젠장.

Damn. [INF] ▸

◂ Damn은 원래 실망이나 짜증을 나타내는 욕설에 가깝지만 회사 내부 동료들끼리 업무적으로 공감대가 있는 상황에서는 자연스럽게 쓸 수 있다.

농담 아니지?

You're kidding me.

정말이야?

Seriously?

무슨 말씀이신지 잘 못 알아듣겠어요.

I'm not sure I understand what you're saying.

혼란스럽네요.

I'm confused.

이해가 안 갑니다.

I don't understand.

무슨 말인지 모르겠어요.

You lost me. ▸
You've lost me. [UK]

◂ 설명이 불충분해서 알아들을 수 없다는 뉘앙스가 있다. 반대로 I lost you.는 쓰지 않는 표현이다.

그게 뭔지 모르겠는데요.

I have no idea what that is.

못 간다는 건가요?

Are you saying you can't go?

재무부서 **말인가요?**

Do you mean the accounting department?

뭐 하셨다고요?

You did what again?

우리가 계약을 따냈**다고요?**

You mean we got the contract?

그 말입니까?

Is that what you're saying?

그럼 전화번호를 잃어버렸다**는 말이시죠?**

So what you're saying is you lost the number?

◀ **대체표현**
제 시간에 못 보낸다
you can't send it in time
계약이 성사됐다
we got the contract
아직 결정이 안 됐다
it's not decided yet

외부와 관련된 업무를 할 때

새로운 거래 관계 언급하기　149

그 일 어때요?
What's that like?

거래처가 새로 생겼다면서요?
I heard you got a new account. ▸

◂ B2B에서는 고객을
account라고도 칭한다.

Paddington Supplies사의 Barry Hart와 함께 일하신다고요.
So you're working with Barry Hart over at
Paddington Supplies.

Janis Books사가 우리와 막 계약했어요.
Janis Books **just signed with us.**

■ signed with...
~와 계약하다

Pat으로부터 Creative Cups사의 거래를 인계받았습니다.
I'm taking over the Creative Cups **account from** Pat.

■ take over 인계받다

Phoenix Products사가 이제 우리 납품업체가 됐습니다.
Phoenix Products **is now our** supplier.

■ supplier 납품업체, 공급자

조언 구하기　150

Pam과 같이 일한 적 있죠?
You've worked with Pam **before, right?**

조언해주실 것 있어요?
Any tips? [INF]

조언 좀 해주시겠어요?
Can you give me any pointers?

■ pointer 조언

그들과 일하는 것 어땠어요?

What was it like working with them?

그녀와 함께 일하기는 수월한가요?

Is she **easy to work with?** ▸

◀ 반대로, 일하기 까다로운 사람은 easy 대신 hard를 쓴다.

Thompson이 좀 융통성 없는 사람**이라고 들었는데. 맞아요?**

I heard Thompson **can be** a hardass. **Is that true?**

■ hardass (비격식) 융통성이 전혀 없는 사람

조언하기 151

Hank는 장황한 프레젠테이션을 싫어해요.

Hank **hates** long presentations.

그 사람 괜찮은 편이에요.

He's a **nice enough** guy. ▸

◀ 여기서 enough는 부사로, 형용사 뒤에 써서 '그럭저럭, 그런대로'라는 뜻을 더한다.

Carl을 열받게 하면 좋을 거 없어요.

You don't want to tick Carl **off.** [INF]

■ tick ... off ~을 열받게 하다

더 이상 Susan과 일하지 않아서 너무 좋아요.

I'm glad I'm not working with Susan **anymore.**

솔직히? 그 사람 비호감이에요.

Honestly? He's a jerk. ▸

◀ honestly 대신 To be honest를 쓸 수 있다. honestly를 말할 때 말 끝을 내리면 '아, 진짜'라는 짜증내는 뉘앙스가 된다.

Manny를 고객으로 둔다는 건 행운이에요.

You're lucky to have Manny **as a client.**

그 사람 결국은 **항상** 가격에 동의**해요.**

She **always** agrees to the price in the end.

■ in the end
결국, 끝으로 가면

같이 일하는 거 즐겁지 않았어요.

I didn't enjoy working with her.

같이 일하는 게 정말 좋았어요.

I loved working with her.

똑똑해요.

He's smart.

그 남자 조심하세요.

Watch out for that guy.

■ watch out
조심하다, 주의하다

그 회사 꽤 공평해요.

They're pretty fair.

■ fair 공정한

내부와 관련된 업무를 할 때

타인 칭찬하기

152

전 Sandy Lee 좋아요.
I like Sandy Lee.

그 사람 같이 일하기 정말 좋아요.
He's great to work with.

■ work with 함께 일하다

Jim Costner은 팀 플레이어입니다.
Jim Costner is a team player.

■ team player
여러 사람과 협동할 때 일을 잘
해내는 성향의 사람

Katherine은 사람이 아주 좋아요.
Katherine's super nice. [INF]

■ super
매우, 아주(= very, so)

제 상사 괜찮은 편입니다.
My boss is all right.

타인에 대해 불평하기

153

그 사람 대체 왜 그래?
What is up with that guy?

더 이상 같이 일 못하겠어.
I can't work with her **anymore.**

그 사람 또 시작이야.
He's at it again. ▸

◀ 관용적 표현으로, 일상에서
'또 저러네'라고 말하는 상황에
맞는 말이다.

그 사람 정말 싫어.
I can't stand him.

■ stand 견디다, 버티다

210

그 사람 하는 행동 믿어져?

Can you believe that guy? ▸

Joe는 골칫덩어리야.

Joe is a nightmare.

Terry는 트집만 잡아.

Terry is so nitpicky.

◂ 이 표현은 그 사람이 한 행동에 짜증을 내는 뉘앙스가 있다. '그 사람 믿을 수 있어?'라고 하고 싶다면 Can you trust him?이 더 적절하다. '그 사람이 말하는 걸 믿을 수 있어?'라는 말은 Do you believe him?이라고 해야 한다.

■ nitpicky 하찮은 일로 트집 잡는 사람 (nitpick 트집 잡다)

154

프로젝트 일은 어때요?

How do you like working on the project?

새로운 직책에 적응은 잘됐고요?

Have you settled into your new position?

■ settle into
~에 적응하다, 자리잡다

새 팀 어때요?

What's your new team like?

다른 사람들과 잘 지내요?

Are you getting along with everyone?

■ get along 잘 지내다,
그럭저럭 잘 해내다

155

좋아요.

Good.

정말 좋아요.

I love it.

괜찮아요.

Not bad.

뭐, 그저 그래요.

Eh, so-so.

아주 좋아요.

Great.

그 신입 어떤 것 같아?

What do you think about the new guy?

새내기 어때?

How's the rookie doing? ▸

◀ rookie는 주로 스포츠에서
신인들에게 쓰는 표현이다.

새내기가 당신 팀에 들어왔다고 그러더군요.

I heard you got a newbie on your team.
I heard you've got a newbie on your team. [UK]

■ newbie
신출내기, 신인 (비격식 표현)

요령 배우느라 바빠요.

She's busy learning the ropes.

■ learn the ropes
요령을 배우다

John은 꽤 능숙한 것 같던데.

John seems pretty competent.

■ competent 유능한

괜찮아.

He's all right.

낙하산이야.

She got in through connections. ▸

◀ 직역하자면 '연줄(인맥)로
들어왔다'는 뜻이다.

아직 모르겠어.

I can't tell yet.

TIPS & MORE   선배와 후배

한국에서는 회사에서 만난 선배, 후배를 영어로 senior, junior라고 생각하는 경우가 많습니다. 하지만 영어에서
senior는 일반적으로 '노인' 또는 고등학교 2학년이나 대학교 4학년을 뜻하고, junior는 아버지와 같은 이름을
가진 아들, 아니면 고등학교 1학년, 대학교 3학년을 가리킵니다. 물론 비즈니스 관계에서 senior partner나
junior partner라고 하면 고위나 하급 파트너를 뜻할 수는 있습니다. 그러나 일반적으로 회사에서 선배나 후배는
직장동료라는 뜻의 a co-worker를 쓰고 상사는 my boss라고 합니다.

사적인 이야기를 할 때

가족 안부 묻기   157

동생 잘 지내요?
How's your little brother **doing?**

아내가 임신 중이라면서요.
I heard your wife's expecting. ▶

◀ expect는 '기대하다'라는
뜻보다 '예정돼 있다'라는 뜻에
더 가깝다. 그래서 목적어 없이
be expecting이라고 하면
'임신 중이다'라는 뜻으로, I'm
expecting이라고 하면 '나
임신 중이야.'라는 말이 된다.

출산 예정은요?
When is the baby due?

요즘 Sam 뭐 하고 지내요?
What's Sam up to these days?

Ken은 아직 정부 일을 하고 있나요?
Is Ken still working for the government**?**

Gary에게 안부 전해줘요.
Say hi to Gary **for me.**

■ say hi to ...
~에게 안부 전하다

이사 이야기하기   158

이사한다고 들었어요.
You're moving, I heard.

그래서 어디로 이사 가세요?
So where are you moving to?

언제 이사 가세요?
When are you moving?

이사했다고 들었습니다.

I heard you moved.

새 동네 어때요?

How's the new neighborhood? ▶

◀ 영국에서는 철자를
neighbourhood로 쓴다.

새로운 산 물건에 대해 말하기　159

그럼 새 집을 사신 겁니까?

So you bought a new house?

새로 구입한 차 어때요?

How do you like your new car?

그거 새 iPhone이에요?

Is that the new iPhone?

사적인 이야기 정중하게 거절하기　160

그건 좀 개인적인 일인 것 같아요.

I think that's sort of personal.

죄송한데, 그건 좀 사적인 일이라서요.

Sorry, that's kind of personal. ▶

◀ kind of 대신 sort of라고
할 수 있다.

그것에 관해 얘기하는 건 불편합니다.

I'm not comfortable talking about that.

음, 다른 것에 관해 얘기해도 될까요?

Um, maybe we can talk about something else?

화제를 바꾸면 어떨까요?

How about if we change the subject?

그러고보니, 샌프란시스코에 있는 그 빌딩 프로젝트는 어떻게 된 겁니까?

That reminds me, whatever happened to the building project in San Francisco? ▸

◂ 화제를 돌리기 위해서 다른 이야기를 꺼낼 때 좋은 표현이다.

그 얘기는 그냥 건너뛰면 안 될까요?

Could we just skip over that discussion?

▪ skip over 건너뛰다

우리 그것에 관해선 얘기하지 말죠.

Let's not talk about that, please?

그 질문에 답변 안 해도 될까요?

Is it okay if I don't answer that question?

그것에 대해 정말 말하기 싫습니다.

I'd really rather not talk about that.

그쪽과 무슨 상관인데요?

What's it to you? ▸

◂ 상대에게 무안함을 주면서 매우 직접적으로 거절하는 표현이다. 상황에 맞게 사용하자.

그쪽하고 상관없는 일인 것 같은데요.

I'm not sure that's any of your business.

아, 전화할 곳이 있다는 게 이제야 기억났네요.

Oh, I just remembered I have to make a call.

나중에 얘기 더하죠.

I'll catch up with you later.

▪ catch up with ~을 따라 잡다, (못 들은 소식을) 나중에 듣다

전 가봐야겠습니다.

I'd better get going. ▸

◂ I'd better go. 보다 덜 딱딱한 표현이다.

215

몇 분 후에 전화를 받**아야 해서요.**

I've got a call coming in a few minutes.

아이고, Josh와의 미팅에 늦을 것 같네요.

Oops, looks like I'm late for my meeting with Josh.

취미 물어보기 163

취미 있어요?

Do you have any hobbies?

취미 생활로 뭐하세요?

What do you do for fun?

특별한 관심사 있어요?

You have any special interests?
Do you have any special interests? [UK]

여가 시간에 뭘 즐겨 하세요?

What do you like to do in your free time?

스키 타세요?

Do you ski**?**

골프 자주 치세요?

Do you play golf **often?**

주말에 주로 뭐 하세요?

What do you usually do on the weekends?

TIPS & MORE   취미 있어요?

'취미가 뭐예요?'라는 질문을 What is your hobby?라고 말하는 경우가 많습니다. 하지만 이 표현은 여러 면에서 부적절합니다. 우선 내용상 '취미'가 몇 가지 될 수 있으니 복수형으로 What are your hobbies?가 맞지요. 그런데 여기서 더 큰 문제는 hobby가 없는 사람이 있을 수 있다는 점입니다. 모두가 취미가 있다는 전제로 물으면 상대를 당황하게 할 수 있습니다. 그래서 영미 문화권에서 취미를 물어볼 때는 Do you have any hobbies?(취미 있어요?)라고 물어보는 것이 적절합니다.

골프 칩니다.

I golf.

기회만 생기면 낚시하러 가요.

I go fishing **every chance I get.**

독서를 많이 해요.

I read **a lot.**

요리를 정말 좋아해요.

I love cooking.

온라인 게임 하는 걸 좋아해요.

I like playing online games.

최근에 볼링을 취미로 시작했어요.

I recently took up bowling.

■ take up 시작하다

농구 정말 좋아해요.

I'm really into basketball.

■ be into ~에 빠지다

전 골프 잘 못 해요.

I'm not much of a golfer.

◀ 대체표현
볼링 **bowler**
스키 **skier**
농구 **basketball player**

전 야구 별로 안 좋아해요.

I'm not a big fan of baseball.

매일 운동합니다.

I work out every day. ▸

취미 없어요.

I don't have any hobbies.

◀ work out이 한국에서 흔히
말하는 '헬스' 운동만을 뜻하는
것은 아니지만, 일반적으로
gym에서 하는 운동을
연상하게 된다.

관심사가 별로 없어요.

I really don't have any interests.

주말 인사하기

165

좋은 주말 보내세요.

Have a great weekend.

즐거운 주말 보내세요.

Enjoy your weekend.

고마워요. 당신도요.

Thanks. You, too.

주말 계획 물어보기

166

주말에 뭐 할 거예요?

What are you doing over the weekend?

특별한 주말 계획 있어요?

Any special plans for the weekend?

주말에 뭐 할 계획인가요?

What are your plans for the weekend?

주말에 특별히 할 거 있어요?

Are you doing anything special over the weekend?

주말 계획 답하기

167

특별한 계획 없어요.

No real plans. [INF]

계획 없어요.

I've got no plans.

아마 그냥 집에 있을 것 같아요.

I'm probably just going to stay home. ▸

◂ stay at home이라고 할 수
있지만, 일상대화에서는 stay
home이 자연스럽게 들린다.

아직 잘 모르겠습니다.

I'm not sure yet.

가족과 등산가**기로 했어요.**

I'm supposed to go hiking **with** my family.

<table>
<tr><td>**주말 후 인사하기**</td><td>**168**</td></tr>
</table>

주말 어땠어요?

How was your weekend?

주말에 뭐 했어요?

What did you do over the weekend? ▸

◂ 월요일 사무실에서 인사할
때 자주 묻는 표현이다.

주말 잘 지냈어요?

Did you enjoy your weekend?

좋은 주말 보냈어요?

Did you have a good weekend?

<table>
<tr><td>**주말에 한 일 말하기**</td><td>**169**</td></tr>
</table>

영화 **봤어요.**

I watched a movie.

그냥 집에서 시간 보냈어요.

I just hung out at home.

■ hang out (특별한 일을
하지 않고) 시간을 보내다

제 아내와 뮤지컬 **보러 갔었어요.**

My wife and I **went to see a** musical.

별거 안 했어요.

Nothing much. ▸

저희는 금요일에 속초 **갔어요.**

We went to Seokcho **on** Friday.

주말에 스키 타러 갔어요.

I went skiing **over the weekend.**

좋았어요.

It was good.

아무것도 안 했어요.

I didn't do anything.

TV 보면서 집에 있었어요.

I stayed home and watched TV.

일했어요.

I worked.

◂ What did you do over the weekend?라는 질문을 받았을 때 굳이 말하고 싶지 않다면 이렇게 대답하고 넘기면 된다

고마움 표현하기

170

고마워.

Thanks.

—

감사해요.

Thank you.

—

신세 졌어.

I owe you one.

—

도와줘서 고마워요.

I appreciate your help.

감사하는 이유 말하기

171

커피 고마웠어요.

Thanks for the coffee.

—

이사하는 거 도와줘서 고마워요.

Thanks for helping me move.

—

파티에 와주셔서 감사합니다.

I appreciate you coming to the party.

—

카드 고마웠습니다.

Thank you for the card.

—

조언에 정말 감사드립니다.

I'm grateful for the advice.

언제든지 말만 하세요.

Any time.

괜찮아요.

No problem.

뭘요.

You bet.

별말씀을요.

Don't mention it.

별 것 아니에요.

No sweat. [INF]

천만에요.

You're welcome.

저의 기쁨입니다. ((도와드려서) 제가 기쁘죠.)

My pleasure.

UNIT 11

도움·조언·정보 요청
Requesting and Accepting Favors & Advice

상대에게 도움이나 조언을 구할 때는 예의 바른 어조가 필요합니다.
다만 과도하게 미안해하는 뉘앙스는 피하는 것이 좋습니다. 부득이
재촉해야 할 경우에는 기한을 언급합니다.

3분
저자 직강
11

매일 입에 달고 사는 비즈니스 영어 일상 패턴

Unit 11에 나오는 표현 중에서 비즈니스 상황에서 가장 많이 쓰는
패턴을 뽑았습니다. 생각 없이 바로 튀어 나오도록 입에 붙이세요.
QR코드를 찍어서 케빈경 선생님의 심플한 해설을 들어보세요.

도움이나 승인을 요청할 때

도움 청하기

도움이 필요해요.

I need your help.

좀 도와주시겠어요?

Can you give me a hand?

■ give a hand 도와주다

이것 좀 도와주면 안 될까요?

Mind helping me with this? ▸

◂ Do나 Do you를 생략하고 질문하는 경우가 많다. 모르는 사이라도 '여기 앉아도 될까요?'는 Mind if I seat here?라고 한다.

이것 좀 검토해줄 수 있나요?

Could you take a look at this **for me?**

■ take a look 검토하다, 훑어보다

펜 좀 잠깐 빌려줄래요?

Can I borrow your pen **real quick?**
Can I borrow your pen **a sec?** [UK]

■ real quick 잠깐

그거 한번 봐도 돼요?

Can I see that?

부탁이 하나 있습니다.

I need a favor.

■ favor 부탁, 요청

Tom에게 전화해줘요, 네?

Call Tom, please?

부탁 하나 들어주시겠습니까?

Could you do me a favor?

오늘 하루 선풍기 좀 빌려도 될까요?

Do you think I can borrow your fan for the day? ▸

◂ for the day 대신 for a day라고 하면, 꼭 오늘이 아니라도 어떤 날에 하루 선풍기를 빌리고 싶다는 뜻이 된다.

저 대신 회의에 참석할 수 있나요?

Can you go to the meeting **instead of me?**

■ instead of ~ 대신에

보고서 교정을 봐줄 수 있을까요?

Do you think you could proofread the report**?**

■ proofread 교정보다

그렇게 번거롭지 않다면 팀에 새 프로젝트에 대해 설명해**주실 수 있나요?**

If it's not too much trouble, could you explain the new project to the team**?**

◀ 대체표현
새 장비를 소개해 **talk about the new equipment**

크게 폐가 되지 않으면 전기 도면을 보내주시겠습니까?

Would it be too much trouble for you to send me the electrical drawings**?**

시간이 나면 Sara가 스케치하는 일 **도와줄래요?**

When you have time, can you help Sara with the sketches**?**

■ help ... with ~
...가 ~하는 것을 도와주다

Harold의 사무실에 들**러서** 샘플을 찾아오시**면 정말 감사하겠습니다.**

It would be great if you could swing by Harold's office **and** pick up the samples.

■ swing by 들르다

Rhonda와 그냥 얘기 좀 **해주면 고맙겠습니다.**

I'd be grateful if you would just talk to Rhonda.

혹시 내일 회의를 주재**하실 수 있는지요?**

Would it be possible for you to chair the meeting tomorrow**?**

■ chair 회의를 진행하다

재촉하기

174

좀 서둘러요, Ed.

Come on, Ed.

보고서**가 급히 필요합니다.**

I need the report **yesterday.**

■ need ... yesterday
~가 급히 필요하다

Ian, 그 명단 **정말 필요해요.**

I really need that list, Ian.

제발 제 책 돌려주세요.

Please, give me back my book.

◀ please를 앞에 붙여 끊어 말하면 간청하는 뉘앙스가 강해진다.

바쁜 건 알겠지만, 그 협력업체를 만나러 가**야 합니다.**

I know you're busy, but you have to go see the sub.

■ sub-contracter 협력업체 (줄여서 sub)

내일까지 마무리**하기를** 요청해야 할 것 같습니다.

I'm going to have to ask you to finish it by tomorrow.

최대한 빨리 보내주세요.

Please send it **ASAP.**

■ ASAP = as soon as possible 가능한 한 빨리

지금 **바로** 일정표를 제 책상 위에 갖다 놓으**세요.**

I need the schedule on my desk **now.**

이건 긴급한 상황입니다.

This is urgent.

■ urgent 긴급한

우리 이미 늦었어요.

We're already late.

승인이나 동의 구하기　　　　　　175

새 모델의 기술 사양을 라우터팀과 함께 준비**해도 될까요?**

Could I get your permission to work with the router team on the new model's technical specs?

괜찮으시다면, 내일 모든 납품업체를 불러들였**으면 하는데요.**

If it's okay with you, I'd like to ask all the suppliers to come in tomorrow.

오늘 오후 회의에 불참**해도 될까요?**

Would it be all right if I skipped the meeting this afternoon? ▸

■ skip 불참하다, 빼먹다
◀ skip over는 단계별로 이어지는 과정에서 한 단계를 건너뛴다는 의미다. 예를 들어 '이 부분은 건너뜁시다.'라고 할 때 Let's skip over this part.라고 한다.

다음 달 부산에서 열리는 엑스포에 참가**해도 되나요?**

Can I attend the expo in Busan next month?

왜 프로젝트가 취소됐는지 여쭤봐도 될까요?
May I ask why the project was canceled**?**

휴가를 요청합니다.
I'd like to request a personal leave.
I'd like to request some personal leave. [UK]

영업직원 한 명을 더 고용할 수 있도록 허락을 받고 싶습니다.
I would like your permission to hire one more salesperson.

여기에 서명을 해주시겠습니까?
Could I get your signature on this?
Can I get your signature on this? [UK]

■ signature 사인, 서명

새 커피 메이커를 구입하는 데 승인이 필요합니다.
I need your okay to buy a new coffee maker.

제품들을 더 일찍 보내주실 수 있나요?
Any chance you can send the products earlier**?**

월요일로 회의를 앞당겨도 될까요?
Can we move up the meeting to Monday**?**

상사분께 물어봐 주실 수 있으세요?
Would you ask your boss**?**

혹시 약속을 잡을 수 있을까요?
Could I possibly get an appointment**?**

대신 뉴욕에서 만나지 않으실래요?
Would you be willing to meet in New York instead**?**

우리 합의를 볼 수 있을까요?
Would it be possible for us to come to an agreement**?**

무료 샘플을 좀 받을 수 있나요?
May I get some free samples**?**

그냥 Jo만 회의에 보내도 될까요?
Mind if I just send Jo to the meeting**?**

조언 요청하기　176

어떻게 해야 할까요?

What should I do?

제가 어떻게 하는 게 맞을까요?

What do you think I should do?

제 입장이면 어떻게 하시겠어요?

What would you do in my place?

■ in one's place
~의 입장에서

불만사항을 어떻게 처리해야 할까요?

How should I deal with the complaint?

■ deal with
~을 다루다, 처리하다

제가 가는 게 맞다고 보세요?

Do you think I should go?

괜찮은 회계사무소를 추천해주시겠어요?

Could you recommend a good accounting firm?

어느 후보자가 더 낫다고 생각하세요?

Which candidate would you say is better?

고객에게 언제 전화하는 게 가장 좋을까요?

When is the best time to call the client?

누구와 얘기해야 할까요?

Who should I talk to?

조언 좀 해주시겠어요?

Can you give me some advice?

저라면 우선 그 협력업체에 전화**하겠습니다.**
I would give that sub a call first.

몇 가지 규칙을 세우**는 걸 고려해보시죠.**
You might think about establishing a few rules.

그게 최선의 방법**은 아닌 것 같아요.**
I don't think that's the best way to go.

■ the best way to go
최선의 방법

오너에게 직접 가보**는 게 어때요?**
How about going directly to the owner**?**

누가 책임자인지 알아보는 것도 **나쁘지 않을 것 같습니다.**
It might not hurt to try and figure out who's responsible.

■ figure out
밝히다, 알아내다

하루나 이틀 쉬**라고 권하고 싶습니다.**
I would suggest you take a day or two off.

■ take a day off 하루 쉬다

그냥 안 된다고 말**하는 건 어때요?**
Why not just say no**?**

라우터를 하나 더 추가**해보셨나요?**
Did you try adding another router**?**

계약서를 다시 쓰**는 게 좋을 것 같아요.**
I'd say redraft the contract.

■ redraft 재작성하다

법률 자문을 받**을 것을 권합니다.**
I recommend that you seek some legal advice.

■ legal advice 법률 자문

기다려 보시**라고 권하고 싶습니다.**
My advice is to wait it out.

■ wait it out
(끝까지) 기다려보다

일주일 정도 기다리**는 게 좋을 것 같습니다.**
It might be a good idea to wait a week or so.

조언 좀 해드리겠습니다.

Let me give you some advice.

조언 좀 해드릴까요?

You want some advice? [INF]

뭐 하나 제안해도 될까요?

Can I suggest something?

있잖아요, 상사에게 알리는 게 좋겠는데요.

You know, you might want to tell your boss. ◂

그건 **안 하는 게 좋아요.**

I wouldn't do that. ▸

다른 납품업체를 찾아보는 **것도 좋을 것 같아요.**

I think maybe you should find another supplier.

◂ might want to는 직역하면
'원할 수도 있다'로, 내 의견이
지만 '당신이 원할 수도 있을 것이다'
라고 부드럽게 권유하는 표현이다.

◂ If I were you, I wouldn't
do that.(나라면 그렇게 안 할
것이다)를 줄여서, 돌려 말하는
권유표현이다.

한번 해보죠. 고마워요.

I'll try that. Thanks.

좋은 조언입니다.

That's good advice.

멋진 아이디어네요.

That's a great idea.

와, 괜찮은 생각인데요.

Wow, that's not a bad idea.

그건 생각지도 못했네요.

I didn't even think about that.

고마워요. 조언이 큰 도움이 됐습니다.

Thanks. Your advice was really helpful.

제안하신 대로 했더니 잘 됐어요.

I did as you suggested, and it worked.

■ It worked.
일이 잘 되다, 방법이 먹히다

Joan에 대해 말씀하신 게 맞았습니다.

You were right about Joan.

조언하신 대로 해서 다행입니다.

I'm glad I took your advice.

조언은 감사하지만 그렇게 간단하진 않아요.

I appreciate your advice, but it's not that easy.

어쨌든 제의는 고맙습니다.

Thanks for the suggestion anyway.

그건 좋은 생각 같지 않아요.

I don't think that's a good idea.

Jane에게 꼭 전화**해야 합니다**.

You really need to call Jane.

그 팀이 타이완에 가는 걸 허락**하는 것 외엔 대안이 없어요.**

You have no choice but to allow the team to go to
Taiwan.

Joe, 상황을 더 악화시키지 말아요.

Joe, **don't make things worse.**

직접 이메일을 쓰셔**야 해요.**

You should write the email yourself. ▸

◂ by yourself 라고 쓰지
말 것. '혼자서 도움없이'라는
의미가 되어, 뉘앙스가
달라진다.

그 회의를 최대한 빨리 소집**할 것을 촉구합니다.**

I urge you to call that meeting as soon as possible.

■ urge 강력히 요청하다,
촉구하다, 닥달하다

제 말 들으시고 그 회사를 멀리**하세요.**

Take my advice and stay far away from that
company.

소식을 전달하거나 보고할 때

새로운 소식 있는지 물어보기 **183**

그 사건에 대해 소식 있나요?

Any news on the incident?

Lacondar 베타테스트 상황 어떤가요?

What's the status on the Lacondar beta test?

■ status 상황, 상태

최근 소식은요?

What's the latest? [INF]

최근 정보가 있나요?

Did you get any updates?

■ update 최신 정보, 최신판

프로젝트 어떻게 돼가고 있어요?

How's the project going?

최근 상황 알리기 **184**

최근 상황입니다.

Here's what's happening.

현재 상태를 알려드리죠.

Let me just bring you up to speed.

■ bring ... up to speed
현재 상태 또는 최근 상황을
알리다

현재까지 알고 있는 상황입니다.

This is what we know so far.

최근 소식입니다.

Here's the latest.

예정대로 진행되고 있습니다.

We're right on schedule.

아직 그쪽으로부터 연락을 기다리고 있어요.

We're still waiting to hear back from them.

개요를 말씀드리겠습니다.

Let me give you a rundown.

■ rundown
간략한 설명, 요약, 개요

아직 소식 없어요.

No news yet. [INF]

프로젝트는 80% 정도 완성됐습니다.

The project is about eighty percent **complete.**

어제 그쪽 임원 두 명과 만났습니다.

I met with two of their executives yesterday.

■ executive
(회사의) 임원, 중역

Tess Stores사는 부산에서 매장을 개설할 계획입니다.

Tess Stores **is planning to** open a store in Busan.

어떤 프로젝트에 대해 Tom Benet이 우리와 얘기하고 싶답니다.

Tom Benet **wants to talk to us about** a project.

예정보다 2주가 지연되고 있습니다.

We're two weeks **behind schedule.**

기한 연장을 요청해야 합니다.

We need to ask for a time extension.

■ time extension
기한 연장

Matthews Consulting사가 설문조사할 시간을 더 달라고 합니다.

Matthews Consulting wants more time to conduct
the survey.

■ conduct a survey
설문조사를 실시하다

기한에 맞추지 못할 것 같습니다.

We're not going to make the deadline.

■ make a deadline
기한을 맞추다

지연 상황이 전체 스케줄에 영향을 미칠 겁니다.

The delay will impact the overall **schedule.**

■ overall 전반적인

출시 날짜는 이제 3월 22일입니다.

The release **date will now be** March 22.

■ release
출시, 발매, 발표, 개봉

개장일을 다시 정해야 합니다.

We have to reschedule the opening date.

Pat이 보고서를 못 끝냈습니다.

Pat's not done with the report.

이거 먼저 들어보세요.

Wait till you hear this.

이 소식 들으려면 앉으셔야 할 것 같아요.

You might want to sit down for this.

방금 뜬 뉴스입니다.

This is hot off the press.

■ hot off the press
막 보도된, 따끈따끈한

(들을) 준비됐어요?

You ready? [INF]
Are you ready? [UK]

모르시는구나!

Have I got news for you!

이거 믿지 못할 겁니다.

You're not going to believe this.

소식 들었어?

Did you hear? [INF]

들었어?

Guess what? [INF] ▶

◀ Guess What?은 상대가
모르는 것을 알려주는
상황에서, "그거 알아?",
"들었어?" 등의 의미로
모두 쓸 수 있다.

들어봐.

Listen to this.

믿기 어려운 소식이 있어요.

I've got some incredible news.

■ incredible
믿기 힘든, 믿을 수 없는

대답하기　　　　　　　　188

뭔데요?

What is it?

뭐?

What?

말해봐요.

Tell me.

말해봐.

Shoot. [INF]

TIPS & MORE　말해봐

Tell me.나 Shoot.이라고 할 때 어조에 신경을 쓰지 않으면 자칫 화가 났거나 거만하게 들릴 수도 있습니다. 어조를 가볍게 하거나 부드러운 표정으로 말해서 진짜 의도를 전달하세요.

좋은 소식 있어요!
Good news!

아주 좋은 소식이 있습니다.
I've got some great news.

승인이 떨어졌어요.
We have the green light.

■ green light
승인(신호등의 녹색불이
허가나 수락 등을 상징한다)

고객이 프레젠테이션을 마음에 들어 했습니다.
The client liked the presentation.

매출이 5% 증가했어요.
Sales **are up** five percent.

계약을 따냈어요.
We got the contract.

CEO가 승인했습니다.
The CEO **said okay.**

이 소식을 좋아하실 것 같지 않습니다.
I'm not sure if you're going to like this news.

우린 아직 위기를 벗어나지 못했습니다.
We're not out of the woods yet. ▶

◀ out of the woods는
직역하면 '숲을 벗어난', 즉
'위험에서 벗어난'이라는
뜻으로, 비즈니스 상황을
정글로 빗댄 데서 나온
표현이다.

문제가 생겼어요.
We have a problem.

좋아하실 소식이 아니에요.
You're not going to like this.

상하이 **상황이 과히 좋지 않아.**

It's not looking good over in Shanghai.

뭐라고 해야 하나? 상황이 아주 안 좋아.

What can I tell you? It's pretty ugly.

그들이 협조하지 않네요.

They're not playing ball.

■ play ball 협조하다

본사에 큰일이 벌어질 조짐이 있습니다.

There's a storm brewing at the headquarters. ▸

◂ storm brewing은 폭풍이
생겨나는 상황을 뜻하는 말로
storm brewing은 큰일이
벌어질 것 같은 느낌을 말한다.

우리가 그쪽 조건에 응해야 할 것 같습니다.

It looks like we have to agree to their terms.

아쉽게도 납품업체가 양보하질 않네요.

Unfortunately, the supplier **won't budge.**

■ budge 양보하다, 조금
움직이다, 바꾸다

매출이 줄었습니다.

Sales are down.

소식에 반응하기   **191**

농담 아니죠.

You've got to be kidding me.

아주 좋은 소식입니다.

That's great news.

이런.

Oh boy.

문제가 되겠군요.

That could be a problem.

좀 귀찮아졌네요.

That's a little inconvenient.

■ incovenient 불편한

좋지 않은 소식이군요.

That's not good.

걱정할 일 아니에요.

I wouldn't worry about it.

별거 아니에요.

It's no big deal.

■ big deal 큰일, 대단한 일

오, 뭐 큰 문제는 아닌 것 같네요.

Oh, that's not so bad.

진행상황에 대해 계속 알려주세요.

Keep me posted on the progress.

■ keep posted on ...
~에 대해 누군가에게 계속해서
알려주다

어떻게 되는지 알려주세요.

Let me know what happens.

현황을 계속 알려줘요.

Keep me in the loop.

■ loop 회로

무슨 일 생기면 전화 주세요.

Call me if anything comes up.

> *TIPS & MORE* **좋은 소식은 그대로, 나쁜 소식은 돌려서**
>
> 일반적으로 비즈니스 상황에서 좋은 소식은 간단하고 직설적으로 전해도 무방하지만, 나쁜 소식은 아무래도
> 정중하게, 에둘러 표현하는 경우가 많습니다. 그러다 보니 비유적인 표현이 많이 등장합니다. 그래서 비유적인 표현을
> 모르면 대화의 흐름을 놓치기 쉽습니다. 자주 말하지 않는 표현이라도 미리 알아두는 것이 좋습니다.

연락이나 정보를 요청할 때

연락이나 답변 요청하기

192

답변이 꼭 필요합니다.

I really need your answer.

내일 아침**까지** 알려 줄 수 있나요?

Can you let me know by tomorrow morning?

다음 주 회의에 **제가** 참석하길 원하세요?

Do you want me to join the meeting next week? ▶

◀ 회의에 참석한다고 할 때 attend와 join 둘 다 쓸 수 있지만, join은 어느 정도 선택권이 있다는 느낌을 준다.

초안을 메일로 보내주시겠어요?

Can you email me the draft?

그 제안서 **검토해보셨나요?**

Did you get a chance to look over the proposal?

■ look over 검토하다

정보 요청하기

193

나중에 전화로 그 정보 좀 주세요, 괜찮죠?

Call me later with the info, okay?

계산 **완성됐나요?**

You have the calculations yet? [INF]
Do you have the calculations yet? [UK]

위원회가 **어떻게 결정하는지** 알려주세요.

Let me know what the committee decides.

Sara가 설계사에게 전화**했는지 혹시 아세요?**

Do you know if Sara called the architect?

Curt Ryan의 전화번호가 어떻게 되죠?

What's Curt Ryan's number?

뭐를 좀 확인해야 하는데요.

I need to confirm something with you.

Colors Korea사에 대해 정보 좀 갖고 있나요?

Do you have any information on Colors Korea?

■ information on
~에 대한 정보

맛있는 스테이크 먹으려면 어디가 좋을까요?

Where's a good place to go for steaks?

건축 관련 서적을 전문으로 하는 온라인 서점 좀 아시나요?

Do you know any good online bookstores that
specialize in construction books?

■ specialize in
~을 전문으로 하다, 특화하다

그 지역의 좋은 치과의사 좀 추천해주시겠어요?

Could you recommend a good dentist in that area?

정보의 출처 묻기　　　　　　　　　　　**194**

누구한테 받은 정보에요?

Who gave you the info? [INF]

Jelly Roll 매장 프로젝트에 관해 누구와 말하면 돼요?

Who's a good person to talk to about the Jelly Roll
store project?

어디서 얻은 정보인가요?

Where'd you get this information?

누가 그 정보를 줬는지 말해줄 수 있어요?

Can you tell me who gave you the information?

사내에서 비품이나 자원을 요청할 때

비품이나 인력 요청하기 195

제가 빌릴 만한 펜 있나요?

Do you have a pen **I can borrow?**

남은 커피 좀 있나요?

You got any extra coffee? [INF]
Have you got any extra coffee? [UK]

■ extra 여분의, 남는

이 층에 있는 회의실을 오늘 오후에 좀 사용해도 괜찮겠어요?

Is it okay if I used the conference room on this floor this afternoon?

당신 노트북으로 온라인에서 뭘 좀 잠깐 확인해도 될까요?

Mind if I check something real quick online on your laptop?

■ real quick 아주 잠깐

그쪽 복사기 좀 써도 되나요?

Would it be all right if I used your photocopier?

이 일에 대해 그쪽 팀 도움을 좀 받으면 안 될까요?

Can I get some help from your team on this?

Frank가 제 팀과 함께 며칠만 일해도 될까요?

Do you think Frank **can work with** my team for just a few days?

잃어버린 물건 언급하기 196

제 지갑을 잃어버린 것 같아요.

I think I lost my wallet.

혹시 제 헤드폰 보셨나요?

Did you happen to see my headphones?

■ happen to
우연히 ~하다, 마침 ~하다

제 열쇠를 못 찾겠네요.

I misplaced my keys. ▶

◀ misplace는 자신이 어디에
뒀는지 잊어버렸다는 뉘앙
스를 준다. misplace 대신
lose를 쓰면 잃어버려서 찾을
수 없다는 뜻이 된다.

그거 보시면 전화 주시겠어요?

If you see it, call me, **please.**

누가 실수로 제 책을 가져간 것 같아요.

I think someone took my book **by mistake.**

■ by mistake 실수로

물건 찾아주기 **197**

이거 당신 전화기예요?

Is this your phone?

남자 화장실**에서** 이걸 **찾았어요.**

I found this **in** the men's room.

누가 전화기를 안 가져갔네요.

Somebody forgot to take their phone.

물건 제공하기 **198**

종이가 필요하면 얘기하세요.

If you need paper, **let me know.**

필요하시면 제게 여분의 서류철이 있어요.

I've got extra folders **if you need any.** ▶

◀ 한국어에서는 필요 없기
때문에 any를 빼고 말하는
경우가 있다. 꼭 쓰자.

Largos International사**로부터** 우산을 많이 받았어요. 원하는 만큼
가져가세요.

We got a lot of umbrellas **from** Largos International.
Take as many as you like.

UNIT 12

요청에 응답하고 지시하기

Answering Requests & Giving Instructions

요청에 답할 때는 상대방이 헷갈리지 않게 수락이나 거절을 명확히 하세요. 그리고 지시를 하거나 지시사항을 전달할 때는 구체적인 이유도 함께 언급합니다.

3분
저자 직강
12

매일 입에 달고 사는 비즈니스 영어 일상 패턴

Unit 12에 나오는 표현 중에서 비즈니스 상황에서 가장 많이 쓰는 패턴을 뽑았습니다. 생각 없이 바로 튀어 나오도록 입에 붙이세요. QR코드를 찍어서 케빈경 선생님의 심플한 해설을 들어보세요.

좋아요.
Okay.

그렇게 해요.
Let's do it.

승인합니다.
You got the green light. [INF]
You've got the green light. [UK]

■ get the green light
승인을 받다

그럼요. 그렇게 할 수 있어서 기쁩니다.
Sure. It'll be my pleasure.

저도 낄게요.
Count me in. ▶

▼ 회의 같은 비즈니스
상황에서도 쓸 수 있지만 일상
생활에서도 많이 쓴다. 먼저
상대가 '같이 갈래요?' 또는
'누가 갈래요?' 라고 물었을 때
'나도 갈래요.'라는 뜻으로 쓸
수 있다.

도움이 될 수 있어 좋습니다.
Glad to help. [INF]

상관없습니다.
That won't be a problem.

괜찮습니다.
I'm okay with that.

10시에 들를 수 있습니다.
I can stop by at ten.

좋아요, 내일까지 끝낼게요.
Okay, I'll get it done by tomorrow.

조금 늦게 출근해도 괜찮아요.

I don't mind if you come in a little later.

■ come in
(집, 회사 등에) 들어오다

두세 시간 정도 시간을 **낼 수 있습니다.**

I can spare two or three hours.

그럼 어서 Linda와 함께 나가**봐요.**

Go ahead and leave with Linda **then.**

사실 좋은 생각인 것 같아요.

I think that's a good idea, actually.

승인은 하겠지만, 수치를 확실히 재확인하세요.

I'll okay that, but make sure you double-check the numbers.

■ double-check
재확인하다

그래요. 좋죠, 뭐.

Sure. Why not?

기꺼이 안내해 드리죠.

I'd be glad to show you around.

■ show ... around
~을 (데리고 다니며) 구경시켜
주다

수용할 수 있습니다.

I can accept that.

소개 요청 또는 정보 출처 요청에 답하기　　**200**

엔지니어링 팀에 있는 John**에게** 그 수치**를 받았어요.**

I got the numbers **from** John in engineering.

제 상사**가 정보를 줬어요.**

My boss **gave me the tip.**

Lowe & Anderson사의 Patrick Lowe**에게서** 그 아이디어**가 나왔습니다.**

The idea **came from** Patrick Lowe at Lowe & Anderson.

T. S. Yang과 의논해보는 게 좋을 겁니다.

You might want to talk to T. S. Yang.

러시아에 대해 알아보려면 이혜림 씨가 적임자입니다.

I think Ms. Hae-rim Lee **is the right person to talk to about** Russia. ▸

◂ '얘기할 수 있는 적임자'라는 뜻으로 the right person to talk to라고 할 때 뒤에 to를 빼먹는 경우가 많다. talk to를 한 단어처럼 기억하자.

Tang Industries사를 추천합니다.

I would recommend Tang Industries.

요청을 거절할 때

도움 요청 또는 승인 요청 거절하기

John, 미안해요. 그건 못해요.
Sorry, John. I can't.

죄송하지만 도와드릴 수 없을 것 같습니다.
I'm sorry, but I can't help you.

도와드리고 싶지만 정말 일로 너무 바쁘네요.
I wish I could help, but I'm really swamped with work.

■ be swamped with
~때문에 매우 바쁘다

거절하긴 싫지만, 그런 걸 주선하는 게 내키지 않습니다.
I hate to say no, but I don't feel right about arranging something like that.

■ arrange
~을 준비하다, ~을 마련하다

승인할 수 없어요.
I can't okay that.

■ okay
~을 허가하다, 승인하다

도와드리고는 싶은데, 그건 제 전문분야가 아닙니다.
I would love to help, but that's not my area of expertise.

■ expertise
전문지식, 전문성

죄송하지만, 제가 아는 괜찮은 변호사가 없네요.
I'm sorry, but I don't know any good lawyers.

아쉽지만 회의에 참석하지 못하게 되었습니다.
Unfortunately, I'm not going to be able to attend the meeting.

그건 회사 방침에 어긋납니다.
That's against company policy.

그건 기밀입니다.

That's confidential.

■ confidential
비밀의, 기밀의

거절해야할 것 같네요.

I'll have to say no.

■ say no 거절하다

일정을 바꿀 수는 없습니다.

We can't change the schedule.

◀ 대체표현
장소 **venue**
날짜 **date**
좌석 배치
seating arrangement

승인할 수 없다는 거 아시잖아요.

You know I can't approve that.

결정 또는 지시 요청하기

202

이제 어떻게 하고 싶으세요?
So what do you want to do?

당신 결정입니다.
Your call. [INF]

■ call 결정, 판정

당신 결정에 달려 있어요.
It's up to you.

계획이 어떻게 되죠?
What's the plan?

공지를 내보낼까요?
Do you want me to send out a notice**?**

■ notice 통보, 공지

당신의 결정이 필요합니다.
I need your decision on this.

어떻게 처리했으면 좋겠습니까?
How do you want to handle it?

■ handle
~을 처리하다, ~에 대처하다

어떻게 할 건지 알려주세요.
Let me know what you decide.

그쪽에서 결정하세요.
The ball is in your court. ▶

◀ 테니스 경기에 빗댄 말로,
직역하면 '공은 네 쪽으로
넘어갔다', 즉 공을 칠지 말지,
친다면 어느 쪽으로 어떻게
칠지 결정하라는 뜻이 된다.
어떤 사안에 대해 상대방에게
결정을 요청할 때 쓰는 말이다.

어떻게 해야 할지 알려주세요.
Tell me what to do.

다음에 우리가 할 일은 뭡니까?

What's our next move?

어느 쪽으로든 결정을 내리셔야 합니다.

You have to decide one way or the other. ▸

◂ one way or the other
'이쪽이든 저쪽이든' 이라는
표현으로, 유사한 의미로 one
way or another(여러 가능성
중 어느 한쪽으로)라는 표현도
있다.

우리 이렇게 합시다.

This is what we're going to do.

Ben이나 Noah에게 연설문 작성**을 맡겨보죠**.

Why don't you have Ben or Noah write the speech**?**

결과가 나왔**는지 확인해야 합니다**.

You should check if the results came in.

■ come in
(정보, 결과 등이) 들어오다

그쪽 프로젝트 매니저에게 내일 이쪽으로 올 수 있는지 물어봐**줬으면 좋겠습니다**.

I would like you to ask their project manager if he can come over tomorrow.

다들 참여**하도록 하세요**.

Make sure everyone's on board.

■ on board
(업무 등에) 참여하여,
(조직 등의) 일원으로

홍콩으로 가는 게 우선 할 일입니다.

The first thing to do is to go to Hong Kong.

그걸 마치면 아이디어를 수집하기 시작**하면 됩니다**.

When that's done, we can start to collect ideas.

◀ 대체표현
팀장을 정하면
decide on a team leader
통계를 내면
compile the stats

그다음에는 사진들을 편집자에게 보내세요.

After that, send the photos to the editor.

회사 밖에선 아무에게도 얘기**하지 마세요**.

Please don't tell anyone outside the company.

좋습니다. 그들과 얘기해봅시다.
All right, let's talk to them.

두 옵션 모두 **선택하는 게 좋을 것 같아요.**
I think we should go with both options. ▶

◀ go with는 다양한 뜻으로 쓰는 표현이다. 여기서는 '~를 선택하다'라는 의미지만, A goes with B처럼 '모양이나 소리, 맛 등이 어울리다'라는 뜻도 있다.

내일까지 생각 좀 해볼게요.
Let me sleep on it.

내일 **알려줄게요.**
I'll let you know tomorrow.

당신 팀이 보도자료를 작성했으면 좋겠습니다.
I'd like your team **to** write up the press release.

■ press release 보도자료

간단한 질문입니다. Robert에게 전화**했나요?**

Quick question. Did you call Robert?

샘플을 검토할 기회가 있었나요?

Did you get a chance to look over the samples?

◀ **대체표현**
보고서를 읽어볼
read the report
이사님과 논의할
talk to the director

뭐 좀 확인해주시겠어요?

Can you confirm something for me?

우리가 어제 논의했던 것에 대한 진행이 궁금해서요.

Just following up on what we discussed yesterday.

■ **follow up on**
(~에 대해) 좀더 알아보다

호텔방 예약**하긴 했죠?**

You did reserve the hotel rooms, **right?**

다음 주에 지사장께서 이쪽으로 오신다고 들었는데, 맞나요?

I heard the regional director will be here next week.
Is this true?

우리 다음 달 뉴욕에 가는 계획은 바뀌지 않았죠?

Are we still going to New York next month?

■ **be still -ing**
여전히 ~하기로 하다

오류에 대해 그 토목기사 말이 맞았나요?

Was the civil engineer **right about** the error?

설마 Janet 팀과 점심 함께하는 거 깜빡하지는 않았겠죠?

You didn't forget we're having lunch with Janet's team, **did you?**

확인차 다시 말씀드립니다. 영업 프레젠테이션은 고객 사무실에서 합니다.

Just a reminder: the sales presentation is at the client's office. ▸

◂ 글뿐만 아니라 말할 때도,
Just a reminder라고 한다.

이 말을 들으면 기억나실지도 모릅니다.

See if this rings a bell. [INF]

■ ring a bell
떠오르다, 기억나게 하다

기억하실지 모르지만, 전 그냥 메모만 하기로 했어요.

If you remember, I'm only supposed to take notes.

■ take a notes 메모하다

제가 말한 거 기억 안 나요?

Remember what I told you?

메일에 대해 잊으셨어요?

Did you forget about the email?

이 사진이 기억을 되살릴지도 모르겠네요.

Maybe this photo **will jog your memory.**

■ jog 넌지시 불러일으키다

255

메시지 전달할 때

내부 메시지 전달하기

207

이사님이 보자고 하십니다.

The director **wants to** see you.

방금 Bret이 전화했어요.

Bret **just called.**

James 생각엔 LA 프로젝트를 포기하는 게 좋겠답니다.

James **thinks we should** abandon the project in L. A.

■ abandon
버리다, 포기하다

Sam Lee가 모두에게 Morris Design사와 더 이상 거래하지 말라고 당부하시네요.

Sam Lee **is asking everyone to** stop dealing with Morris Design.

Linda가 당신을 찾아왔었어요.

Linda **came looking for you.** ▸

◂ came to look for you도
같은 표현이다.

John이 이걸 드리라고 하더군요.

John **wanted me to give you** this.

우리가 12월에 사이판에 간다는 말을 방금 들었어요.

I just got word that we're going to Saipan in December.   ■ get word 듣다

외부 메시지 전달하기

208

이거 당신한테 온 거예요.

This is for you.

당신한테 온 메시지가 세 개 있어요.

You have three **messages.**

오너가 당장 만나고 싶어합니다.

The owner **wants to** meet right now.

우편으로 당신에게 이게 왔습니다.

This came in the mail for you. ▸

◂ in the mail은 '우편함'을
뜻하는 경우가 많다.

Madison Allen사에서 받은 메일을 방금 **전달해 드렸어요**.

I just **forwarded you the email I got from** Madison
Allen. ▸

◂ forward는 '포워딩하다,
전달하다'라는 뜻으로,
forward+사람+사물 또는
forward+사물+to+사람
형태로 쓴다.

외출하신 동안 Sam Watkinson이란 사람이 전화했습니다.

A man **named** Sam Watkinson **called while you
were out.**

Brian이 전화해달랍니다.

Brian **wants you to call** him **back.**

메시지는 책상에 올려놨습니다.

The message is on your desk.

어제 만난 그 교수에게 전화를 받았는데요, 하겠답니다.

I got a call from that professor we met yesterday,
and she **says** she's in.

외부로 메시지 전달하기 **209**

Jon이 회의를 취소해달라고 하더군요.

Jon **asked me to** cancel the meeting.

제 상사가 제안을 거절했습니다.

My boss **rejected** the idea.

■ reject
거절하다, 받아들이지 않다

Pat은 양해각서를 체결하기를 원합니다.

Pat **wants to** sign an MOU.

T. K.가 우리와 함께 점심을 못 한다고 전해달라고 했습니다.

T. K. **wanted me to tell you that** he can't join us for lunch.

UNIT 13

문제 발생 및 불만 표현
Problems & Dissatisfaction

문제가 발생하거나 불만을 표현하고자 할 때 상대에게 무엇이
문제인지 차분하게 구체적으로 설명하고 가능하면 해결 방안도
제시합니다. 오해가 있었다면 나의 원래 의도를 명확하게 말하세요.

3분
저자 직강
13

매일 입에 달고 사는 비즈니스 영어 일상 패턴

Unit 13에 나오는 표현 중에서 비즈니스 상황에서 가장 많이 쓰는
패턴을 뽑았습니다. 생각 없이 바로 튀어 나오도록 입에 붙이세요.
QR코드를 찍어서 케빈경 선생님의 심플한 해설을 들어보세요.

업무 관련 충고하기

210

이보다 더 잘할 수 있는 거 압니다.

I know you can do better than this.

이 보고서 **받아줄 수 없어요.**

I can't accept this report.

■ accept
수용하다, 받아들이다

이 페이지에 있는 그래픽을 다시 **해야 합니다.**

You're going to have to redo the graphics on this page.

■ redo 다시 하다

이것들은 받아들일 수 없습니다.

These are unacceptable.

■ unacceptable
수용할 수 없는

이제부터 이렇게 해줬으면 좋겠습니다.

This is what I would like you to do from now on.

■ from now on
지금부터는, 앞으로는

조금 더 분발해달라고 당부해도 될까요?

Can I ask you to give a little more effort?

저기, 제 말을 끝마치게 해주시면 정말 좋겠습니다.

You know, if you could just let me finish my sentences, **it'd be great.**

■ finish one's sentence
말을 끝까지 하다

제 협력업체들에게 가서 얘기하시기 전에 저에게 알려**주시면 고맙겠습니다.**

I would appreciate you informing me before you go and talk to my subs.

■ inform
~에게 알리다, 통지하다
■ subs. = subcontractors
협력업체들

Ted, 그만 해요.
Ted, stop that.

매번 책상 톡톡 치는 거 좀 안 할 수 없어요?
Would you mind not tapping your desk all the time?　■ tap ~을 가볍게 두드리다

지각하는 건 고쳐**야 합니다.**
You have to stop coming in late.

다른 데서 흡연**하시라고 부탁해도 될까요?**
Could I ask you to smoke elsewhere? [FOR]

조금 목소리를 낮춰주시**면 정말 고맙겠습니다.**
If you could keep your voice down a little bit, **I'd really appreciate it.** [FOR]

근무시간에 개인 전화**하는 건 삼가길 당부합니다.**
I have to ask you to stop making personal calls during work hours.　■ personal call 사적인 전화

고객에게 그 말을 했다니 믿어지지가 않네요.
I can't believe you said that to a customer.

해명해보겠습니까?
Would you care to explain yourself?　■ care to ~하고 싶다
　■ explain oneself 해명하다

휴식시간을 길게 쓰는 걸 자제해주십시오.
Please refrain from taking long breaks.　■ refrain from ...
　~하는 것을 자제하다

계속 이런 식으로 근무시간에 잠을 잔**다면 서면으로 보고해야 합니다.**
If you insist on sleeping on the job, **I have to write you up.**　■ insist on 고집하다
　■ write ... up
　(범죄나 잘못에 관하여)
　공식적인 문서를 작성하다

회의 중 욕하는 것 좀 삼가 주십시오.
Would you mind not swearing during the meeting?　■ swear 욕하다

조교분께 Tom을 너무 놀리지 말라고 말씀**해주시겠어요?**

Could you do me a favor and tell your assistant not
to rag on Tom so much**?**

■ rag on ~을 놀리다

Joey에게 조금 더 친절하게 대해줄 **수 있나요?**

Can you be a little nicer to Joey**?**

하실 말씀 있으세요?

Do you have anything to say?

이해가 되었기를 바랍니다.

I hope I made myself clear.

■ make oneself clear
자신의 말을 정확히 전달하다

이 문제를 해결했으면 정말 좋겠습니다.

I really hope we can resolve this problem.

■ resolve ~을 해결하다,
해소하다, 사태를 수습하다

제가 도와드릴 일 있으면 알려주세요.

If there's anything I can do to help, let me know.

제 방문은 항상 열려있어요.

My door's always open. ▶

◀ 언제든 대화할 수 있다는
뜻의 은유적 표현이다. 대화를
마무리하고 이후에도 다른
의견을 수용할 의지가 있다는
뜻으로, 말을 끝맺을 때 자주
사용한다.

불만을 표현할 때

직접 불만 말하기 213

실망스럽네요.
I'm disappointed.

참, 정말 허탈합니다.
Well, that's a big letdown.

■ letdown 실망, 허탈

그냥 넘어가다니 믿어지지 않습니다.
I can't believe you would let that one slide.

■ let ... slide
~이 악화되는 것을 내버려두다,
~을 눈감아 주다, 묵인하다

Bob, 그건 공평하지 않아요.
That's not fair, Bob.

그가 저를 때릴 것 같아서 두려웠습니다.
I was scared he was going to punch me.

충격입니다.
I'm shocked.

전혀 마음에 안 들어요.
I'm not happy about this at all.

완곡하게 불만 말하기 214

그건 좀 번거롭습니다.
That's a little inconvenient.

제 지정공간에 주차하지 말아주시겠어요?
Would you mind not parking in my spot?

■ would you mind not
-ing ~하지 말아 주셨으면
합니다

다소 부적절한 것 같지 않아요?

Don't you think that's kind of inappropriate? ▸

◂ 구어에서 kind of는 '조금', '어느 정도'라는 뜻으로, 말하는 내용을 덜 강조하거나 덜 확정적으로 들리게 하기 위해 쓰는 말이다. 단정적인 말을 피해서 대화를 매끄럽게 이어준다.

혹시 당신 팀에 얘기해주**실 수 있나요?**

You think you can maybe tell your team?

당신의 결정을 환영한다고 말할 순 없군요.

I can't say I'm too happy about your decision.

◂ 대체표현
인사 변동
the personal changes
합병 the merger
갑작스러운 발표
the sudden announcement

그게 왜 문제가 되는지는 아시겠죠?

You can see why that's a problem, right?

그 발언은 좀 거북하네요.

I'm a little uncomfortable with that statement.

■ statement 발언

TIPS & MORE expression, statement, announcement

expression은 단순히 '표현'을 뜻합니다. statement는 '표현'이라는 의미도 될 수 있지만, '공식적인 상황에서의 진술'이라는 뜻이 강하지요. announcement는 공식적인 '발표' 또는 '공지'를 의미합니다.

상대방의 착오 지적하기

별건 아닌데, 오늘 제 헤드폰을 돌려주시**기로 했거든요.**

It's not a big deal, but you were supposed to return
my headphones today.

심각한 건 아니지만, 보내주신 분석**에 오류가** 몇 가지 **있더군요.**

It's nothing serious, but the analysis you sent me
has a few **errors in it.**

샘플은 **고마운데,** 벽지 샘플은 찾**지 못했습니다.**

Thanks for the samples, **but I didn't** find any
wallpaper samples.

이사님께 사본 보내**는 걸 잊으신 것 같습니다.**

I think you might have forgotten to send a copy to
the director.

계산서**에서 오류를 발견했습니다.**

I found a mistake in the billing.

■ find a mistake in
~에서 실수를 찾다

슬라이드에서 수치**를 고치는 게 좋겠는데요.**

You might want to correct the numbers on the
slides.

미안해요. 제 실수입니다.

Sorry. My bad. [INF]

Sorry. My fault. [UK]

제가 살짝 실수했네요.

I made a boo-boo. [INF]

I made a mistake. [UK]

■ boo-boo (아이들이 쓰는 표현) 바보 짓, 어리석은 실수

제가 지난 번에 잘못된 주소를 드렸던 것 같습니다.

I think I gave you the wrong address last time.

말하기가 좀 쑥스러운데, 실수로 당신 커피를 마셔버렸네요.

I'm a little embarrassed to tell you this, but I drank your coffee **by mistake.**

보고서에 오류가 있어요.

There's an error on the report.

그건 확실히 제 실수였습니다.

That was definitely a mistake on my part.

■ on my part 나의

죄송해요. 어제 전화하는 걸 깜빡했어요.

I'm sorry. I forgot to call you yesterday.

TIPS & MORE **상대방의 잘못이나 오류를 지적할 때의 태도**
다짜고짜 실수한 부분을 직설적으로 말하는 것보다 먼저 쿠션 역할을 할 수 있는 표현으로 시작하는 것이 좋습니다.
it's not a big deal(별건 아닌데), it's nothing serious but ...(심각한 건 아니지만) 등을 앞에 붙여 완곡하게 말을
시작해보세요. 상대방의 기분을 배려하는 정중한 인상을 줄 수 있습니다.

문제점을 알릴 때

문제점 말하기 `217`

올랜도 지사에서 문제가 발생했습니다.
We've got a problem at the Orlando office.

베이징에서 Yolanda Kim의 팀이 어려움을 겪고 있는 것 같습니다.
I think Yolanda Kim's team **is having some problems** over in Beijing. ▸

◂ 여기서 over를 쓰는 것은 현재 있는 곳에서 베이징이 멀리 떨어졌다는 느낌을 준다. 단순히 in Beijing만 쓰는 것보다 거리감을 부각시키고자 할 때 쓴다.

가장 큰 문제는 단축된 스케줄입니다.
The main problem is the accelerated schedule. ▸

◂ 일정이 '가속화됐다 (accelerated)'는 기간이 단축됐음을 뜻한다.

Ace Center 프로젝트에 대해 걱정이 됩니다.
I'm getting worried about the Ace Center project.

우리 분기 매출에 영향을 미칠 겁니다.
It's going to impact our quarterly revenue.

■ impact 영향을 미치다

부산에서 일이 생겼어요.
Something happened in Busan.

문제의 원인 말하기 `218`

Pat McDougal이 문제죠.
Pat McDougal **is the problem.**

변호사들이 프로젝트를 지연시키는 겁니다.
The lawyers **are delaying** the project.

■ delay (결정, 출발 등을) 미루다, 연기하다

그쪽 CEO의 방문으로 모든 문제가 시작된 겁니다.
The whole problem started with their CEO's visit.

직원 채용이 진짜 문제가 아닌 것 같습니다.
I don't think staffing **is the real problem here.**

■ staff 직원을 배치하다, 인력을 구성하다

당장 조치를 취하지 않으면 일은 더 악화될 겁니다.

If we don't act now, things are just going to get worse.

잠재적 문제가 있습니다.

We have a potential problem.

■ potential 잠재적인,
(사건이 발생할) 가능성,
잠재력

나중에 큰 문제가 될 수도 있습니다.

This can turn into a major problem later on.
This could turn into a major problem later on. [UK]

■ later on 나중에

결국 되돌아와서 우리 발목을 잡을 수 있어요.

This could come back and bite us in the ass. [INF] ▶
This could come back and bite us in the bottom. [UK]

◀ bite ... in the ass의
의미는 '발목을 잡다' 정도로
해석되지만, 슬랭에 가깝기
때문에 공식적인 자리에서는
쓰지 않는다. 사내에서 업무
대화에 가능한 표현이다.

우리 상사가 동의 안 할 수도 있어요.

Our boss might not agree.

휴전을 선언하는 게 좋을 것 같아요.

I'd say we call for a truce.

하룻밤만 고민해봅시다.

Let's sleep on it.

■ sleep on it 하룻밤 동안
곰곰히 생각해보다

처음부터 다시 시작하는 게 어떨까 합니다.

Maybe we ought to go back to the drawing board.
Maybe we should go back to the drawing board. [UK]

■ go back to the
drawing board
처음부터 다시 시작하다,
백지화하다

그들과 마주 앉아 논의하는 게 맞습니다.

We should sit down and talk to them.

당장 조치를 취해야 합니다.

We have to act **now.**

오해를 해소할 때

오해에 대해 설명하기　221

저의 의도를 오해하신 것 같습니다.

I think you misunderstood what I meant.

제 말은 그게 아닙니다.

That's not what I said.

사실 전 회의에 참석하고 싶었어요.

Actually, I wanted to attend the meeting.

아뇨, 아뇨, 저는 Colors Korea사의 Peter를 말한 것이었어요.

No, no, I meant Peter from Colors Korea.

제 뜻은 제게 그런 전문 지식이 없다는 거였습니다.

What I meant was I don't have the expertise.

■ expertise
전문지식, 전문성

그건 오해입니다.

That's a misunderstanding.

그건 절대 제 의도가 아니었습니다.

That wasn't my intention at all.

■ intention 의도

제 입장을 설명해도 돼요?

Can I explain myself?

UNIT
14

회사 소개·영업·사업 제안

Company Introduction·Sales·Business Proposals

회사를 소개할 때는 상대의 흥미를 끌 만한 회사 정보와 요소를 역동적으로 제시합니다. 특히 전문성을 부각시키고 상대방이 얻을 수 있는 이익을 강조하면 좋습니다.

3분
저자 직강
14

매일 입에 달고 사는 비즈니스 영어 일상 패턴

Unit 14에 나오는 표현 중에서 비즈니스 상황에서 가장 많이 쓰는 패턴을 뽑았습니다. 생각 없이 바로 튀어 나오도록 입에 붙이세요. QR코드를 찍어서 케빈경 선생님의 심플한 해설을 들어보세요.

저희는 10년 넘게 **사업을 해왔습니다.**
We've been in business for over ten years.

저희는 금융 컨설팅 회사**입니다.**
We are a financial consulting firm.

■ firm 회사, 기업

저희는 디자인과 건축 서적 수입을 **전문으로 하고 있습니다.**
We specialize in importing design and architectural books.

■ import 수입하다
■ architectural 건축의

저희 본사는 서울에 **있습니다.**
Our headquarters are in Seoul.

저희는 휴대폰 케이스를 **만듭니다.**
We make cell phone cases.
We make mobile phone cases. [UK]

◀ 대체표현
타이어에 들어가는 부속품
components that go into tires
사무용품 **office supplies**

온라인 매장**도** 운영하고 **있습니다.**
We also operate an online store.

저희 웹사이트 주소는 책자에 **있습니다.**
Our website address is on the brochure.

■ brochure 브로셔, 소책자

제 명함입니다.
Here's my card.

매장은 일 년 내내 **엽니다.**
The store is open all year around.

■ all year around
일 년 내내

새로운 버전을 지난달에 막 **출시했습니다.**
We just **released** the new version last month.

한국에 매장이 12곳 있습니다.

We have twelve stores **in Korea.**

Samsung이 저희 고객입니다.

Samsung is a client of ours.

TIPS & MORE 주요 사업 분야					
공공사업	public works	공익설비	utilities	생산	manufacturing
식음료	food and beverage	컨설팅	consulting	자동차	automotive
출판	publishing	전자	electronics	유통	distribution
제약	pharmaceutical	디자인	design	석유화학	petrochemical
금융	finance	도매	wholesale	운송	transportation
건설	construction	소매	retail	광고	advertising
부동산	real estate	무역	import-export	개발	development
렌탈/임대	rental	의료	medical	문화	culture

어떤 직책이든 적절한 직원들을 찾도록 **도와드릴 수 있습니다.**

We can help you find the right employees for any position.

저희가 적합한 자원을 보유하고 있다는 걸 아시게 될 겁니다.

I think you'll find that we have the right resources. ▸

◂ resource는 자연에서 나오는 자원을 뜻하기도 하지만 기술적, 인적, 금전적 자원을 의미하기도 한다. 보통 복수형으로 쓴다.

저희와 일하면서 누리게 될 장점 중 하나는 정보를 빨리 수집**하는 능력입니다.**

One of the advantages of working with us is our ability to gather information quickly.

저희는 한국 시장을 잘 파악하고 있습니다.

We understand the Korean market.

저희는 융통성이 있습니다.

We are flexible.

■ flexible 융통성있는, 유연한, 탄력적인

신상품 및 서비스 소개하기 **224**

이게 새로운 모델입니다.

This is the new model.

샘플을 좀 가지고 왔습니다.

I brought you some samples.

이제 회계 서비스도 제공하고 있습니다.

We're now offering accounting services.

별도의 온라인 서비스를 시행할 예정입니다.

We'll be launching a separate online service.

■ separate
별도의, 분리된, 따로 떨어진

출시 날짜 및 장소 알리기 **225**

웹사이트는 1월 2일부터 공개될 예정입니다.

The website will be up by January 2.

8월 1일에 출시될 겁니다.

It's going to hit the market on August 1.

■ hit the market 출시되다

여름에 출시합니다.

We're rolling this out in the summer.

■ roll ... out ~을 출시하다

6월에 Electronics Korea Fair에서 새 모델을 내놓을 겁니다.

We're introducing the new model **at** the Electronics Korea Fair in June.

버전 3의 출시는 내년으로 예정되어 있습니다.

Version 3**'s release is slated for** next year.

■ be slated for
~으로 예정되다

3월부터 배송이 가능합니다.

We can start shipping in March. ▸

◂ start to ship이라고 해도 된다.

어디서나 충전이 **가능합니다.**

You can charge it anywhere.

밖에 있을 때도 홈 네트워크와 연결할 수 있습니다.

It allows you to connect to your home network while you're out.

이젠 더 빠릅니다.

It's faster now.

디자인이 새로워졌습니다.

It's got a new design.

보증기간이 5년입니다.

It comes with a five-year **warranty.**

■ come with
~와 함께 나오다(제공되다)

두 가지 크기와 세 가지 색깔이 있습니다.

It comes in two **different sizes and** three **different colors.**

리스도 **가능합니다.**

It's also available for lease. ▸

■ lease 장기 임대
◂ avalible for something은 '~이 가능한'이라는 뜻이다. 유의할 점은 주어를 '사용하거나 활용한다'는 것이다. Our office is available for the meeting.(우리 사무실을 회의용으로 쓸 수 있다.)

평이 아주 좋습니다.

The reviews are excellent.

제가 샘플을 가지고 오겠습니다.

I'll be happy to bring in a sample.

이건 저희의 모든 서비스가 담긴 책자**입니다.**

Here's a brochure of all our services.

시연은 원하실 때 언제든 할 수 있습니다.

I can do a demonstration **anytime you want.** ▸

◂ demonstration은 줄여서 demo라고 한다. demo를 동사로 쓰기도 하지만 do a demo라고한다.

제품을 보고 싶으**실 때 언제든지 전화 주세요.**

Just give me a call whenever you want to see the product.

언제 한번 저희 매장**에 들러주세요.**

Stop by our store **sometime.**

TIPS & MORE 브로셔, 리플렛, 카탈로그

catalog는 주로 상품판매를 위해 항목이나 물품이 체계적으로 명시되어 있는 목록을 뜻합니다. 사무용품 구매용 두꺼운 책자를 떠올리면 됩니다. brochure는 비교적 얇은 광고용 책자를 말합니다. leaflet은 거리에서 배포하거나 신문 사이에 끼어 오는 광고용 전단입니다.

사업·제휴 제안하기

Everyday Grill의 가맹점이 되는 데 관심이 있습니다.

We would be interested in becoming a franchisee of Everyday Grill.

한국에 독점 유통업체를 선정하고 싶으신지요.

I wonder if you'd be interested in designating an exclusive distributor in Korea.

■ designate
~으로 지정하다

라이센싱 계약을 합의하는 게 어떨까요?

Maybe we can work out a licensing **deal?**

■ work out (계획이나 안 등을) 짜내다, 고안하다

한 가지 제안을 드리고 싶습니다.

I have a proposition for you.

■ proposition 제안

합작회사에 대해 어떻게 생각하세요?

What do you think about a joint venture**?**

Bravo Hobbies의 제품을 한국에서 유통하고 싶습니다.

We would love to distribute Bravo Hobbies's products in Korea.

■ distribute 유통하다

이번 건을 함께하는 게 좋을 것 같습니다.

Partnering on this one **might be a good idea.**

마케팅 비용을 분담하는 게 어떨까요?

Why don't we share the marketing **costs?**

사실 전략적 제휴도 맺을 수 있고요.

We can always form a strategic partnership.

■ form 만들다, 형성하다

컨소시엄을 만드는 것도 좋을 것 같습니다.

Maybe we could form a consortium.

■ consortium
컨소시엄(대규모 개발, 금융 등을 위해 모인 기업이나 국가의 공동 연합체)

물론 다른 방식의 제휴도 고려할 수 있습니다.

Of course we are also open to a different type of partnership.

TIPS & MORE 사업·제휴 관련		
합작회사 joint venture	프랜차이즈 franchise	전략적 제휴 strategic partnership
공동 시판 joint marketing	전략적 동맹 strategic alliance	프랜차이즈 가맹점 franchisee
공식 딜러 authorized dealer	컨소시엄, 조합 consortium	독점 유통업체
납품업체 supplier	라이센싱, 인가 licensing	exclusive[sole] distributor

사업 제휴의 장점 설명하기 — 229

비용을 많이 절약할 수 있죠.

We would save a lot of money.

동업은 우리 둘 모두에게 이득일 겁니다.

I think a partnership **would benefit both of us.**

■ benefit ~에게 이익을 주다, ~을 이롭게 하다

중복을 최소화할 수 있고요.

We'd minimize redundancy.

■ minimize 최소화하다
■ redundancy (인력이나 자원 투자에 있어서의) 중복

이번 프로젝트에서 새로운 직원들을 채용할 **필요가 없어지죠.**

You wouldn't need to hire new staff for this project.

우리는 도서를 더 빨리 개발할 수 있게 될 겁니다.

We would be able to develop the book quicker.

276

UNIT 15

회의 전 준비
Preparing for Meetings

회의 소집을 알릴 때는 자세한 날짜와 시간, 장소와 함께 목적을
언급합니다. 참석자들은 참석 여부를 확실히 말하고 회의의 목적에
따라 회의 전에 필요한 자료를 준비합니다.

3분
저자 직강
15

매일 입에 달고 사는 비즈니스 영어 일상 패턴

Unit 15에 나오는 표현 중에서 비즈니스 상황에서 가장 많이 쓰는
패턴을 뽑았습니다. 생각 없이 바로 튀어 나오도록 입에 붙이세요.
QR코드를 찍어서 케빈경 선생님의 심플한 해설을 들어보세요.

회의를 알릴 때

1시에 회의가 있다는 거 아시죠?

You know about the meeting at one, don't you?

아, 참고로 4시에 회의가 있습니다.

Oh, FYI, there's a meeting on at four.

■ **FYI** = for your information
(참고로)의 준말

알려드리는데, 다음 주 월요일에 회의가 있습니다.

Just letting you know, there is a meeting next Monday.

Mr. Lee가 5월 15일 오후 3시에 회의를 소집했습니다.

Mr. Lee has called a meeting for three p.m. **on** May fifteenth.

파업을 논의하기 위해 오늘 오후 비상회의가 있을 예정입니다.

There's going to be an emergency meeting this afternoon **to discuss** the strike.

■ emergency meeting
비상회의

내일 오전 10시에 내 사무실에서 모두 다 만납시다.

Let's all meet tomorrow **at** ten a.m. **in** my office.

내일 회의에 참석해주시면 정말 좋겠습니다.

It would be great if you could join the meeting tomorrow.

다음 주 회의에 참석할 가능성 있나요?

Any chance you can come to the meeting next week?

오늘 오후 짧은 회의 스케줄이 잡혀 있습니다.

We have a short meeting scheduled for this
afternoon.

CEO가 특별 회의를 소집했습니다.

The CEO called a special meeting.

■ call 소집하다

231

정시 시작 언급하기

정확히 4시에 시작합시다.

Let's start exactly at four.

2시 정각에 회의 시작합니다.

The meeting will start at two o'clock **sharp.**

■ sharp
정각(시간 뒤에 붙인다.)

오후 1시 정각까지 와주세요.

Be there by one p.m. **sharp.**

오전 8시 정각에 시작하기로 예정되어 있어요.

It's scheduled to start right at eight in the morning.

232

회의에 관한 정보 얻기

회의를 위해 제가 준비할 것 있나요?

Should I prepare anything for the meeting?

회의에 대해 제가 알아야 할 사항 있나요?

Anything I should know about the meeting?

회의가 언제죠?

When's the meeting?

회의를 어디서 하죠?

Where's the meeting?

회의에 누가 참석하나요?

Who's coming to the meeting?

뭐에 관한 회의죠?

What's the meeting about?

비용 절감을 위한 아이디어를 모을 겁니다.

We'll be brainstorming ideas to reduce costs.

그냥 정례 회의**예요.**

It's just a routine meeting.

■ routine
일상적인, 정례적인

이사님**이** 싱가포르 컨설턴트들**에** 대한 우리의 **피드백을 원합니다.**

The director **wants to get** our **feedback on** the consultants from Singapore.

그럼 거기서 봐요.

See you there then.

오케이, 9시**까지 갈게요.**

Okay, I'll be there by nine.

고객을 3시에 만나**야 합니다.**

I have to meet a client at three.

오늘 오전 회의에 **빠져도 될까요?**

Mind if I skipped the meeting this morning?
Mind if I skip the meeting this morning? [UK]

■ skip 빠지다

. 내일 회의에 참석 못합니다.

I can't go to the meeting tomorrow.

◉ 348에서 비슷한 상황에 쓰는 다양한 표현을 참조하세요.

회의를 5시로 바꿔도 될까요?

Can we move the meeting to five?

내일로 미룰 수 없을까요?

Would it be possible to postpone it to tomorrow?　　■ postpone 연기하다

다음 주 월요일로 바꾸면 정말 좋겠는데요.

It'd be great if you can change it to next Monday.

마이크를 사용할 때

마이크 테스트하기   **237**

마이크 테스트하겠습니다.
Let me test the mike.

체크 하나 둘 셋.
Checking one two three.

테스트. 아 아.
Testing. Hello hello.

소리 좀 더 키워줄래요?
Could you turn up the volume?   ▪ turn up (소리 등을) 올리다

제 말 들리시나요?
Can you hear me?

이거 켜져 있어요?
Is this on?

뭐라고 한번 해볼래요?
Can you say something?

마이크 테스트에 응답하기   **238**

네, 들려요.
Yeah, I can hear you.

잘 들립니다.
I hear you fine.

한 번 더 해볼래요?

Try it again?

시작하면 됩니다.

You're good to go.

■ be good to go
준비가 다 되다

아무것도 안 들립니다.

I can't hear anything.

아니, 안 좋아요.

No, no good.

좋아요.

Okay.

재확인하기 239

지금은 어때요?

How about now?

이제 들려요?

Can you hear me now?

다시 테스트합니다. 하나 둘 셋.

Testing again. One two three.

UNIT
16

회의 시작
Starting Meetings

회의를 시작할 때 회의 진행자는 먼저 참가자들을 환영하고,
불참한 사람에 대해서 언급합니다. 다음으로 회의 목적을 소개하고,
다룰 의제를 알립니다. 회의 예상 소요 시간을 알리면서 첫 안건으로
들어가세요.

3분
저자 직강
16

매일 입에 달고 사는 비즈니스 영어 일상 패턴

Unit 16에 나오는 표현 중에서 비즈니스 상황에서 가장 많이 쓰는
패턴을 뽑았습니다. 생각 없이 바로 튀어 나오도록 입에 붙이세요.
QR코드를 찍어서 케빈경 선생님의 심플한 해설을 들어보세요.

장내를 정리할 때

참석 여부 확인하기

240

◉ 여기 나오는 표현은 관련된 사람 이름을 넣어 말해보면 좋습니다. 필요할 때
자연스럽게 나올 수 있도록 반복해서 연습하세요.

다 왔나요?
So is everyone here?

John을 아직 기다리는 중이에요.
We're still waiting for John.

자, 그럼 Matt를 제외하곤 다들 참석했네요.
All right, then we have everyone here except Matt.

디자인팀이 아직 안 왔습니다.
The design team **isn't here yet.**

Miller 씨는 어디 있죠?
Where is Mr. Miller?

그분들 오는 거 맞죠?
They're coming, right?

오늘 Robert는 참석 안 하나요?
Isn't Robert **joining us today?**

Taylor 씨가 오는지 아는 분 있나요?
Does anyone know if Ms. Taylor **is coming?**

Tanya가 오는 줄 알았는데요.
I thought Tanya **was coming.**

Thomas를 기다립시다.
Let's wait for Thomas.

금방 도착할 겁니다.

I'm sure he**'ll be here soon.**

Tom, 그의 휴대폰으로 전화해볼래요?

Tom, **could you call** him **on his cell?**

Tom, **could you call** him **on his mobile?** [UK]

오고 있다고 말하기

Pat Shin이 방금 전화했습니다.

Pat Shin **just called.**

C. K.가 교통 체증에 갇혀있대요.

C. K. is **stuck in traffic.**

■ be stuck
꼼짝 못하게 끼어 있다

Ian이 지금 오고 있습니다.

Ian **is on** his **way.**

■ on one's way
오는(가는) 중

10분이면 도착한다고 했습니다.

He **said** he**'ll be here in** ten minutes.

그는 조금 늦을 겁니다.

He **will be a little late.**

다과·음료 권하기

◉ 371에서 비슷한 상황에 쓰는 다양한 표현을 참조하세요.

냉장고에 차가운 음료가 있습니다.

We have cold drinks **in the fridge.**

뒤에 다과와 음료가 있습니다.

There are some refreshments in the back.

■ refreshment
(주로 행사 등에서 제공되는)
다과, 간단한 음식

테이블 위에 있는 물과 커피를 마음껏 드세요.

Help yourselves to water and coffee **on the table.**

■ help yourself to ... ~을
마음껏 가져다 먹다(마시다)

Joe Lee가 오늘 도넛을 좀 **가져왔습니다.**

Joe Lee **has brought us** some donuts **today.**

화장실은 엘리베이터 오른쪽에 있습니다.

The restrooms are to the right of the elevators.
The toilets are to the right of the lifts. [UK]

흡연은 밖으로 나가서 **해야 합니다.**

You have to step outside **to smoke.**

■ step outside
밖으로 나가다

이 빌딩 **안에서는 금연입니다.**

There's no smoking in the building.

지정된 흡연구역은 정문 바로 밖에 있습니다.

The designated smoking area is just outside the
main doors.

■ designated 지정된

모두 휴대폰을 꺼주시면 **좋겠습니다.**

It'd be great if you would all turn off **your cell
phones.**

모두 전화기를 진동으로 해주시길 부탁합니다.

I'd like to ask that everyone put their phones on
vibrate.

■ put a phone on vibrate
전화기를 진동모드로 두다

꼭 받아야 할 전화가 있으면 방 밖으로 나가주세요.

**Please step out of the room if you really need to
take a call.**

■ take a call 전화 받다

모두 휴대폰이 무음인지 확인해주시겠어요?

Can everyone check that their phones are on mute?

■ on mute
(휴대폰 상태가) 무음인

휴대폰을 무음 아니면 진동으로 바꿔주시겠어요?

Could you switch your phones to mute or vibrate?

우리 전화기를 치웁시다.

Let's put away our phones.

■ put away 치우다

회의 중 문자 이용을 자제해주시길 부탁합니다.

No texting during the meeting, please.

우리 모두 자리에 앉죠?

Why don't we all take our seats?

시작하게 자리에 앉아주세요.

Please take your seats so we can get started. ▶

다 자기 자리로 오실까요?

If you would all get to your seats?

◀ 그냥 start라고만 하면
휘슬을 불고 경기를 시작하는
것 같은 느낌을 준다. get
started라고 하는 것이 좀 더
자연스럽다.

> *TIPS & MORE* **자리에 앉으세요**
>
> 자리에 앉으라고 할 때 sit down이라고 하는 것은 명령하는 느낌을 줍니다. 위에 나오는 예문처럼 take your seat
> 또는 have a seat으로 표현하는 것이 좋습니다.

회의를 시작할 때

시작하기

246

자, 시작할까요?

Why don't we get started?

시작할까요?

Shall we start?

시작합시다.

Let's get this show on the road.

> ■ get this show on the road 직역하면 '쇼를 가지고 거리로 나가자'로, 어떤 일을 시작하자는 뜻이다.

다들 준비되셨으면, 회의를 시작하고 싶습니다.

If everyone's ready, I'd like to go ahead and start this meeting.

자, 본격적으로 시작합시다.

Okay, let's get down to business.

> ■ get down to business 본론으로 들어가다, 본격적으로 일에 착수하다

그럼 회의를 시작합시다.

Let's begin the meeting then.

환영하기

247

여러분을 환영합니다.

Welcome, everyone.

회의에 오신 여러분을 환영합니다.

I would like to welcome everyone to the meeting.

안녕하세요, 여러분.

Good morning, everybody.

안녕하세요, 신사 숙녀 여러분.

Good afternoon, ladies and gentlemen. [FOR]

갑작스러운 통보에도 와주셔서 고맙습니다.

Thanks for coming on such short notice.

■ short notice
갑작스러운 통지, 통보

오늘 아침에 모두들 뵙게 되어서 좋습니다.

It's good to see everyone this morning.

오늘 모두 와주셔서 감사드립니다.

Thank you all for coming today. ▸

◀ thank you는 thanks보다
격식 있는 표현이다.

안 좋은 날씨에도 불구하고 모두 참가해주셔서 감사드립니다.

I appreciate everyone for joining us today, despite
the bad weather.

■ despite ~에도 불구하고

연례 이사회에 여러분을 모시게 되어 기쁩니다.

I am pleased to welcome you to the annual board
meeting. [FOR]

■ annual 연례의, 매년의

중국에서 오신 Mr. Yi와 Ms. Ma를 특별히 환영합니다.

I'd like to especially welcome Mr. Yi and Ms. Ma
from China.

진행자가 자신을 소개하기   **248**

제가 새로운 프로젝트 매니저입니다.

I'm the new project manager.

전 John Kim이고, 오늘 회의를 진행합니다.

I'm John Kim, and I'll be chairing the meeting today.

■ chair (회의 등을) 진행하다

Richard Han이 제게 회의를 진행해달라고 요청했습니다.

Richard Han **has asked me to lead this meeting.**

■ lead 진행하다, 이끌다

오늘만 제가 Mr. Kim을 대신합니다.

I'm filling in for Mr. Kim **just for** today.

■ fill in for
(잠시 동안) ~을 대신해 일하다

저를 모르는 사람이 있을 텐데, 전 Harris사의 Linda Lee입니다.

For those of you who don't know me, I'm Linda Lee, **with** Harris Corporation.

이제부터 제가 주간회의를 진행할 겁니다.

I'll be chairing the weekly **meeting from now on.**

■ from now on
이제부터, 앞으로

제 이름은 Jongseok Kim이지만 그냥 Joe라고 불러주세요.

My name is Jongseok Kim **but just call me Joe.**

공식적으로 제 소개를 하겠습니다.

Let me formally introduce myself. [FOR]

■ formally 공식적으로

여기 Kevin은 다들 아시나요?

Does everyone know Kevin **here?**

다들 John과 인사하셨나요?

Has everyone met John? ▸

◂ 처음 만나서 통성명하는
것도 간단히 meet이라고
한다.

그리고 이쪽은 호놀룰루 지점에 있는 Matt입니다.

This is Matt **from** the Honolulu office, **by the way.**

저희 회의에 참석해주신 White 씨를 환영합니다.

I'd like to welcome Mr. White **to our meeting.**

오늘 특별한 손님 한 분을 모셨습니다.

We have a special guest today.

오늘 새로운 얼굴이 몇 있습니다.

There are several **new faces here today.**

먼저, TCG에서 대리로 계신 Tiffany Jones를 소개하겠습니다.

First of all, let me introduce Tiffany Jones, an assistant manager **at** TCG.

Ian Parris가 오늘 우리와 함께합니다.

Ian Parris is joining us today.

이분께서 이번 프로젝트의 현황에 대해 간단한 발표를 하실 겁니다.

He will be making a brief presentation on the status of the project.

■ status 상태, 현황

TGV사에서 오신 Sonya Lee를 소개하게 되어 기쁩니다.

I am pleased to introduce Sonya Lee **from TGV.** [FOR]

자기소개 부탁하기   250

Kevin, 본인에 대해 좀 말씀해주시겠어요?

Kevin, **could you tell us a little about yourself?**

간단한 본인 소개 해주시겠어요?

You want to give us a short self-introduction?
Do you want to give us a short self-introduction? [UK]

소속된 회사에 대해 말씀해주시죠?

Why don't you tell us about your firm?

본인 소개 해주실 수 있을까요?

Would you mind introducing yourself?

불참자에 대해 사과하기   251

오늘 Ted는 참석하지 못합니다.

Ted **couldn't join us today.**

Larry는 회의에 참석하지 않습니다.

Larry **won't be coming to the meeting.**

그는 여기 참석하고 싶어했지만, 다른 회의에 참석해야 했습니다.

He **wanted to be here, but** he **had to go** to another meeting.

Yeong-mi Kim 씨가 오늘 회의에 참석하지 못하게 된 것에 대해 저에게 대신 사과를 해달라고 했습니다.

Yeong-mi Kim has asked me to apologize for her for not making the meeting today.

아쉽게도, Landis씨는 오늘 회의에 참석하지 못하게 되었습니다.

Unfortunately, Mr. Landis won't be able to join the meeting today.

회의 목적 및 안건 말하기　252

오늘 우리가 왜 여기 모였는지 다들 아시죠.

You all know why we're here today.

오늘 아침 우리의 목적은 다음과 같습니다.

Here's our objective this morning.

우리의 주된 목적은 두 가지입니다.

Our main objective is two-fold.

■ **two-fold**
두 가지로 구성된, 이중의

오늘 모든 선택권을 검토해봐**야 합니다.**

We need to explore all the options today.

■ **explore** (생각·방법 등)을 탐구하다, 검토하다, 연구하다

새 프로젝트**에 관해 논의하기 위해 이 회의를 소집했습니다.**

I've called this meeting to discuss the new project.

논의할 것이 딱 한 가지 있습니다.

We have just one thing **to discuss.**

◀ 대체표현
몇 가지 **a few things**

오늘 마치기 전에 우린 안건을 모두 다루고자 합니다.

Before we're done today, we want to go through everything on the agenda.

■ **go through** (사안, 보고서 등을) 꼼꼼히 검토하다

현 운송업자와의 관계를 계속 유지**할 것인지를 결정해야 합니다.**

We have to decide if we want to continue our relationship with our current shipper.

이 회의의 목적은 진행 중인 프로젝트의 진척 상황을 논의하는 것입니다.

Our objective for the meeting is to discuss the progress of our ongoing project.

- objective 목적
- progress 진척
- ongoing 진행 중인

마무리되는 시점에서, 현재 계약 협상이 어느 단계에 있는지 더 정확히 알게 될 것입니다.

When we are done, we should have a better idea of where we are at in the contract negotiations. ▶

◀ 보통 협상은 한 번으로 끝나지 않고, 며칠에 걸쳐 사전 작업, 추가 접촉이 있는 경우가 많다. 따라서 단수가 아닌 복수형 negotiations을 쓴다.

의제 소개하기　　253

의제 사본은 다 있는지요?

Does everyone have a copy of the agenda?

의제를 보십시오.

Take a look at the agenda.

- take a look 보다

옆 사람과 함께 보십시오.

Please share with the person next to you.

사본이 없다면 뒤쪽에 있는 테이블에서 가져오면 됩니다.

If you don't have a copy, you can get **one from** the table in the back.

Cindy가 지금 의제를 나눠드리고 있습니다.

Cindy **is passing around the agenda right now.**

모두 의제를 읽어봤을 겁니다.

I'm sure you've all seen the agenda.

오늘 다룰 사안이 아주 많습니다.

We have a lot on our plate today.

여러분 모두 지난주에 의제를 받았을 겁니다.

You should've all gotten the agenda last week.

플립차트에 의제가 적혀 있습니다.

The agenda is written on the flipchart.

■ flipchart 플립차트 (도표 등이 그려 진 큰 종이 여러 장을 철한 것)

화이트보드에 있는 의제대로 진행합시다.

Let's follow the agenda on the whiteboard.

다들 의제가 보이나요?

Can everyone see the agenda?

논의할 안건이 세 가지 있습니다.

We have three items **to discuss.**

의제에 있는 두 가지 안건은 프로젝트 일정과 검사입니다.

The two **items on the agenda are** the project schedule and the inspection.

■ inspection 검사, 점검

첫째로, 세 가지 디자인안을 보겠습니다.

First, we'll look at the three preliminary designs.

■ preliminary 예비의, 사전의

둘째로, 파트너 후보자들에 대해 논의하겠습니다.

Second, we need to discuss potential partners.

마지막으로, Jeff Chang의 사임에 대해 논의해보죠.

Finally, let's talk about Jeff Chang's resignation.

■ resignation 사임

다른 안건 있나요?

Anything else?

다른 사항 추가할 사람 있나요?

Does anyone want to add anything else?

제가 빠뜨린 것 있나요?

Did I miss anything?

그 밖에 다른 건을 추가하고 싶으신 분 있나요?

Does anyone want to add anything else to the agenda?

변경사항이나 추가사항 있으신 분?

Anyone have any changes or additions?
Does anyone have any changes or additions? [UK]

■ changes or additions
변경 또는 추가 사항

안건 추가하기 | 254

의제에 추가할 게 하나 있습니다.

I need to add something to the agenda.

애리조나 주 프로젝트도 논의하죠.

Let's also discuss the Arizona project.

하노이 지사에서 있었던 그 문제에 대해서도 논의할 수 있을까요?

Can we also talk about the problem that happened at the Hanoi office?

법적 쟁점들에도 대응해야 합니다.

We should address the legal issues, **too.**

■ legal issue 법적 쟁점

회의록 작성자 지정하기 | 255

오늘은 누가 회의록을 작성할 차례지요?

Whose turn is it to take the minutes today?

John, 회의록을 작성해 줄래요?

John, can you take the minutes? ▶

◀ minutes는 회의록을 뜻한다. 이때는 반드시 복수형으로 써야 한다.

회의록 작성하고 싶은 분 있습니까?

Who wants to take the minutes?

■ take the minutes
회의록을 작성하다

Ken, 당신 차례인 것 같네요.

I believe it's your turn, Ken. ▶

◀ 여기서 believe는 거창한 의미가 아니라 think에 확신을 조금 더 보탠 정도라고 생각하자.

당신이 회의록을 작성하는 것이 좋을 것 같네요.

Maybe you **should take the minutes.**

Mr. Sunwoo가 회의록을 작성할 겁니다.

Mr. Sunwoo will be taking the minutes.

제가 회의록을 작성할게요.

I'll take the minutes.

제가 회의록을 작성할까요?

Do you want me to take the minutes?

이번이 제가 회의록을 작성할 차례인 것 같습니다.

I think it's my turn to take the minutes.

제가 기꺼이 회의록을 맡겠습니다.

I'd be glad to take care of the minutes.

회의는 격식 없이 진행하고 싶습니다.

I'd like to keep the meeting informal.

그냥 생각나는 대로 아이디어를 던져봅시다.

Let's just throw ideas out on the table.

■ on the table
(제안·아이디어 등이) 상정된,
검토 중인

아무 때나 대화에 끼어들어도 좋습니다.

Feel free to jump in any time.

■ jump in 뛰어들다

프로젝트팀이 먼저 시작하지요.

Why don't we let the project team go first?

Barry가 발표한 다음, 쟁점들을 논의하겠습니다.

After Barry finishes his report, we will discuss the issues.

돌아가며 이야기합시다.

Let's go around the table.

■ go around the table
(자기 의견을) 한 사람씩
돌아가며 이야기하다

Sara의 프레젠테이션으로 시작한 후에 논의로 넘어가겠습니다.

We will start with Sara's presentation, **then move onto** discussions.

■ move onto ~로 넘어가다

먼저 미결안건부터 다룹시다.

Let's get old business **out of the way first.**

■ get~ out of the way
(귀찮거나 어려운 부분)을
다루다

회의 진행 시간 언급하기 **258**

여러분 모두 바쁜 걸 아니까, 회의는 짧게 하겠습니다.

I know you're all busy, so we'll keep the meeting short.

10시까지 마치는 것을 목표로 합시다.

Let's shoot for finishing by ten.

■ shoot for
~을 목표로 하다, ~을 노리다

6시 전에 끝내야 합니다.

We have to be done before 6.

저녁 식사 시간 전에 마치도록 노력합시다.

Let's try and wrap up before dinner.

■ wrap up 마치다, 끝내다

꼭 예정된 시간에 마치고 싶습니다.

I would really like to end on time.

오후 5시까지 끝나면 좋겠네요.

I hope to finish by five p.m.

오후 3시까지는 끝날 겁니다.

We should be done by three p.m.

이번 회의는 대략 한 시간 정도 걸릴 겁니다.

This meeting should last about an hour **or so.**

■ about ~ or so 대략 ~정도

회의는 오후 3시에 마치겠습니다.

The meeting will be adjourning at 3 p.m. [FOR]
The meeting will adjourn at 3 p.m. [UK]

■ adjourn
(회의, 업무 등을) 중단하다

회의를 두 시간 이내에 끝내면 정말 좋겠습니다.

I'd really like to keep the meeting under two hours.

■ under ~아래로 (여기서는
2 시간 미만을 뜻함)

휴식시간 예고하기　　259

오전 10시에 휴식시간을 갖겠습니다.

We will take a break at 10 a.m.

매시간 휴식시간이 있습니다.

There will be a break every hour.

J.Y.의 보고가 끝난 후 10분간 휴식하겠습니다.

We'll take a ten-minute **break after** J.Y.'s report.

11시쯤에 휴식하겠습니다.

Let's have a break around 11.

점심 식사는 정오입니다.

Lunch is at noon.

저녁 식사는 7시 30분으로 예정돼있습니다.

Dinner **is scheduled for** 7:30.

휴식시간 없음을 알리기　　260

회의가 짧아서 휴식시간은 없습니다.

The meeting is short, so there won't be any breaks.

오늘 휴식시간을 포기하는 게 좋을 듯합니다.

It might be a good idea to **forego breaks** today.

■ forego (즐거움·편의 등)을
단념하다, 포기하다

휴식시간이 없어도 다들 괜찮을까요?

Does anyone mind if we don't take any breaks?

시작 신호하기　　　　　**261**

자, 그럼 첫 항목 시작합니다.

All right, the first item then.

그럼 Todd의 간단한 발표로 **시작합시다.**

So let's start with Todd's short presentation.

자, Paul부터 시작합시다.

Okay, we'll begin with Paul.

Dan, 첫 안건에 대해 짧게 요약해주실래요?

Dan, would you give us a brief summary of the first item?

■ summary 요약, 개요

Ed, 당신에게 발언권을 넘깁니다.

Ed, you have the floor.

■ have the floor
(토론 등에서) 발언하다,
발언권을 얻다

UNIT
17

회의 진행
Conducting Meetings

회의를 순조롭게 진행하려면 참가자들의 의견을 고루 수렴하고
의견을 교환할 수 있도록 운영해야 합니다. 소수가 참가하는
비공식적인 회의에서도 마찬가지입니다.

3분
저자 직강
17

매일 입에 달고 사는 비즈니스 영어 일상 패턴

Unit 17에 나오는 표현 중에서 비즈니스 상황에서 가장 많이 쓰는
패턴을 뽑았습니다. 생각 없이 바로 튀어 나오도록 입에 붙이세요.
QR코드를 찍어서 케빈경 선생님의 심플한 해설을 들어보세요.

안건부터 시작할 때

문제점 알리기 262

문제가 있어요.
There's a problem.

___

문제는 비용입니다.
The problem is the cost.

___

우린 프로젝트를 제시간에 끝내**야 하는 문제에 직면해 있습니다.**
We're faced with the problem of completing the project on time.

■ be faced with
~를 직면하다

___

나쁜 소식 전하는 사람이 되긴 싫지만, 수익이 크게 감소했습니다.
I hate to be the bearer of bad news, but profits are way down.

■ way 매우, 아주, 크게

해결책 제시하기 263

우선 그들과 얘기해**볼 수도 있죠.**
What we could do is talk to them first.

___

계약을 재협상**하는 것이 해결책일 수 있습니다.**
The solution might be to renegotiate the contract.

■ renegotiate 재협상하다

___

설문지 배부를 연기**하는 것도 괜찮아요.**
We can hold off on sending out the questionnaire.

■ hold off 연기하다
■ sendout
(사람·단체 등)을 파견하다
■ questionnaire 설문조사

___

그들의 제안을 받아들이는 **게 좋겠습니다.**
We should take their offer.

___

다시 시작**해야 합니다.**
We have to start over.

■ start over 다시 시작하다

◉ 359에서 비슷한 상황에 쓰는 다양한 표현을 참조하세요.

누구 의견 있나요?
Any thoughts?

Carl?
Carl? ▸

◂사람을 보면서 이름을
부르는 것도 의견을 요청하는
방법이다.

이 건에 대해 의견 좀 들어봅시다.
Let's get some opinions on this.

그가 말한 부분에 대해 어떻게 생각하세요?
What do you think about what he said?

당신 의견으로는, 그들의 계획에 응하는 것이 좋다고 봅니까?
In your opinion, should we agree to go with their plan?

그녀의 제안에 대해 어떻게 생각하나요?
What's your opinion on her proposal?

Joe, 이 부분에 대해 할 말 있나요?
Joe, any comments on this?

■ comment
의견, 논평, 소감

다른 분은요?
Anyone else?

다들 동의합니까?
Does everyone agree?

추가하고 싶은 말 있는 분?
Anyone want to add to that?
Does anyone want to add to that? [UK]

Ted, 뭐 말하고 싶은 게 있나 본데요.
Ted, **you look like you want to say something.**

Helen, 고개를 흔들고 있네요.

Helen, You're shaking your head. ▸

◂ 회의 중에 상대방이
부정적인 제스처를 취할 때
이견이 있는지 돌려 묻는
표현이다.

의견 제시 시작하기

◉ 구체적인 의견을 말하기에 앞서 말문을 열 때 할 수 있는 표현입니다. 여기 나온 표현을
여러 번 소리내어 입에 붙이세요. 여러 상황에서 요긴하게 쓸 수 있습니다.

딱 하나 있어요.

I just have one.

두 가지 말씀드릴게요.

Two things. [INF]

간단히 한 말씀 드릴게요.

A brief comment. [INF]

의견이 몇 개 있습니다.

I have a few comments.

한마디 덧붙이고 싶습니다.

I'd like to add something.

한마디 해도 될까요?

Can I say something?

전 이렇게 생각합니다.

Here's what I think.

이렇게 하는 게 어떨까 합니다.

This is what I'm thinking.

◉ 360, 361, 362, 394에서 비슷한 상황에 쓰는 다양한 표현을 참조하세요.

더 밀어붙**입시다.**

I say we push harder.

제 생각으로는 Zach의 말이 일리가 있습니다.

I think Zach **has a point.**

제 의견으로는, 그들은 아마 수락할 겁니다.

In my opinion, they'll probably accept it.

그건 이 시점에서는 별로 좋은 생각이 아닌 것 같습니다.

I would say that's **not really a good idea at this point.**

그가 부산으로 전임하는 걸 허락하는 쪽이 더 좋을 거라고 생각합니다.

I feel that it's better if we let him transfer to Busan.

세 **번째 옵션을 선택해야 합니다.**

We should choose the third **option.**

제가 보기에는, 그건 완전히 비현실적입니다.

As I see it, that is utterly **unrealistic.**

그쪽 CEO가 다른 공급업체와 만나고 있**을 가능성이 있습니다.**

It's possible that their CEO is talking to another supplier.

제 짐작으로는 TCM사는 그것게 관여하고 싶지 않**을 겁니다.**

My guess is that TCM wants nothing to do with that.

제가 보기엔, 날짜를 바꾸는 것은 실수입니다.

To me, moving the date **is a mistake.** ▸

◂ 회의상황에서 자신의 의견을 말할 때 짧게 To me,라고 시작하는 것도 간결하고 자연스럽다.

솔직히 말해서, 그들은 우리의 명성을 더럽히고 있습니다.

Frankly, they are ruining our reputation. ▸

◂ 많이들 알고 있는 frankly speaking은 뭔가를 폭로하는 듯한 과한 표현이 될 수 있다. 대신 frankly로 시작하자.

분명한 건, 즉시 회의를 요청해야 한다는 겁니다.

Clearly, we ought to request a meeting **immediately.**
Clearly, we should request a meeting **immediately.** [UK]

명쾌한 해결책은 없을 것 같습니다.

I'm not sure that there is a clear-cut solution.

그쪽 팀에 있는 누군가와 논의하는 것이 좋을 듯합니다.

It may be a good idea to talk to someone in their team.

사람들이 더 필요할 수 있다는 생각이 듭니다.

I tend to think that we might need more people.

분명한 건 아무도 만족스러워하지 않는다는 겁니다.

Obviously, no one's happy.

그러니 우리가 그 아이디어를 제안하는 것이 타당합니다.

So it makes sense for us to present that idea.

그렇다면 Jones & Hart사가 거절하리라는 것이 당연하지 않습니까?

Then doesn't it stand to reason that Jones & Hart will say no?

■ it stands to reason (...라는 것이) 분명하다 [당연하다]

논리적으로 보면, 그 일은 잘 될 겁니다.

Logically it would work.

■ logically 논리적으로

이론상, 지금이 적절한 시기입니다.

Theoretically, this is the right time.

■ theoretically 이론적으로

● 390에서 비슷한 상황에 쓰는 다양한 표현을 참조하세요.

그냥 거절하면 어떨까요?

What if we just say no?

시카고가 더 나을 수도 있어요.

Chicago **might be better.**

Tanya Herring은 어때요?

What about Tanya Herring?

이건 어떻게 생각하세요?

What do you think about this?

제게 다른 생각이 있습니다.

I have a different idea.

기한 연장을 요청하는 것이 어떻겠습니까?

How about asking for a time extension?　　　　　■ time extention 기한 연장

더 나은 거래를 제시할 수 있습니다. (더 낮은 가격을 제시하는 게 좋을 듯합니다.)

We could offer a better deal.

기차를 이용하는 것이 더 좋은 옵션입니다.

Taking the train **is a better option.**

그냥 우리 모두 다 가면 안 될까요?

Couldn't we just all go?

Couldn't we all **just** go? [UK]

◀ 대체표현
조건에 합의하면
accept the terms
외부 업체에 맡기면
outsource it

기다리기보다는, 지금 당장 그녀를 불러들이는 것이 어떻겠습니까?

Rather than wait, **why don't we** call her in right now?

그 프로젝트를 나중에 시작할 것을 제안합니다.

I suggest that we start the project later.

◉ 371에서 비슷한 상황에 쓰는 다양한 표현을 참조하세요.

전 그렇게 하는 게 좋을 것 같습니다.

I say we go for it.

좋은 결정입니다.

That's a good call.

■ good call 좋은 결정, 생각

좋은 계획인 것 같습니다.

That sounds like a good plan.

동의합니다.

I agree with you.

그건 당신 말이 맞아요.

You're right about that.

물론이죠.

Absolutely.

전적으로 동의합니다.

I couldn't agree more.

네, 저도 그렇게 생각합니다.

Yes, I think so, too.

당신 말이 일리가 있습니다.

You have a good point.

나쁘지 않은 생각입니다.

That's not a bad idea.

그 항목을 추가하는 것은 **좋은 생각입니다.**

Adding that item **is a good idea.**

저와 당신은 같은 의견인 것 같습니다.

I think you and I are on the same page.

■ on the same page
(같은 목표를 위해) 서로
협력하여, 생각이 같은

당신 아이디어로 진행합시다.

Let's go with your idea.

찬성합니다.

I'm in favor.

■ be in favor of
something (계획·생각 등)을
지지하다, 찬성하다

반대하기 270

◉ 374에서 비슷한 상황에 쓰는 다양한 표현을 참조하세요.

그건 안 좋은 생각입니다.

That's a bad idea.

안돼요.

No way.

그건 좋지 않은 방법이에요.

Not a good move.

■ move 방법, 조치

제 생각은 다릅니다.

I don't think so.

그건 효과가 없을 겁니다.

That wouldn't work.

그게 맞는다고 생각하지 않습니다. (그렇지 않다고 봅니다.)

I'm not sure that's true.

동의하지 않습니다.

I don't agree.

중국이 더 논리**적인 선택**이라고 생각 안 하세요?

Don't you think China is a more logical choice?

당신 말이 일리는 있지만, 우리가 잊고 있는 것이 있습니다.

You have a point, but we are forgetting something here.

전적으로 반대합니다.

I totally disagree.

그것은 필요없다고 생각합니다.

I don't think that **is necessary.**

그렇게 하지 맙시다.

Let's not do that. ▸

◂ let's do의 부정문, '하지 말자'는 let's not do이다.

질문하기   271

왜 그렇죠?

Why is that?

고객이 어떤 종류의 재료를 구입하고 싶어하나요?

What kind of materials **does** the client **want to buy?**

그들이 어디서 만나고 싶어합니까?

Where do they **want to meet?**

누구에 관해 얘기하는 겁니까?

Who are you talking about?

Larry가 런던을 언제 방문하기로 돼있죠?

When is Larry scheduled to visit London?

Thompson이 그들을 어떤 식으로 납득시킬 건가요?

How is Thompson **going to** convince them?

■ convince
~을 확신시키다, 납득시키다

법무팀이 그것에 동의할 것 같습니까?

Would that be okay with the legal department?

그게 그들의 최종 제안입니까?

Is that their final offer?

우리가 일정보다 빠르**다**는 걸 그쪽 이사**가** 알고 있습니까?

Does their director **know** we are moving ahead of schedule?

■ a head of
~보다 앞서서, ~보다 진보하여

뭐 하나를 명확히 말해줄 수 있는지요?

Could you clarify something for me?

확인하기 `272`

하신 말씀을 제가 제대로 이해했다면, 클레임이 없다는 거군요.

If I understood you correctly, there is no claim.

시공사가 기간 연장을 원**한**다는 건가요?

Am I to understand that the contractor wants an extension?

가지 않았**다**는 말씀인가요?

Are you saying you didn't go?

그래서 물어봤**나요**?

So you did ask?

방금 Colors Korea사라고 했**나요**?

Did you just say Colors Korea?

중요한 사항 강조하기 `273`

이건 중요한 **사항입니다.**

This is an important **point.**

확실하게 말씀드리고 싶습니다.

I want to make something clear.

■ make ... clear
~을 분명히[명쾌히] 하다

311

일정 맞추기의 중요성은 아무리 강조해도 지나치지 않을 겁니다.

I can't exaggerate the importance of staying on schedule.

■ exaggerate
과장하다, 부풀려 말하다

제가 다음 주까지 보고서를 끝낼 수 있**는지 물어보시는 겁니까?**

Are you asking if I can finish the report by next week**?**

저희 팀 **말입니까?**

Do you mean our team**?**

더 구체적으로 말씀해주시겠어요?

Could you be more specific?

■ specific
구체적인, 명확한, 분명한

질문을 다시 한번 해주시겠습니까?

Can you repeat your question?

그게 무슨 뜻입니까?

How do you mean?

네, 그렇게 할 수 있습니다.

Yes, I can do that.

아닙니다, Aaron은 내일 방문**하기를 원합니다.**

No, Aaron **wants to** come in tomorrow.

그렇게 들었어요.

That is what I heard.

그런 것 같습니다.

I believe so.

그럼요, 할 수 있어요.

Sure, we can.

장담할 수는 없지만, 그는 그럴 용의가 있**다고 믿습니다.**

I can't vouch for this, but I believe he would be willing to do that.

■ vouch for ...
(물건·사실 등)을 보증하다

CEO가 가기로 **결정했습니다.**

The CEO **has decided to go.**

공장에서 문제가 좀 있었습니다.

There were some problems at the factory.

답변 확인하기   276

그것이 알고 싶었던 것 맞죠?

That's what you wanted to know, correct?

질문에 답변이 됐습니까?

Does that answer your question?

제 답변을 이해하셨습니까?

Did you understand my answer?

그걸 물어봤던 겁니까?

Was that what you were asking?

답변 피하기   277

그것에 대해 제가 답변하기는 힘들 것 같습니다.

I'm not sure if I can answer that.

죄송하지만, 그것에 대해 전혀 모르겠습니다.

I'm sorry, but I don't have any ideas about that.

저는 그에 관해 답변할 자격이 없습니다.

I am not qualified to answer that.

■ qualified to do ...
~할 만한 자질을 갖춘

유감이지만 그건 기밀입니다.

I'm afraid that's classified.

■ classified
(문서·정보 등이) 기밀의

전 그 질문에 답변을 못하게 되어있습니다.

Sorry, I'm not allowed to answer that question.

발언권 넘기기　　278

Noah가 뭔가 말할 게 있는 것 같습니다.

I think Noah wants to say something.

자, Karl에게 발언권을 넘기겠습니다.

Okay, let me turn over the floor to Karl.

■ turn over the floor
발언권을 넘기다

이제 Pat이 이번 분기 매출에 대해 말할 차례입니다.

Now, it's Pat's turn to tell us about this quarter's sales.

■ quarter (결산 등의) 분기,
사분기. 1년을 넷으로 나눈
3개월을 뜻한다.

시작하세요, Paul.

Go ahead, Paul.

다음은 Karen의 보고입니다.

Next, we have Karen's report.

TIPS & MORE　**클레임, 컴플레인**

컴플레인은 명사 complaint의 정의 그대로 '불평, 항의'를 의미합니다. 컴플레인은 말로 할 수 있고 글로 쓰기도 합니다. 클레임(claim)은 정식으로 손해배상을 청구하는 것입니다. 무역 거래에서 흔히 계약 위반이나 다른 손해에 대해 클레임을 걸지요.

논쟁을 조정할 때

긍정적인 요소 강조하기 279

이제 날짜에 대해서만 동의하면 됩니다.

All we have to do now is agree on the date.

아무튼, 이번 제안을 수용해야 한다는 데는 모두 동의하잖아요.

At least everyone agrees that we should accept the offer.

■ at least
(좋지 않은 상황이기는 하지만)
적어도, 그나마

이 자리에서는 진전이 있었습니다.

We've made progress here.

■ make progress
진전하다, 발전하다

자, 둘 다 좋은 지적을 해줬어요.

Okay, both of you have a good point. ▸

◂ a good point는 '좋은 지적
[질문]'이라는 뜻으로, 특히 생각
하지 못했던 부분을 지적하거나
대답하기 힘든 질문을 했을 때
등에 쓸 수 있는 표현이다.

그게 좋은 아이디어라는 건 아무도 부정할 수 없습니다.

No one can deny that's a good idea.

■ deny 부정하다

우린 목표에 접근하고 있어요.

We're getting there.

문제점 지목하기 280

모두 다 동시에 말하고 있네요.

We're all talking at once.

각자가 다 다른 각도에서 이걸 보고 있는 것이 문제입니다.

The problem is we're all looking at this from different angles.

■ angle 각도, 관점

일정이 가장 큰 장애물인 것 같습니다.

I think the schedule **is the main obstacle.**

■ obstacle 장애물

의견 차이를 극복합시다.

Let's get over our differences.

■ get over 극복하다

여러분, 문제는 바깥에 있습니다.

The problem is out there, folks. ▸

◀ folks는 구어체로
'여러분'이라고 친근하게
부르는 호칭이다. 항상
복수형으로 쓴다.

문제점 논의하기

281

왜 그렇게 느끼시는 거죠?

Why do you feel that way?

당신이 반대하는 가장 큰 이유는 무엇입니까?

What is your main objection?

■ objection
반대(하는 이유), 이의

이 쟁점에 대해 무엇이 거슬리는지 말해주시겠습니까?

Can you tell us what's bothering you about this issue?

■ bother (사람)을
걱정시키다, 신경 쓰게 하다

뭐가 문제입니까?

What's the problem?

걱정되는 부분을 구체적으로 말해보세요.

Please be specific about what bothers you.

■ be specific
구체적으로 말하다

왜 이걸 그렇게 반대하시나요?

Why are you so against this?

그게 왜 쟁점이 되나요?

How's that an issue?

해결책 말하기

282

이건 어때요?

How about this?

이렇게 합시다.

Let's do this.

이것을 어떤 식으로 해결할까요?

How could we resolve this?

■ resolve (문제·곤란 등)을 해결하다, 해소하다, (사태)를 수습하다

그럼 그냥 프로젝트를 연기하면 어떨까요?

What if we just delayed the project then?

해결책을 제시하고 싶습니다.

I'd like to propose a solution.

■ propose 제시하다

이것을 다른 식으로 접근해봅시다.

Let's approach this in a different way.

■ approach 접근하다

여기서 타협을 하는 것이 어떻겠습니까?

Why don't we compromise here?

■ compromise 타협하다, 서로 양보하다

논의 연기하기 **283**

◉ 292, 301, 335, 379에서 비슷한 상황에 쓰는 다양한 표현을 참조하세요.

다음 주에 논의하는 것이 더 좋을 것 같습니다.

It might be better if we talked about it next week.

나중에 다시 얘기하는 것이 어떨까요?

Why don't we come back to this later?

이 문제는 내일로 미뤄도 될까요?

Could we move this issue to tomorrow?

이건 나중에 다시 논의합시다.

Let's table it. ▸

◀ table을 동사로 쓸 때는 미국과 영국에서의 쓰임이 다르다. 미국에서는 '(법안·제안 등)의 심의를 보류하다, 연기하다'라는 의미로 쓰고, 영국에서는 '(의안 등)을 상정하다, 제출하다'라는 의미다. 여기에서는 전자의 의미로 쓰고 있다.

이 건은 스태프에 관해 얘기한 후에 논의해야 하는 게 좋을 듯합니다.

Maybe we should discuss this after we talk about the staff.

그건 나중에 논의하겠습니다.

We'll get to that another time.

무슨 생각을 하고 있는지 이해가 잘 갑니다.

I can certainly appreciate where you're coming from.

왜 Joe의 제안을 수용하고 싶지 않은지 압니다.

I can see why you don't want to accept Joe's suggestion.

그래요, 이해합니다.

All right, I get that.

당신 입장 충분히 이해합니다.

I fully understand where you're coming from.

자, 협조해주세요.

Come on, work with me.

계속하지요? (계속해도 될까요?)

Can we continue?

다들 화 풀었나요? (다들 화풀이 하는 것 끝났나요?)

Is everyone done venting?

■ be done venting
걱정을 해소하다, 풀다

모두 협조 부탁할게요.

I'd appreciate everyone's cooperation.

■ cooperation 협조

모두들 흥분을 가라앉히기 바랍니다.

I ask that we all calm down.

■ calm down 진정하다

토론으로 돌아갑시다.

Please, let's get back to the discussion.

회의 진행할 때

질문받기　286

Steve에게 질문 있습니까?
Are there any questions for Steve?

의견이나 질문 있습니까?
Any comments or questions?

이 시점에서 의견 있는 분?
Does anyone have any comments so far?

■ so far 지금까지(는)

발언 의미 확인하기　287

그럼 우리가 계약서를 따낼 거란 말인가요?
So you're saying that we will get the contract?

고객이 모른다는 겁니까?
You mean the client doesn't know?

그럼 우리가 너무 천천히 움직인다고 생각하는 겁니까?
Then you think we are moving too slow?

지연되고 있다는 건가요?
Are you telling us there's a delay?

주제와 다른 내용 언급하기　288

주제를 벗어난 얘기지만, 반응은 긍정적이었습니다.
On a side note, the response was positive.

잠시 주제와 다른 얘기를 해볼게요.

Let me digress for a moment.

■ digress
(주제·본론에서) 벗어나다

이건 주제에서 조금 벗어나는 겁니다만, 누가 전화로 그 소식을 전해왔습니까?

This is a little off-topic, but who called you with the news?

■ off-topic 주제에서 벗어난

주제에서 벗어났다고 지적하기   289

저기, 주제에서 벗어나고 있습니다.

Look, you're digressing.

그건 주제와 관계없는 일입니다.

That's not relevant to the topic.

■ relevant
(특정 상황과) 무관한, (특정 상황에서) 중요하지 않은

그건 지금 우리가 논의하는 것과 아무 상관도 없는 일이잖아요.

That's got nothing to do with what we're talking about here.

■ have/got nothing to do with ~와 상관없다

완전히 **옆길로 새고** 있습니다.

You're getting way **off track.**

■ off track 잘못된 방향으로, (비유적으로) 궤도를 벗어나

James, 우린 소송에 관해 논의하고 있는 게 아니에요.

James, we're not talking about the lawsuit.

■ lawsuit 소송

이건 소용없는 일입니다.

This is pointless.

■ pointless 무의미한, 아무 이유 없는, 무작정 하는

조금 딴 길로 새고 있습니다.

We're getting a little sidetracked here.

■ get sidetracked
(이야기하던 중에) 주제에서 벗어나다, 옆길로 새다

Ben, 지금 옆길로 새고 있어요.

You're going off on a tangent there, Ben.

■ go off on a tangent 갑자기 옆길로 새다

그건 안건에 없습니다.

That's not on the agenda.

◉ 363에서 비슷한 상황에 쓰는 다양한 표현을 참조하세요.

계속 베트남에 대해 논의할 수 있을까요?

Can we just continue discussing Vietnam?

주제에 집중 좀 할까요?

Focus on the topic, please?

■ focus 집중하다

주제를 벗어나지 맙시다.

Let's stay on topic.

■ stay 머무르다, 유지하다

주제에 충실합시다.

We should stick to the agenda.

■ stick 달라붙다

주제로 돌아오죠, 여러분.

Back to the topic, everybody.

안건으로 돌아갈까요?

Can we get back to the agenda?

디트로이트 공장에 대한 논의를 꼭 끝내야 합니다.

We really need to finish talking about the Detroit plant.
We really need to finish talking about the Detroit factory. [UK]

자, 이제 그건 됐고요.

Okay, enough about that.

자, 현재 논의 중인 쟁점으로 돌아갑니다.

Now, back to the issue at hand.

그건 나중에 다룹시다.

Let's deal with that later.

Brian이 마친 **후** 다시 그 문제를 다룹시다.

We can come back to it after Brian is finished.

그건 나중에 논의합시다.

Why don't we talk about that at another time?

그건 일단 제쳐놓읍시다.

We'll set that aside for now.

■ set ... aside
제쳐두다, 치워두다
■ for now 우선은, 당분간은

그것에 대한 논의는 끝났습니다.

We're done with that discussion.

이미 논의했잖아요.

We talked about that already.

벌써 끝난 얘기 다시 끄집어내지 맙시다.

Let's not beat a dead horse. ▸

◂ beat a dead horse는
이미 죽은 말을 채찍질 해봤자
아무 소용없다는 데서 유래된
표현이다.

아까 논의했듯이, 그건 CEO가 결정할 겁니다.

As we discussed earlier, that is up to the CEO.

자, 다음으로 넘어갑시다.

Okay, we need to move on.

시간이 좀 모자랍니다.

We're a bit short on time.
We're a bit short of time. [UK]

5시까지 마쳐야 합니다.

We have to be done by five.

계속합시다.

Let's move it along.

■ move ... along (과정·
이야기·상황 등)을 진척시키다

시간이 많지 않습니다.

We don't have a lot of time.

결정 확인하기   **295**

그럼 결정한 겁니다.

That's decided then.

좋습니다, 그럼 우리 모두 동의한 겁니다.

All right, we are in agreement then.

■ agreement
협정, 계약, (개인 간의) 약속

그러니까 모두 다 이 결정에 대해 괜찮은 거죠?

So everyone's okay with the decision?

다음 주제 소개하기   **296**

다음으로, 스케줄에 대해 논의합시다.

Next, let's talk about the schedule.

다음 안건으로 넘어갑시다.

Let's go on to the next item.

자, 다음 안건은 자동차입니다.

Okay, the next item is automobiles.
Okay, the next item is cars. [UK]

발언 중에 끼어들 때

끼어드는 말하기

297

한마디만 해도 될까요?
A comment? [INF]

죄송한데, 한마디 해도 될까요?
Sorry, but can I say something?

잠깐 끼어들어도 돼요?
Mind if I interject? [INF]

■ interject
불쑥 끼워 넣다, 말참견하다

한마디 덧붙여도 될까요?
Can I just add something?

■ add ~을 덧붙여 말하다

끼어들어서 미안한데, 뭐 하나 물어봐도 될까요?
I hate to interrupt, but can I ask a question?

실례지만, '심각하다'니 무슨 말이에요?
Excuse me, what do you mean by "serious?"

잠깐, 그게 무슨 뜻입니까?
Wait, what do you mean by that?

진행자로서 개입하기

298

아, 한가지만 말씀드릴게요.
Ah, one thing.

잠깐만요.
Hold on.

Carol, 잠깐 끼어들게요.
I'm going to interrupt you there, Carol.

유감이지만, 다음으로 넘어가야 합니다.
Sorry, but we need to move on.

Kyle, 됐습니다. 의견은 충분히 전달한 것 같습니다.
Thank you, Kyle. I think you made your point.

■ make one's point
자신의 의견을 전달하다
(설명하다)

299

발언 허용하기

말해보세요, Wallis 씨.
Go ahead, Mr. Wallis.

그럼요.
Of course.

네, 하세요.
Yes, please.

그래.
Yeah. [INF]

그럼요.
Sure.

좋아요.
Okay.

얼마든지요.
By all means.

좋아요.
All right.

음.
Uh-huh.

300

끼어들기 거절하기

제가 하던 말을 끝내고 싶네요.
I'd like to finish what I was saying.

하던 말 마저 해도 되나요?
Can I finish?

제 말 끝내고 답변하면 안 될까요?

Can I answer that after I'm done?

Can I answer that after I'm finished? [UK]

하던 말 끝내고요.

Let me finish.

제가 하던 말 마무리하겠습니다.

Why don't I finish what I was saying?

■ why don't I...
제가 ~하는 게 어떨까요?

계속해도 되겠습니까?

May I continue?

아직 안 끝났습니다.

I'm not done here.

잠깐만요.

Wait, please.

잠깐만요. 거의 끝났습니다.

Hold on. I'm almost done.

제 말 끝까지 들어주시겠어요?

Hear me out, please?

■ hear ... out
~의 말을 끝까지 듣다

괜찮으시다면 제가 하던 말을 마무리했으면 합니다.

I'd like to finish what I was saying if you don't mind.

제 말 끝내고 답변을 하면 안 될까요?

Can I answer that after I'm done?

답변할 때

미루기 301

◉ 283, 292, 335에서 비슷한 상황에 쓰는 다양한 표현을 참조하세요.

그건 나중에 다룹시다.
Let's deal with that later.

나중에 다시 다루겠습니다.
I will come back to that later.

그건 금방 다룰 겁니다.
I'm getting to that.

그건 나중에 다시 얘기합시다.
Let's come back to that later.

진행자가 중재하기 302

John의 의견을 고려해보는 게 좋을 것 같습니다.
I think we should think about the point John's made.

네, 이것에 대해 좀 더 논의해봅시다.
Yes, let's talk more about this.

Perry가 한 말에 일리가 있습니다.
Perry has a point.

의견 덧붙이기 303

Pat의 말이 옳은데, 저도 제안할 게 있습니다.
Pat's right, and I also have a suggestion.

하나 추가해도 될까요?

Can I add something? ▸

◂ 끼어들 면서 이런 말을 할 때는 거만한 뉘앙스를 줄 수 있으니 어조에 신경쓰자.

그것에 대한 부연 설명을 하고 싶군요.

I want to expand on that.

■ expand on/upon
~에 대해 부연 설명하다

자세한 설명 요청하기   **304**

더 구체적으로 말해보시겠습니까?

Can you be more specific?

그 프로젝트에 대해 더 세부적으로 말해주시겠어요?

Do you mind giving us more detail about that project?

더 자세히 말해보세요.

Please elaborate on that.

■ elaborate on
~에 대해 상세히 말하다

초점 전환하기   **305**

하지만 이건 다른 각도로 보는 것이 좋습니다.

But we should look at this in a different way.

그건 전혀 없었던 일이기 때문에 사실이 아닙니다.

That's not true, because the incident never
happened.

■ incident 일, 사건

반대하기   **306**

사실, 일이 그런 식으로 벌어지지 않았습니다.

Actually, that's not how it happened.

그건 사실이 아닌 것 같습니다.

I don't think that's true.

전 그렇게 생각하지 않습니다.

I don't see it that way.

그렇게 생각하지 않습니다.

I don't think so.

그건 솔직히 사실이 아닙니다.

That's not really true.

전 그렇게 생각하지 않습니다.

I don't see it that way.

무관하다고 답변하기 307

그게 제가 말하는 것과 관계가 없는 것 같은데요.

I'm not sure that's relevant to what I'm saying.

사실, 그건 프로젝트와는 무관한 듯싶습니다.

Actually, I don't think that's related to the project.

긍정적으로 답변하기 308

흠, 그렇죠, 전 그런 뜻입니다.

Well, yes, that's what I mean.

맞습니다, 그건 중요한 문제입니다.

That's right, it is an important issue.

네, 딱 맞습니다.

Yes, exactly.

그건 좋은 생각이 아닌 것 같습니다.
I don't think that's a good idea.

동의할 수 없습니다.
I can't agree with you.

무슨 말인지 모르겠네요.
You lost me.
You've lost me. [UK]

이해를 못 했어요.
I don't get it.

이해가 안 가요.
I don't understand.

좀 혼란스럽네요.
I'm a little confused.

'비협조적'이란 게 무슨 뜻이죠?
What do you mean by "uncooperative?"

다시 한번 말씀해보시겠어요?
Can you go over that again one more time?

그게 프로젝트와 무슨 상관이죠?
What does that have to with the project?

다시 말씀해주시겠어요?
Come again?

죄송한데, 질문이 뭐죠?
Sorry, what's the question?

말씀하시려는 게 무엇인지…?
You're referring to…?

그걸 물어보시는 건가요?
Is that what you're asking?

누가 그 정보를 제게 줬는지 **알고 싶으신 건가요?**
You want to know who gave me the information?

제가 동의하는**지 물어보시는 겁니까?**
Are you asking me if I agree?

◀ 대체표현
제 생각이 바뀌었는
I changed my mind
여전히 그 생각인
I still believe that

아니요, 지연에 관해 물어보는 겁니다.
No, I'm asking about the delay.

그 일이 언제로 예정**되어 있는지 알고 싶은 겁니다.**
What I wanted to know was when that's supposed to happen.

사실은, Ace사의 최종 결산에 미칠 영향**이 궁금했습니다.**
Actually, I was curious about the impact on Ace's bottom line.

■ bottom line
최종 결산, 순이익

바꿔 말해보죠.
Let me rephrase that.

■ rephrase ~을 고쳐 말하다

UNIT 18

회의 휴식 및 마무리
Taking Breaks & Closing Meetings

긴 회의를 진행할 경우에는 일반적으로 회의 중에 짧은 휴식 시간을 갖습니다. 회의 마무리 단계에서는 추가 안건이 있는지 확인하고 목적을 다시 언급한 후 결정사항을 요약하고 재확인합니다.

3분
저자 직강
18

매일 입에 달고 사는 비즈니스 영어 일상 패턴

Unit 18에 나오는 표현 중에서 비즈니스 상황에서 가장 많이 쓰는 패턴을 뽑았습니다. 생각 없이 바로 튀어 나오도록 입에 붙이세요. QR코드를 찍어서 케빈경 선생님의 심플한 해설을 들어보세요.

휴식이나 식사 시간 공지할 때

휴식시간 요청하기 `314`

휴식시간 가져도 될까요?

Would it be all right we had a break?
Would it be all right if we have a break? [UK]

잠깐 좀 쉴까요?

Can we take a break?

■ take a break
휴식시간을 갖다

휴식시간 어때요?

A break? [INF]

휴식할 시간 아닌가요?

Isn't it time for a break?

휴식시간 공지하기 `315`

◉ 378에서 비슷한 상황에 쓰는 다양한 표현을 참조하세요.

잠깐 휴식을 취합시다.

Let's take a quick break.

5분 휴식합시다.

Why don't we take five? ▶

◀ minutes가 생략된 표현
이다. 회의 중 휴식시간은 주로
분 단위이기 때문에 이렇게
말해도 5분이라고 알 수 있다.

자, 좀 쉬어야 될 것 같네요.

Okay, we need a break.

좀 쉴까요?

Do you want a break?

좀 쉬면서 커피 좀 마십시다. (차 한 잔 합시다.)

Let's break for coffee.

지금 휴식하는 게 좋을 것 같습니다.

Now might be a good time for a break.

20분 어때요?

How does 20 minutes sound?

■ sound
(음성, 소리가) ~하게 들리다

휴식시간을 30분 갖는 게 좋을 것 같군요.

I think taking a 30-minute break would be a good idea.

10분만 합시다.

Let's keep it to 10 minutes.

◀ keep it to는 '~으로 한정하다'라는 뜻이다. 비슷한 의미로 limit it to라고 할 수 있다. it은 상황에 따라 쉬는 시간이 될 수도 있고 다른 활동이 될 수도 있다.

11시까지 돌아오세요.

Please be back by 11.

2시에 다시 모이겠습니다.

We'll reconvene at two.

■ reconvene (회의, 재판 등이) 속개되다, 재소집되다

TIPS & MORE '커피 한 잔 합시다'

'커피 마시는 시간'을 흔히 말하는 '커피타임'이라고 생각하고, Let's have coffee time이나 It's coffee time이라고 쓰는 것을 종종 봅니다. 이 표현은 원어민에게는 콩글리시로 들리는 어색한 표현입니다. Let's have coffee나 It's time for some coffee라고 하는 게 좋습니다.

휴식시간 미루기　**316**

거의 다 끝났어요.

We're almost done actually.

아직은 휴식이 필요한 것 같지 않네요.

I don't think we need a break just yet.

■ just yet 아직은

먼저 논의부터 마칩시다.

Let's finish the discussion first.

점심 시간도 다 됐으니, 계속합시다.

It's almost time for lunch, **so let's keep going.**

3시에 휴식을 취하죠.

We can take a break at three.

다과·음료 권하기

◉ 242에서 비슷한 상황에 쓰는 다양한 표현을 참조하세요.

뒤에 다과가 있습니다.

There are refreshments in the back.

리필 원하는 분 있나요?

Anyone want a refill? ▸
Does anyone want a refill? [UK]

◂ refill은 동사로 '잔이나 그릇 등을 다시 채우다'라는 뜻이다. 명사로 쓸 수 있으며, '같은 종류의 술이나 음료수로 다시 채운 것'을 말한다.

커피 더 가져오고 있습니다.

There's more coffee **coming.**

냉수기 근처에 **자판기가 있습니다.**

There's a vending machine by the water cooler.

커피를 원하면 저기 미정씨**에게 물어보세요.**

If you want coffee, ask Mi-jeong over there.

아직 도넛과 컵케이크가 좀 남았어요.

We still have some donuts and cupcakes **left.**

뒤에 음료와 가벼운 간식이 좀 있습니다.

We have some drinks and light snacks **in** the back.

자, 회의를 계속하죠.

Okay, let's continue the meeting.

돌아오신 걸 환영합니다.

Welcome back.

다 자리에 앉아주세요.

Let's get everyone seated.

시작해야 하니까, 앉아주시길 바랍니다.

Take your seats, please, so we can start.

점심 식사하러 갑시다.

Let's go to lunch.

저녁 식사 시간입니다.

It's time for dinner.

점심 휴식시간을 갖죠.

Why don't we break for lunch?

오후 2시까지 여기로 다시 오세요.

Please be back here by 2 p.m.

늦었으니, 뭐라도 먹으러 가는 게 좋을 것 같습니다.

It's late, so maybe we should go grab something to eat.

■ grab ... to eat
(간단히) 요기하다

밴이 우릴 태우러 올 겁니다.

A van **will pick us up.**

우린 다 전세버스를 탈 겁니다.

We'll all be taking a chartered bus.

■ chartered
(버스·비행기·배 등을) 전세 낸

식당까지는 잠깐만 걸어가면 되는 거리입니다.

It's just a short walk to the restaurant.

그냥 우리 모두 식당에서 만나죠.

Let's just all meet at the restaurant.

우리 다 6시에 빌딩 앞에서 만날까요?

Why don't we all meet in front of the building **at six?**

7시에 Leo's에 저녁 예약이 돼있습니다.

We have a dinner **reservation at** Leo's **at** seven.

점심 **식사는** 길 아래쪽에 있는 Servino's Bisto**에서 할 겁니다.**

We're having lunch **at** Servino's Bistro down the street.

CEO께서 함께하실 겁니다.

The CEO **will be joining us.**

샌드위치를 가지고 올 겁니다.

They'll be serving sandwiches.

결론을 내거나 합의를 끌어낼 때

상황 02

제안하기   321

◉ 384에서 비슷한 상황에 쓰는 다양한 표현을 참조하세요.

저들의 제안을 수용할 것을 권합니다.

I suggest that we accept their offer.

두 명을 보낼 것을 제안합니다.

My suggestion would be to send two people.

할부 방식을 제안하면 되지요.

We could offer an installment plan.

■ installment plan
할부, 할부상환(제)

이렇게 합시다.

Let's do this.

제안요청서를 내보면 어떨까요?

How about if we send out an RFP**?**

■ RFP
= request for proposal
제안요청서

먼저 물어보는 것이 좋겠습니다.

We should ask first.

이렇게 하는 것이 좋다고 생각합니다.

Here's what I think we should do.

대안 제시하기   322

◉ 385에서 비슷한 상황에 쓰는 다양한 표현을 참조하세요.

대안을 제시해도 될까요?

Could I suggest an alternative?
Can I suggest an alternative? [UK]

괜찮은 생각이지만, 그것 대신 일정에 초점을 맞추면 어떨까요?

That's not a bad idea, but what about focusing on the schedule **instead?**

◀ 대체표현
새로운 공급원을 찾으면
finding a new source
인원을 충원하면
adding more people
날짜를 바꾸면
changing the date

버스로 가는 것이 낫다고 생각하지 않으세요?

Don't you think it might be better to take the bus?

전 다른 생각입니다.

I have a different idea.

제안에 반대하기 323

◉ 386에서 비슷한 상황에 쓰는 다양한 표현을 참조하세요.

무슨 말인지는 알겠습니다만, 그건 너무 오래 걸릴 겁니다.

I can see your point, but that would take too long.

저는 그게 잘될 것 같지가 않아요.

I'm not sure that would work.

흠, 사실 동의를 할 수 없습니다.

Well, I really can't agree to that.

문제는 관리자들의 지원이 없다는 것입니다.

My only problem with that is we don't have management support.

■ management (항상 단수로) 경영자, 관리자, 경영진

멋진 생각이지만, 타이밍은 어떻게 합니까?

Great idea, but what do we do about timing?

◉ 388에서 비슷한 상황에 쓰는 다양한 표현을 참조하세요.

좋은 생각입니다.

That's a good idea.

납득이 되네요.

I'm convinced.

■ convince
~을 확신시키다, 납득시키다

동의할 수 있습니다.

I can agree to that.

좋아요.

Great.

네, 괜찮네요.

Sure, why not.

그러죠.

Okay.

그렇게 하죠.

Let's do it.

여기서 타협하는 것이 어떻겠습니까?

Why don't we compromise here?

다른 회사를 선택할 수 있나요?

Could we choose a different firm?

◀ 대체표현
처음부터 다시 시작할
start over from scratch
먼저 웹사이트에 공지를 띄울
**put up a notice on our
website first**

제가 그에게 메모를 보내는 것은 어떻겠습니까?

How about if I send him the memo?

John은 앞부분을 하고 제가 뒷부분을 하면 어떨까요.

John **can** do the first half **and I can** do the second.

우리 타협할까요?

Can we meet halfway? ▸

◀ meet halfway '두 지점
사이의 중간에서 만나다', 즉
'타협하다'라는 뜻이다.

가능하다면 이 문제를 다른 각도로 한번 보**시지요**.

Perhaps you could look at this problem in a different way.

점검은 당신이 하는 **것이 나을 듯합니다**.

It may be better if you did the inspection.

질문을 하나 **해도 되겠습니까?**

May I ask just one question?

다른 접근방법**이 있을 수도 있습니다**.

There might be another approach.

■ approach 접근법, 방법

보고서를 읽으**시면**, 달리 생각**하실 수도 있을 겁니다**.

If you could read the report, **you might** see things differently.

그건 별로 좋지 않은 생각**일 수도 있습니다**.

It might not be such a good idea.

유감이지만 당신 말에 동의할 수 없습니다.

I'm afraid I can't agree with you.

■ agree with ~의 의견에
동의하다, 의견을 지지하다

그건 현명한 판단이 아**닐 수도 있습니다**.

That might not be too smart.

뭐 하나 추가로 말씀드리**도 되는지요?**

If I may add something**?**

그렇게 하는 건 다소 어려울 **수도 있습니다**.

That could prove a little difficult.

■ prove
~을 증명하다, 입증하다

당신이 말하**는 것은** 우리가 논의하는 내용과 다소 무관할 **수도 있습니다**.

What you're saying may be a bit unrelated to our discussions.

■ unrelated to
~와 관련 없는

결정을 보류합시다.

Let's table the decision.

추가 정보를 얻기 전까지 이번 결정을 연기하는 것이 좋을 듯싶습니다.

It might be a good idea to postpone a decision until we have more information.

■ postpone ... until ...
~을 ~까지 연기하다

이 건에 대해선 조금 더 생각해봅시다.

Let's think this through some more.

■ think things through
(결정·판단 이전에) 모든
결과를 고려하다, 여러
가능성을 따져보다

결정하기 전에 이사님의 의견이 필요합니다.

We need the director's input before making a decision.

■ input
(의견·정보 등의) 제공

오늘 결정을 내릴 필요는 없습니다.

We don't have to decide today.

이 건은 후일에 다시 논의하고 싶습니다.

I'd like to come back to this at a later date.

좀 더 생각해보고 내일 결정하죠.

Let's sleep on it.

■ sleep on it
하룻밤 자며 생각해보다

결정합시다.

Let's make a decision.

사실상 이 논의에서 모든 요점이 다 나온 것 같습니다.

I think we've basically covered all points in this discussion.

■ basically 기본적으로,
본질적으로, 사실상

싱가포르에 대해선 그게 답니다.

Okay, that's all on Singapore.

◀ 대체표현
새 지점에서 발생한 문제점
the problems that occured at the new branch
웹사이트 오류
the website glitch
고객 불만사항
customer complaints

이것에 관한 결정을 꼭 내려야 된다고 생각합니다.

I really think we should make a decision on this.

◉ 340에서 비슷한 상황에 쓰는 다양한 표현을 참조하세요.

자, 다들 동의한 것 같습니다.

All right, I think we've all agreed.

그럼 그 단락을 생략하는 것에 대해 모두 동의합니까?

So can we all agree to delete the paragraph?

그럼 다 동의한 거지요?

We're in agreement then?

◀ 대체표현
항목을 수정하는 것
revise the item
고객에게 공지하는 것
notify the client
보도자료를 배포하는 것
send out the press release

투표합시다.

Let's take a vote.

간단히 찬반투표를 합시다.

We'll take a quick vote.

간단하게 손을 들어 표시해주십시오.

Let's see a quick show of hands.

■ show of hands
(찬반을 결정하는) 거수

찬성하시는 분?

For? [INF] ▶

반대하시는 분?

Against? [INF]

◀ For?와 Against?는 내부 회의나 캐주얼한 논의에서 주로 쓴다.

빨간색으로 하는 것에 찬성하는 분들?

All in favor of going with red? ▶

◀ 여러 사안을 놓고 차례로 찬반을 물어볼 때 쓰는 표현이다. 예를 들어 이 다음으로 All in favor of green?이라고 물어볼 수 있다.

기권하시는 분 있나요?

Anyone abstaining?

■ abstain (투표를) 기권하다

찬성하시는 분들, 손들어주세요.

All those in favor, please raise your hands.

■ in favor 찬성하는

찬반투표 발표하기 **331**

찬성 다섯 **명**에 반대 한 **명입니다.**

That's three in favor and one against.

두 **명**이 기권했습니다.

Two **abstained.**

과반수입니다.

That's a majority.

■ majority (항상 단수형으로) (대)다수, 과반수

만장일치입니다.

It's unanimous.

■ unanimous (결정, 표결 등이) 만장일치의

그럼 100% 찬성입니다.

One hundred percent in agreement then.

■ in agreement 의견이 일치하여, 동의하여

결정 내용 확인하기 **332**

자 그럼 태국으로 컨설턴트 세 명을 보내**기로 결정했습니다.**

So then we've decided to send three consultants to Thailand.

그럼 다음 달에 다시 만날 것을 확정합니다.

Let me just confirm then that we'll meet again next month.

그 단락은 생략하는 **것으로 결정했습니다.**

We have decided that the paragraph will be deleted.

◀ 대체표현
그쪽 제안은 수용하지 않는
we're not accepting their offer
창고를 청색으로 다시 칠하는
the warehouse will be repainted in blue

344

결정한 내용은 다음과 같습니다.

Here's what we decided.

자, 다음 건.

Okay, next item.

그럼 그건 됐습니다.

That's that then.

마지막 안건으로 **넘어갑시다.**

Let's now move on to the last item.

■ move on to ... (다른 순서, 주제 등)으로 넘어가다

다음 안건은 배송**입니다.**

The next item is the shipping.

다음 안건으로 넘어가도 되겠습니까?

Can we move on to the next item?

회의 종료 알리기

◉ 045에서 비슷한 상황에 쓰는 다양한 표현을 참조하세요.

자, 3시 5분 전입니다.

Okay, it's five **to** three.

시간이 다 됐습니다.

We're out of time.

■ be out of time
(텔레비전, 라디오, 공식적인
자리에서) 시간이 다 되다

마무리해야 합니다.

We need to wrap it up.

■ wrap it up
마무리 짓다, 끝내다

이게 답니다.

That's everything.

의제에 있는 모든 문제를 논의한 것 같습니다.

I think we've discussed everything on the agenda.

모든 안건을 다룬 것 같습니다.

I believe we've covered everything.

■ cover (연설, 회의 등이) ~을
다루다, 포함하다

자, 다 끝난 것 같군요.

Okay, we're done, I think.

더 논의할 건이 없다면, 여기서 마칩시다.

If there's nothing else to discuss, let's stop right here.

◉ 283, 292, 301에서 비슷한 상황에 쓰는 다양한 표현을 참조하세요.

다음번에 더 자세히 논의합시다.

Let's discuss the details next time.

끝내지 못한 부분은 다음 회의 때 다시 시작하겠습니다.

We'll pick up where we left off at the next meeting.

■ leave off
~ 하는 것을 그만두다

내일 이 부분으로 돌아오면 됩니다.

We can come back to it tomorrow.

뭐 다른 것 있습니까?

Anything else?

추가할 사항이 있는 분 있습니까?

Does anyone have anything else to add?

빠뜨린 것은 없습니까?

Was anything left out? ▸

◂ out을 빼고 Was anything
left?라고만 하면 안 된다.
이렇게 말하면 남은 것(예:
음식)이 있는지 묻는 표현이
된다.

제가 놓친 것 있나요?

Did I miss anything?

오늘 우리는 네 가지를 논의했습니다.

We've discussed four things **today.**

우리의 목적은 다음을 논의하기 위해서였습니다.

Our purpose for the meeting was to discuss the following.

■ the following 아래에
말하는 것, 다음에 나오는 사항

우리의 목적은 다음과 같았습니다.

Here were our objectives.

■ objective 목표, 목적

논의한 점들을 요약합시다.

Let's summarize what we've discussed.

요약하자면, 중국 시장에 대해 Albert로부터 발표를 받았고, 그쪽 컨설턴트를 채용하기로 결정했으며, 홍콩에 대한 논의는 연기**했습니다.**

To sum up, we've heard from Albert regarding the Chinese market, decided to hire a consultant there, and postponed discussions on Hong Kong.

우리가 결정한 사항을 요약하겠습니다.

I will go over our decisions.

■ go over
검토하다, 점검하다

우리가 논의한 것들은 다음과 같습니다.

Here's what we talked about.

날씨 문제에 대해서는 다음 회의에서 다시 논의하기로 결정했습니다.

We've decided to come back to the issue of weather **at** the next meeting.

다음 안건들은 보류했습니다.

We have tabled the following items.

■ table (법안, 제안 등)의
심의를 보류하다[연기하다]

그것에 대해서는 다음 회의 때 논의합니다.

We will discuss that **at** our next meeting.

● 329에서 비슷한 상황에 쓰는 다양한 표현을 참조하세요.

다들 이 부분 괜찮습니까?

Is that okay with everybody?

다 동의합니까?

Everyone agrees?

괜찮죠?

All right? ▸

◀ All right?은 '된 거죠?', '끝난 거죠?'라는 뉘앙스에 가깝고, Are we good?은 '문제 없는 거죠?'라는 뉘앙스다.

다 괜찮은 거죠?

Are we good?

Jisuk Park과 Taeho Lee는 다음 주에 영국**으로 출장 갑니다.**

Jisuk Park and Taeho Lee will travel to England next week.

다음 회의 전에 Jerry가 LA 지사와 새로운 고객에 대해 논의**할 겁니다.**

Jerry will talk to our office in L. A. about the new client before the next meeting.

조사 업무**는** Dan Han**이 담당합니다.**

Dan Han is responsible for the research.

■ be responsible for (관리, 수행 등의) 책임을 맡고 있다, 담당하고 있다

Mike, 여기 모든 사람에게 보고서를 **이메일로 보내주시겠어요?**

Mike, could you email the report to everyone here?

Cindy가 Miller Mall 계약서**에 대한 후속조치를 취하는 게 좋겠습니다.**

I think Cindy should do the follow up on the Miller Mall contract.

■ follow up 후속조치

Jon, 일정 짜는 일 **처리해주시겠어요?**

Jon, **why don't you take care of** the scheduling?

Ken, 그 마감 기한 **괜찮은가요?**

Ken, **you're okay with** the deadline?

Aaron, 오늘 꼭 그 납품업체에 전화**해줘요.**

Aaron, **make sure you** call that supplier today.

자, 누가 뭐를 할지 결정합시다.

Okay, let's decide who'll do what.

자원하실 분들?

Any volunteers?

회계팀을 도와 주실 분 있나요?

Who's up for helping the accounting team?

제가 할 수 있습니다.

I can do that.

제가 할게요.

I'll do it.

제가 샌프란시스코로 가**겠습니다.**

I'll go to San Francisco.

네, Tom. **고마워요.**

Okay, Tom. Thanks.

◀ 대체표현
뉴욕사무소로 갈
going to the New York office
언론에 대응할
dealing with the press

지금 Anna에게 물어보는 게 어때요?

Maybe you can ask Anna **right now?**

누구 Frank에게 전화해서 알아봐줄래요?

Can someone call Frank **and find out?**

■ find out ~을 알아내다

그에게 전화 한번 걸어봅시다.

Let's try to get him **on the phone.**

그분 휴대폰으로 전화해볼게요.

Let me try him **on his cell.** ▸
Let me try him **on his mobile.** [UK]

◀ '휴대폰으로'는 on
one's cell을 쓴다. "나한테
휴대폰으로 전화해."는 Call
me on my cell.이라고 한다.

밖에 나가서 전화하겠습니다.

I'll just step outside to make the call.

지금 문자 보내고 있습니다.

I'm texting him **now.**

■ text
(휴대전화로) 문자를 보내다

바로 Susan에게 이메일 보낼 수 있어요.

I can email Susan **right now.**

제가 그녀에게 휴식시간에 전화해보면 어떨까요?

Why don't I call her **during the break?**

다음 회의는 7월 2일에 있습니다.

Our next meeting is on July 2.

모두 다음 주에 뵙겠습니다.

I'll see everyone next week.

일정표에 다들 표시해놓으세요.

Mark it on your calendar, everybody.

금요일 오후 2시에 다시 만나겠습니다.

We'll meet again at 2 p.m. on Friday.

일단 잠정적으로 9월 9일로 하죠.

Let's tentatively agree on September 9 **for now.**

■ tentatively
잠정적으로, 임시로

다음 회의 장소 말하기 **345**

그럼 다음 목요일 3시 다시 이 자리에서 뵙죠.

Back here next Thursday **at three then.** [INF]

다음 회의는 더 큰 방을 찾읍시다.

Let's find a larger room **for our next meeting.**

다음 달에는 Max의 사무실로 가는 게 좋을 것 같습니다.

I think we should go to Max's office next month.

◀ 대체표현
5층에 있는 대회의실
**the main conference
room on the fifth floor**
1층 로비에 있는 카페
**the cafe on the first floor
lobby**

어디서 만날지 추천할 분 있나요?

Anyone have any suggestions on where to meet?
Does anyone have any suggestions on where to
meet? [UK]

다음 회의 날짜 확인하기 **346**

언제 다시 만날까요?

When do you want to meet again?

모두에게 좋은 날짜가 언제입니까?

What's a good date for everyone?

다들 그 날짜 괜찮습니까?

Is everyone okay with that date?

Sara, 그날이 그쪽 팀에 편한 날짜인가요?

Sara, **is that a convenient date for** your team?

■ convenient
편리한, 적당한, 편한

그 날짜가 문제 있는 분 또 있나요?
Anyone else have problems with that date?

전 가능합니다.
That works for me.

전 금요일 괜찮아요.
Friday suits me fine.

■ suit ... fine
~에게 괜찮다[좋다]

전 3월 25일 **됩니다.**
I can make March 25. ▸

◂ 동사 make 뒤에 날짜나
요일을 쓰면 '특정 날짜·시간
등에 맞춰 갈 수 있다', '행사
등에 갈 수 있다'는 의미가
된다. 전치사는 필요하지
않다. "금요일엔 안 돼요."라고
할 때는 I can't make
Friday.라고 한다.

◉ 236에서 비슷한 상황에 쓰는 다양한 표현을 참조하세요.

전 그날 안 됩니다.
That's a bad day for me.

전 그날 못 옵니다.
I can't come on that day.

다음 수요일에 전 출장 갑니다.
I'm going on a business trip next Wednesday.

죄송한데, 그 날짜는 안 되겠습니다.
Sorry, that date won't work for me. ▸

◂ work for ...은 '~에게
문제없다[좋다]'라는 의미다.
'8시에 만날까요?'라는 대답에
Works for me.라고 답하면
'좋아요.'라는 의미가 된다.

회의를 마무리할 때

회의 마무리하기

349

이게 다인 것 같습니다.

I think that's all.

그럼 다 끝났습니다.

We're done then.

휴회합니다.

The meeting is adjourned. [FOR]

■ adjourn
휴회하다, 휴정하다

참석에 대해 감사하기

350

모두 참석해주셔서 고마웠습니다.

Thank you all for coming.

오늘 모두 참석해주셔서 아주 좋았습니다.

It was great having you all here today.

오늘 아침 회의에 참석해주셔서 모든 분께 다시 한번 감사드립니다.

Again, I appreciate everyone for participating in the meeting this morning. [FOR]
Again, I appreciate everyone's participation in the meeting this morning. [UK]

회의 평가하기

351

모두 좋은 의견을 주시느라 수고했습니다.

Everyone did a great job contributing.

생산적인 회의였습니다.

I think this was a productive meeting.

■ productive
생산적인, 결실이 많은

예정했던 시간을 넘겨서 미안합니다.

Sorry that the meeting went over schedule.
Sorry that the meeting overran. [UK]

오늘 많은 문제를 논의했습니다.

We covered a lot of ground today.

■ cover a lot of ground
많은 분야를 다루다

오늘 의견 정말 좋았어요, 여러분.

Some great input today, everyone.

■ input
(의견·정보 등의) 제공

다음 회의 기약하기 `352`

다들 다음 주에 **뵙겠습니다**.

See you all next week.

모두 다시 **뵙길 기대합니다**.

I look forward to seeing everyone again.

한 달 후에 모두 **뵙겠습니다**.

I'll see you all in a month.

안전하게 돌아가세요.

Have a safe trip back. ▸

◀ safe trip back은 '안전하게
돌아가다'라는 의미다. 이때
trip은 반드시 여행을 의미하는
것이 아니라, '돌아가는 길'이라
고 할 수 있다.

회의를 종료했을 때

회의에 관해 가볍게 묻기

353

회의 어땠어요?

What did you think about the meeting?

오늘 회의 진행이 어땠어요?

Your thoughts on how the meeting went today? [INF] ▶

◀ What are ~가 생략된
격식없는 표현이다.

회의 괜찮았어요?

Did you like the meeting?

회의에 관해 피드백하기

354

멋진 보고서**였어요**, John.

That was a nice report, John.

아까 절 도와주**셔서 고맙습니다**.

Thanks for coming to my aid earlier. ▶

◀ Thank you for helping
me back there.와 같은
표현이다.

여러 중요한 **점들을 지적해주셨습니다**.

You brought up some important **points.**

■ bring ... up
(의견, 질문 등)을 꺼내다

질문을 다루는 **방식이 마음에 들었습니다**.

I liked the way you handled the questions.

■ handle
~을 다루다, 처리하다

새로운 부산 매장에 대해 조금 더 자세히 설명**했으면 좋지 않았을까
생각했어요**.

I thought maybe you could've given more detail
about the new Busan store. ▶

◀ could have p.p.는 '~할 수
있었는데'라는 뉘앙스를 준다.

회의 진행 아주 좋았어요.
The meeting went great.
The meeting went well. [UK]

다들 논의에 참여했습니다.
Everyone contributed.

■ contribute
기여하다, 공헌하다

꽤 생산적이었어요.
It was pretty productive.

조금 더 짧았으면 좋았겠다는 생각이 드네요.
I thought it could've been a little shorter.

너무 짧았습니다.
It was too short.

우린 별로 성과를 낸 게 없어요.
We didn't get much accomplished.

■ accomplish ~을 이루다,
성취하다, 달성하다

많은 걸 해냈습니다.
We got a lot done.

기대했던 것보다 좋았어요.
It was better than I'd expected.
It was better than I expected. [UK]

직원 문제에 대해 논의할 기회가 없었습니다.
We didn't get a chance to discuss the personnel
issue.

그것 외에는 꽤 잘 진행됐습니다.
Other than that, **it went pretty well.**

■ other than that
그것 말고는, 그것만 빼면

회의 어땠어요?

How did the meeting go?

제가 알아야 할 중요한 결정이 있었나요?

Any important decisions I should know about?

예산안에 대해 다들 뭐라고 하던가요?

What did everyone say about the proposed budget? ■ budget 예산, 경비

다들 회의에서 무슨 얘기 했어요?

What did you guys **talk about at the meeting?**

주로 북미 시장에 대해 논의했어요.

We talked mostly **about** the North American
market.
We mostly talked **about** the North American
market. [UK]

평소에 다루던 안건들을 다뤘습니다.

We covered the usual items.

프로젝트팀으로부터 확실한 날짜를 받아내는 데 성공했습니다.

We managed to get a firm date from the project
team.

■ manage to do
(어려움에도) ~을 해내다

건설업자 선정을 할 수 있었습니다.

We were able to decide on the contractor.

새로운 디자인에 대해 의견을 교환했습니다.

We exchanged ideas on the new design.

■ exchange
~을 교환하다, 맞바꾸다

회의록 사본을 메일로 보내드릴게요.

I'll email you a copy of the minutes.

제게도 회의록 한 부 보내주시겠어요?

Can you send me a copy of the minutes, too?

■ a copy of the minutes
회의록 한 부(minutes는
반드시 복수형으로 써야 한다.)

회의록 사본을 아직 받지 못했습니다.

I haven't received a copy of the minutes yet.

의견 주고받기
Giving & Getting Opinions

공식적인 회의뿐만 아니라 업무상 간단하게 얘기를 나눌 때
동료의 의견을 듣고 이에 동의하거나 반대하는 의사표현을 하지요.
상대가 오해하지 않도록 자신의 의견을 정확하게 전달해야 합니다.

3분
저자 직강
19

매일 입에 달고 사는 비즈니스 영어 일상 패턴

Unit 19에 나오는 표현 중에서 비즈니스 상황에서 가장 많이 쓰는
패턴을 뽑았습니다. 생각 없이 바로 튀어 나오도록 입에 붙이세요.
QR코드를 찍어서 케빈경 선생님의 심플한 해설을 들어보세요.

의견 구하기

◉ 264에서 비슷한 상황에 쓰는 다양한 표현을 참조하세요.

당신 의견은요?

Your opinion?

John, 의견 있어요?

John, **any thoughts?** [INF]

당신이 어떻게 생각하는지 궁금하군요.

I'm curious what you think.

Sandra, 당신 생각은요?

Sandra, **your thoughts?**

Pat 생각은 어때요?

What's your take on this, Pat? [INF] ▶

◀ take는 미국 구어체 영어에서 '~에 대한 의견, 생각'이라는 뜻의 명사로 뒤에는 보통 전치사 on이 온다.

이 아이디어 어떻겠어요?

What do you think of this idea?

어떻게 했으면 좋겠어요?

What do you think we should do?

그 소문에 대해 어떻게 생각하세요?

What do you think about the rumor?

왜 이런 일이 생겼다고 생각하세요?

Why do you think this happened?

Watson 씨가 방금 한 말에 대해 어떻게 생각하십니까?

What's your view on what Mr. Watson just said?

그들이 제시한 해결책에 대해 어떻게 생각하세요?

What are your thoughts on their proposed solution?

◀ 대체표현
수정된 계약서
the revised contract
최근 이사진 결정사항
the recent decision by the directors
새로운 정책 **the new policy**

이 일의 적임자가 누구라고 생각해요?

Who do you think is the right person for the job?

마감 기한을 연장하는 게 맞다고 봐요?

Do you think asking to extend the deadline **is the way to go?**

■ the way to go
올바른 선택

베타테스트는 언제 시작할까요?

When do you think we should start the beta testing? ▸

◀ beta는 미국식과 영국식 발음 차이가 있다. 미국식은 [베이라]처럼 발음하고, 영국식은 [비타]에 가깝게 발음한다.

어디서 회의를 하는 게 가장 좋을까요?

Where do you think is the best place to hold the meeting?

■ hold
(회의, 이벤트 등을) 개최하다

어떻게 답변해야 할까요?

How do you think we should respond?

새 지침에 대해서 어떤 입장입니까?

What's your position on the new policy?

어떤 것이 더 좋아요?

Which do you like better?

요즘 불거진 변호사들과의 문제에 대한 의견을 여쭤보고 싶었습니다.

I wanted to ask your opinion on the recent problems with the attorneys.

■ recent 최근의, 근래의

이 건에 대해 하고 싶은 말씀 있으세요?

Do you have any comments on this?

Steve가 왜 그렇게 화가 났는지 아시나요?

Do you have any idea why Steve got so angry?

새 제안서에 관한 의견 있으세요?

Do you have any views on the new proposal?

이 건에 대한 당신의 의견이 꼭 필요해요.

I really need your opinion on this.

날짜를 내일로 앞당기면 어떻겠습니까?

How do you feel about moving up the date to
tomorrow?

■ move up 앞당기다

당신 생각에 우리가 어떻게 했으면 좋겠습니까?

In your opinion, what should we do?

우리가 아무것도 하지 않으면 어떤 일이 벌어질까요?

What do you think will happen if we did nothing?

이번 제안서에 대한 의견이 필요합니다.

I need your input on the proposal.

당신 아이디어를 들어보고 싶군요.

I would really like to hear your ideas.

Cathy Lee의 실적에 대한 솔직한 평가를 들었으면 좋겠습니다.

I would appreciate your honest assessment of Cathy
Lee's performance.

■ assessment 평가

보고서에 대해 건설적인 피드백 좀 주시겠어요?

Can you give me some constructive feedback on
the report?

■ constructive
건설적인, 생산적인

전 계약 해지에 전적으로 동의합니다. 당신은요?

I'm all for canceling the contract. **How about you?**

■ be all for
전적으로 동의하다

어떻게 하는 게 좋다고 봅니까?

What do you suggest we do?

의견을 제시할 때

완곡하게 의견 말하기

360

◉ 266에서 비슷한 상황에 쓰는 다양한 표현을 참조하세요.

가능성이 있어요.

That's a possibility.

■ possibility 가능성

실현될 수 있다고 봐요.

I would say that's feasible.

■ feasible (계획, 구상, 방법 등이) 실행 가능한, 실현 가능한

우리가 실수했을 가능성도 있습니다.

It's possible that we made a mistake.

다시 생각해보는 것도 괜찮을 겁니다.

We might want to reconsider.

■ reconsider 재고하다, 다시 생각하다

다시 시도해볼 것을 제안합니다.

I would suggest we try it again.

다른 변호사에게 전화해보는 것이 좋을 듯합니다.

It may be a good idea to call another lawyer.

◀ 대체표현
컨설턴트를 고용하는
hire a consultant
설문조사를 하는
conduct a survey

할인을 제안하는 것도 나쁘지 않을 것 같아요.

It may not be a bad idea to offer a discount.

저는 그들이 먼저 사과하는 것이 맞다고 생각하는 쪽이죠.

I tend to think that they should apologize first.

Sarah가 몰랐을 수도 있습니다.

It could be that Sarah didn't know.

당신이 질문을 잘못했을 수도 있어요.

It might be that you didn't ask the right questions.

고객이 확실히 잘못했다는 생각이 듭니다.

It would seem to me that the client is clearly in the
wrong.

■ in the wrong 잘못을 한

TIPS & MORE 완곡하게 표현하기

표현을 완곡하게 전환한다	'다소'라는 뜻 삽입한다	부정 단어를 긍정 단어로 전환한다
It is a bad idea. 그건 나쁜 생각이에요.	You're late. 늦었어요.	That's stupid. 그건 멍청한 짓이에요.
⇨ It **may be** a bad idea. It **would be** a bad idea. It **could be** a bad idea. 그건 나쁜 생각일 수 있습니다.	⇨ You're **a little** late. You're **a bit** late. You're **kind of** late. You're **sort of** late. 좀 늦으셨네요.	⇨ That's not too **smart**. That's not very **smart**. 그다지 현명한 건 아니네요.

직설적으로 의견 말하기　　361

맞아요.

Yes.

아닙니다.

No.

그렇게 생각합니다.

I think so.

그렇게 생각하지 않습니다.

I don't think so.

제 의견 말할까요?

My opinion? [INF]

제 생각은 이렇습니다.

Here's what I think.

제가 보기엔, 이렇게도 저렇게도 될 수 있어요.

To me, it could go either way.

■ either (둘 중에) 어느
쪽이든, 어느 쪽 ...라도

기회가 한 번 더 있다고 봅니다.

I figure we have another chance.

■ figure (that)
~라고 생각하다

적절한 시기가 아닌 것 같아요.

I'm not sure that the timing is right.

제 느낌엔 그들이 재고하지 않을 것 같습니다.

My feeling is that they won't reconsider.

디자인이 그 정도면 괜찮다고 생각합니다.

I feel that the design is good enough.

제가 보기에 그 제안은 말도 안 됩니다.

As far as I'm concerned, the proposal makes no sense.

■ make no sense
말도 안 되다, 이해가 안 가다

Joe가 하는 말이 일리가 있다고 생각합니다.

I think that Joe has a point.

제 의견으로는, 저자세를 유지하는 게 낫습니다.

In my opinion, it would be better to stay low.

■ stay low 조용히 있다,
저자세를 취하다

빨간색이 최선이라고 생각합니다.

I believe that red is the way to go.

■ the (best) way to go
최선책, 최선의 방법

우린 선택의 여지가 없다는 게 제 생각입니다.

I would have to say that we have little choice.

저는 CEO가 결정해야 한다고 생각합니다.

My thinking is that the CEO should decide. ▸

◂ My thinking is는 I think와
비슷한 말이다.

제 생각은 간단합니다.

My view is simple.

그건 옳지 않습니다.

It's not right.

제 생각에는 Linda Kim을 고용하는 게 최선책인 것 같습니다.

In my view, hiring Linda Kim **is an excellent idea.**

오, 그렇고 말고요.

Oh, for sure.

그럼요.

Totally.

틀림없어요.

Absolutely.

솔직히 말해서 그런 일은 없을 겁니다.

Frankly, I can't see that happening.

제 생각에 그건 어처구니없는 의견**입니다.**

It's a ridiculous idea, **if you ask me.**

■ ridiculous 터무니없는, 말도 안 되는, 우스꽝스러운

Matt, **돌려서 말하지 않을게요.** 그건 정말 잘못됐어요.

I'm not going to mince words, Matt. That's just wrong.

■ not mince (one's) words
거르지 않고 할 말을 다하다

그건 안 될 거라는 **건 누구나 알 수 있어요.**

Anyone can see that's not going to work.

Paul을 설득**할 수 있습니다.**

I'm confident that we can convince Paul.

■ convince
~을 확신시키다, 납득시키다

그렇게 하겠다고 **하는 것 외엔 다른 도리가 없습니다.**

We have no choice but to say yes.

분명히 이사회가 의견을 바꿀 거라고 **생각합니다.**

I'm sure that the board will come around.

■ come around
의견이나 기분을 바꾸다

Hal을 선택하는 게 맞다고 믿을 만한 충분한 이유가 있습니다.

I have every reason to believe that Hal is the right choice.

■ every reason 충분한 이유

당연히 계산을 다시 **해야 하죠.**

Obviously, we should redo the calculations.

그분이 속상해하고 있**는 게 명백합니다.**

It's obvious that he's upset.

■ obvious 명백한

분명한 건 우리가 전체 그림을 보고 있지 않**다는 겁니다.**

Clearly, we are not seeing the whole picture.

우리가 큰 실수를 했**다는 데는 의심의 여지가 없네요.**

There's no doubt in my mind that we made a big mistake.

■ there's no doubt/
question in my mind
난 한 치의 의심/의문도 없다

중요함을 강조할 때

안건 상기시키기

● 290에서 비슷한 상황에 쓰는 다양한 표현을 참조하세요.

날씨에 집중합시다.

Let's focus on the weather.

일정이 가장 큰 문제라고 확신합니다.

I'm convinced that the schedule **is the main problem.**

그들이 원하는 게 뭔지 물어보는 게 아주 중요합니다.

It's absolutely important that we ask what they want.

그쪽 조건을 수용할 것을 강력히 권합니다.

I strongly recommend we accept their terms.

■ strongly recommend 강력히 권하다

Jane Fox가 왜 그런 생각을 하는지 이해하는 게 중요합니다.

It's critical to understand where Jane Fox is coming from.

■ critical (역할, 문제, 요소 등이) 결정적인, 중대한

다뤄야 할 문제에 집중해야 합니다.

We need to focus on the issue at hand.

■ the issue at hand 다뤄야 할 문제

프로젝트 성공을 위해 Basin사의 승인이 필수적입니다.

Getting Basin's approval **is vital to** the success of this project.

■ vital to ... ~에 매우 중요한

우리의 최우선사항은 이번 주까지 종로 매장을 여는 겁니다.

Our major priority is opening the Jongro store by next week.

우리 모두 다 동의**해야 합니다**.

It's imperative that we all agree on this.

■ it is imperative that
반드시 ...해야 한다

영어 할 줄 아는 사람을 보내**는 건 필수입니다**.

Sending someone who can speak English **is essential**.

부차적인 문제라고 말하기 **364**

그건 별로 중요하지 않습니다.

That's not that important.

우리는 납품일은 상관하지 않습니다.

We're not that concerned with the delivery date.

■ delivery date
배송일, (신상품의) 출시일,
(선물 거래에서) 인도일

제가 봤을 때, 그 부분은 그다지 중요하지 않아요.

To me, that part **is not that important.**

전 프레젠테이션이 그렇게까지 중요하다고 생각하지 않아요.

I doubt that the presentation **is that crucial.**

가격은 생각하시는 것만큼 중요하지 않습니다.

The price **is not as important as you might think.**

이 시점에서 러시아 시장은 최우선사항이 아닙니다.

The Russian market **is not a major priority** right now.

■ major priority
최우선 사항

대중의 반응은 크게 고려할 사항이 아닙니다.

The public reaction **is a minor consideration.**

그저 이윤만 내는 것보다 더 중요한 것들이 있습니다.

There are more important things than just making a profit.

가능성을 제시할 때

가능성이 있다고 말하기

분명히 화가 나있을 겁니다.

No doubt he's angry.

가능성이 아주 큽니다.

That's quite possible.

그 건에 대해 이사님이 제게 전화**할 가능성이 커요.**

There's a good chance that the director will call me about it.

Jon이 싫다고 **쉽게** 답변할 **수도 있습니다.**

Jon **could easily** tell us no.

- could easily
  쉽게 ~할 수도 있다

제가 **틀릴 수도 있죠.**

I could be wrong.

아마 Colors Korea사로부터 연락을 받게 될 **겁니다.**

We'll probably hear from Colors Korea.

그럴 가능성이 큽니다.

That's highly likely.

CEO께서 이미 알고 계실**지도 모릅니다.**

It's possible the CEO already knows about it.

◀ 대체표현
고객이 경쟁업체의 제안을
수용했을지도
**the client accepted a
competitor's proposal**
문제가 해결됐을지도
**the problem has been
solved**

그가 사본 만드는 걸 깜빡했**을지도 모릅니다.**

It could be that he forgot to make copies.

그 이야기**가** 사실로 **밝혀질 수도 있습니다.**

The story **could very well turn out to be** true.

- turn out to be
  ~라고 밝혀지다[판명되다]

우리가 빨리 움직이기**만 한다면 가능합니다**.

The possibility is there, if we move fast enough.

그럴 리 없습니다.

I doubt that.

Lynn이 그런 노력을 한다**는 건 상상할 수 없어요.**

I can't see Lynn making that effort.

아마 그런 일은 **없을 겁니다.**

I don't think that **will happen.**

아마 그 사람 다시 못 볼 **겁니다.**

We'll probably never see him again.

그럴 가능성은 낮아요.

That's unlikely.

그쪽 변호사를 설득하긴 **힘들 겁니다.**

It'll be hard to persuade their lawyer.

■ persuade ~을 설득하다

그건 실현 불가능합니다.

That's never going to work.

마감 시한에 맞추기**란 사실상 불가능합니다.**

Making the deadline **is practically impossible.**

■ make[meet] the deadline 마감 시한에 맞추다

연장을 받아낼 **가능성은 매우 낮습니다.**

The possibility of getting an extension **is pretty low.**

■ get an extension 연장을 승인받다

우리가 입찰에 성공**할 가능성은** 백만 분의 일**입니다.**

The likelihood of us winning that bid **is** one in a million.

P마트와 일할 **가능성은** 아주 **희박합니다.**

The chances of working with P-Mart **are quite slim.**

의견 제시를 미루거나 거절할 때

의견 제시 미루기 367

현재는 드릴 말씀이 없지만, 검토하고 내일 전화 드릴게요.

I don't have any comments right now, but I'll take a look at it **and call you** tomorrow.

아직 그 디자인은 보지 **못했기 때문에 이렇다 저렇다 말할 수가 없네요.**

I haven't seen that design yet, **so I can't say one way or the other.**

■ one way or the other
이쪽이든 저쪽이든

생각할 시간 좀 주실래요?

Give me some time to think?

오늘 저녁에 제 의견을 말씀드리겠습니다.

I'll give you my thoughts tonight.

제 의견을 다음 주에 드려도 될까요?

Do you mind if I got back to you next week **with my comments?**
Do you mind if I get back to you next week **with my comments?** [UK]

의견 제시 거절하기 368

할 말 없습니다.

No comment.

현시점에서 특별히 할 말이 없습니다.

I really don't have any comments at this point.

죄송하지만, Sam의 제안에 대해 별로 드릴 말씀이 없습니다.

I'm sorry, but I don't have much to say about Sam's
proposal.

Wayne Street 프로젝트에 대해서는 말하고 싶지 않습니다.

I'd rather not discuss the Wayne Street project.

그 사건에 대해 드릴 말씀이 없습니다.

I can't give you any comments about the incident.

전모도 모르는 상황에서 적절한 의견을 드리기는 어렵습니다.

**It's a little hard to give you any intelligent opinions
without knowing** the full story.

■ intelligent (발언, 대화
등이) 지적인, 적절한

추가 설명 요청하기

새로운 계획에 대해 좀 더 자세히 말씀해주시겠어요?

Can you give me more details about this new plan?

협력업체 비용 지불을 미루자고 제안하시는 겁니까?

Are you proposing that we hold off on paying the subs?

■ subs = subcontractors
협력업체, 하도급업체

'다르다'가 무슨 뜻이죠?

What did you mean by "different?"

그 장애물들이 뭔지 말씀해주시겠어요?

Can you tell me what those obstacles **might be?**

■ obstacle 장애물

조용한 하루가 무슨 뜻인지 모르겠네요. 느린 하루 말씀입니까?

I'm not sure what you mean by a quiet day. **Do you mean** a slow day?

새 지침에 대해 어떻게 생각하는지 여쭤본 겁니다.

I was asking what you thought about the new policy.

팀원들이 어떻게 생각하는지가 궁금한 겁니다.

I'm curious about what the team thinks.

뭐 좀 분명히 해주시겠습니까?

Could you clarify something?

■ clarify (논점, 표현 등에
있어) ~을 명료하게 하다,
~을 분명하게 하다

다들 기분이 별로라는 게 무슨 의미이지요? 다들 컨설턴트들을 대하는 걸
싫어한다는 말씀이신가요?

What do you mean by everyone being unhappy?
Are you saying that no one likes dealing with the consultants?

첫 번째가 더 좋다고 **하셨지요.** 왜 그런**지 말씀해주시겠어요?**

You said you like the first one better. **Can you tell me** why?

왜 샌프란시스코가 적절한 선택**이라고 생각하시는지** 좀 더 구체적으로 **말씀해주시겠어요?**

Can you be more specific about why you think San Francisco is the right choice?

■ be more specific (about) (~에 대해) 좀 더 구체적으로 말하다

이번 회의가 뭐에 대한 건**지 더 말씀해주실래요?**

Can you tell me more about what the meeting is all about?

제가 잘 했다고 **하셨는데,** 저의 타이밍이 적절했**다는 뜻이었나요?**

When you said I did the right thing, **did you mean** my timing was all right?

제가 제대로 알아들었다면, 재고 조사를 다시 하자고 제안하시는 거군요. **맞나요?**

If I understood you correctly, you're suggesting that we redo the inventory. **Am I right?** ▸
If I understood you correctly, you're suggesting that we redo the stock take. **Am I right?** [UK]

◀ redo는 동사 do에 '다시'를 뜻하는 접두어 re가 붙어서 '~을 다시 하다'라는 의미가 된 것이다.

이거 여쭤봐도 되는지 모르겠지만, 우리가 어디서 돈을 구하지요?

If you don't mind my asking, where would we get the money?

추가 설명하기   370

좋아요, 이게 제가 말한 뜻입니다.

Okay, this is what I mean.

명확히 말씀드리는 게 좋겠네요.

I should clarify that.

제가 명확하게 말씀 못 드린 것 같습니다.

I guess I wasn't very clear.

다른 식으로 얘기해보겠습니다.

Let me see if I can rephrase that.

■ rephrase
~을 바꾸어 말하다[쓰다],
~을 다시 풀어서 말하다[쓰다]

제가 드리고 싶은 **말씀은** 우리가 충분히 노력하지 않았**다는 거였습니다.**

What I was saying was that we didn't try hard enough.

좋지 않았다**는 뜻은 아니었습니다.** 예상보다 길었다**는 뜻이었어요.**

I didn't mean it wasn't good. **I meant** it was longer than expected.

제 **말은** 당신이 두 번째 부분을 쓰시면 첫 부분은 제가 쓸 수 있다**는 뜻입니다.**

What I mean is I can write the first part if you write the second.

UNIT 20

협상·합의
(찬성·반대·제안·타협)
Negotiating

협상이나 합의와 관련된 말하기에서는 문장이 길어지고 어조가
무거워지는 경향이 있습니다. 자신이 말하는 표현이 협상 결과에
영향을 미치는 만큼 말을 하기 전에 신중하게 생각해야 합니다.

3분
저자 직강
20

매일 입에 달고 사는 비즈니스 영어 일상 패턴

Unit 20에 나오는 표현 중에서 비즈니스 상황에서 가장 많이 쓰는
패턴을 뽑았습니다. 생각 없이 바로 튀어 나오도록 입에 붙이세요.
QR코드를 찍어서 케빈경 선생님의 심플한 해설을 들어보세요.

찬성할 때

찬성하기　371

저희에겐 괜찮을 것 같네요.
I think we can work with that.

좋아요.
All right.

좋아요, 그거 괜찮습니다.
Sure, that's fine with us.

알았습니다.
Okay.

좋은 생각입니다.
That is a good idea.

동의합니다.
We agree.

저흰 동의할 수밖에 없네요.
We'd have to agree with that.

저희도 그렇게 생각해요.
We think so, too.

좋은 지적입니다.
That's a good point.

부분적으로 동의하기　372

그건 사실이지만, 그건 작년이었어요.
True, but that was last year.

말이 됩니다만, 그래도 돈 문제를 고심해야 합니다.
That makes sense, but we still need to address the
money issue.

■ address a problem
(a question, an issue)
문제를 다루다

그렇긴 하지만, 저희가 Ace사의 가격을 맞출 수 있다는 뜻이 아니었어요.
Sure, but I didn't mean we could match Ace's price.

좋은 지적이긴 한데, 멕시코도 마찬가지입니다.
That's a good point, but so is Mexico.

괜찮은 것 같지만, 저희 부사장님이 동의하실 것 같지 않아요.

That sounds okay, but I doubt our VP would agree.

■ VP(vice president)
부사장

어느 정도 동의하지만, 저희만 겪고 있는 문제가 아닙니다.

I agree to a point, but it's not just us having that problem.

뭐, 어느 정도 맞는 말씀입니다.

Well, I guess that's kind of true.

전적으로 옳은 말씀입니다.

You're absolutely right about that.

전적으로 지지합니다.

We're totally behind you.

■ behind (사람, 생각, 행동
등을) 지지하여, 후원하여,
~의 편을 들어

그 비유 정말 마음에 듭니다.

I really like your metaphor.

■ metaphor 은유, 비유

정말 멋진 요약입니다.

That's a great summary.

완전히 동감합니다.

We couldn't agree with you more.

좋아요!

Yes!

그러게요, 그죠?

I know, right?

우리 다 같은 생각이군요.

We are all on the same page.

■ on the same page
(같은 목표를 위해) 서로
협력하여, 하나가 되어

전적으로 동의합니다.

I completely agree.

반대할 때

특정 의견에 반대하기　374

◉ 270, 306, 386에서 비슷한 상황에 쓰는 다양한 표현을 참조하세요.

전 그렇게 생각하지 않습니다.
I don't think so.

동의하지 않습니다.
I disagree.

저흰 동의 못 합니다.
We can't agree with that.

개업 날짜를 연기하는 **건 말이 안 됩니다.**
Postponing the opening date **makes no sense.**

저흰 그렇게 보지 않습니다.
We don't see it that way.

그렇게 하고 싶으신 이유를 잘 모르겠습니다.
I don't see why you'd want to do that.

이견 강조하기　375

저흰 그건 **나쁜 생각이라고 봅니다.**
We think that's a bad idea.

그건 저희에겐 좋지 않아요.
That's not good **for us.**

저희가 보기에는 너무 비쌉니다.
From our point of view, it's way too high.

■ from one's point of
view ~의 시각에서, 소견으로

저희에겐 사실 변명처럼 들립니다.

To us, that actually sounds like an excuse.

■ excuse 변명

절대 안돼요.

No way. [INF]

안돼요.

No can do. [INF] ▶

정말 안 됩니다.

Absolutely not.

죄송하지만, 그렇게 못합니다.

Sorry, we can't do that.

전적으로 반대합니다.

We totally disagree.

◀ No can do는 일상에서
자주 쓰는 구어체 영어로,
부탁을 받았을 때, '그렇게
못할 것 같아요', '안 될 것
같아요'라고 답하는 말이다.
매우 캐주얼한 상황에서나
같은 팀 동료 정도의 친한
사이에서 쓸 수 있다.

동의한다고 할 수가 없네요.

I'm not sure I agree.

그건 좀 과언이라고 생각하지 않으세요?

That's a bit of an exaggeration, **don't you think?**

■ exaggeration
과장된 표현, 부풀린 이야기

아무래도 그건 아닌 것 같습니다.

You know, I don't think so.

4월이 낫다고 생각하지 않으세요?

Wouldn't you agree that April is a better month?

전 반대로 기우는 것 같습니다.

I'm inclined to disagree.

저흰 좀 다르게 생각합니다.

We feel a little differently about that.

협상할 때

휴식 제안하기 378

◉ 315에서 비슷한 상황에 쓰는 다양한 표현을 참조하세요.

잠깐 쉬는 거 어때요?
A break maybe? [INF]

짧은 휴식을 갖는 것도 좋을 것 같습니다.
Maybe we ought to take a short break.

■ ought to (권고, 조언 등을 나타내는 말로) ~해야 하다, ~하는 것이 좋다

쉴 시간이 한참 지난 것 같습니다.
I think a break is long overdue.

■ long overdue 오래전에 행해야 했을

5분 정도 잠깐 쉴까요?
Let's take five?

쉴까요?
Break? [INF]

우리 다 진정하고 휴식하죠?
Why don't we all settle down and take a break?

■ settle down 진정되다, 조용해지다

잠깐 좀 숨 좀 돌리죠.
I say we take a little breather.

■ take a breather 잠깐 쉬다, 한숨돌리다

안건 미루기 379

◉ 283, 292, 301, 335에서 비슷한 상황에 쓰는 다양한 표현을 참조하세요.

이 안건은 나중에 다시 다루죠?
Why don't we come back to that item later?

이건 나중에 논의하면 안 될까요?

Can we table this?

이건 조금 나중에 되돌아옵시다.

Let's swing back to this a bit later.

■ swing back 되돌아 오다

여기서 꽉 막혔네요.

We're getting stuck here.

진전이 없군요.

We're getting nowhere.

이제 어떤 식으로든 합의를 할 때입니다.

It's high time we come to some sort of an agreement.

■ high time ~할 때

우리 타협합시다.

Let's make a deal.

■ make a deal
거래하다, 손을 잡다

이봐요, 이거 꽤 괜찮은 조건입니다.

Come on, it's a pretty good deal.

그 날짜에 동의하는 게 어떻겠습니까?

What do you say we agree on that date?

이봐요, 수용하시든지 거절하시든지 마음대로 하십시오.

Look, take it or leave it. ▶

◀ take it or leave it는
'받아들이든지 말든지 알아서
하세요'라는 뜻으로 일상에서
흔히 쓴다.

◉ 406에서 비슷한 상황에 쓰는 다양한 표현을 참조하세요.

저희가 보장하겠습니다.

You have our guarantee.

그 협력업체가 믿을 만하다는 걸 보장합니다.

Let me assure you that the sub is trustworthy.

■ assure ... that ~ …에게
~라고 장담하다[안심시키다]
■ trustworthy (사람, 정보
등이) 신뢰할 수 있는, 믿음직한

걱정하지 않으셔도 됩니다.

You have nothing to worry about.

그들이 계약에 서명할 거라고 믿어도 됩니다.

Rest assured they'll sign the deal. [FOR]

■ rest assured (확실히
믿고) 안심하다

이 건에 대해서 저희가 전적으로 약속드립니다.

You have our full commitment on this.

■ commitment 약속, 서약

> *TIPS & MORE*   believe vs. trust
>
> '우리를 믿어달라'고 말하고자 할 때 '믿다'를 believe로 번역해서 Believe us. 또는 You can believe us.라고
> 표현하는 경우가 있습니다. 굳이 고르자면 believe보다는 trust가 더 적절하지만, 두 표현 모두 콩글리시에
> 가깝습니다. 위에 제시된 표현을 익혀서 적절하게 사용하도록 합시다.

논점으로 돌아가기 `382`

우리 다 요점을 잘못 이해하고 있습니다.

We're all missing the point.

그게 핵심 쟁점이 아닙니다.

That's not the key issue here.

우리가 우려하는 건 일정이 아니란 걸 아시잖아요?

It's not the dates we're worried about, remember?

스케줄에 다시 집중할 수 있을까요?

Can we refocus on the schedule?

■ refocus on 다시 기울이다,
다시 관심을 갖다

모든 게 빠짐없이 고려됐다는 걸 좀 확인하고 싶습니다.

I just want to make sure we're covering all bases.

다시 한번 안건들을 검토해도 되겠습니까?

Could we just go over the items again?

합의사항들을 한 번 더 살펴볼 수 있을까요?

Can we go through the agreements one more time?

제안하기

384

◉ 321에서 비슷한 상황에 쓰는 다양한 표현을 참조하세요.

이건 어떻겠습니까?

What about this?

저희 제안은 이렇습니다.

This is what we propose.

제안 하나 해도 될까요?

Can I make a suggestion?

■ make a suggestion
제안하다

우리 모두 다 제주로 갈 **것을 제안합니다.**

What I suggest is that we all go to Jeju.

독립된 프로젝트 매니저를 고용할 **것을 권합니다.**

I recommend we hire an independent project
manager.

저희가 생각하는 건 이렇습니다.

This is what we're thinking.

대안 제시하기

385

◉ 322에서 비슷한 상황에 쓰는 다양한 표현을 참조하세요.

첫 샘플이 더 나을 수도 있습니다.

The first sample might be better.

원래의 설계로 가는 **게 더 좋다고 생각지 않으세요?**

◀ 대체표현
계약서를 수정하는
revise the contract
새로운 협력업체를 찾는
find a new subcontractor

Don't you think it might be better to go with the
original design?

시카고에서 만나는 게 더 쉽지 않을까요?

Wouldn't meeting in Chicago **be easier?**

그냥 일정을 바꾸**면 안 될까요?**

Couldn't we just change the schedule?

가격을 올리**는 대신**, 기한을 연장**하는 게 어떻겠습니까?**

Instead of increasing the price, **why don't** we extend the deadline**?**

◉ 323에서 비슷한 상황에 쓰는 다양한 표현을 참조하세요.

그건 수용할 만한 제안이 아니네요.

That's not an acceptable proposal.

(공사) 변경 지시**에 절대로 합의할 수 없습니다.**

We really can't agree to a change order.

■ change order 변경 지시
(특히 공사 프로젝트에서
공식적인 변경 지시를 뜻한다.)

그게 공정하지 않다고 봅니다.

We don't feel that is fair.

아쉽지만, 현시점에선 거절해야 하겠습니다.

Unfortunately, we're going to have to say no.

첫 항목은 **가능할 것도 같지만**, 두 번째 **것은** 조금 일방적**입니다.**

The first item **might be acceptable, but** the second one **is** a little one-sided.

■ one-sided
(의견, 제안 등이) 한쪽으로
치우친, 편파적인

그건 실행 가능하지 않을 것 같습니다.

I don't think that's feasible.

■ feasible 실현 가능한

그게 잘 될 것 같지 않습니다.

That probably won't work.

안돼요. 못 합니다.
No way. Can't do it. [INF]

안 됩니다.
No can do. [INF]

그건 협상 결렬 요인입니다.
That's a deal breaker.

■ a deal breaker
타협이 불가능한, 협상 결렬

저희 쪽에선 수용할 수 없어요.
We cannot accept that.

말도 안 됩니다.
I'm afraid that's out of the question.

미안하지만, 저흰 비용을 증가시키고 싶지 않습니다.
Sorry, we're not interested in adding costs.

터무니 없습니다.
That's ridiculous.

◉ 324에서 비슷한 상황에 쓰는 다양한 표현을 참조하세요.

그렇게 가능할 것 같습니다.
I think we can arrange that.

제 상사에게 물어는 봐야겠지만 문제없을 겁니다.
I'd have to check with my boss, **but I'm sure** that won't be a problem.

◀ 대체표현
지점 / 수용할
the branch / they'll accept it

듣던 중 반가운 소리네요.
I like the sound of that.

네, 아마도 가능할 듯합니다.

Maybe we could work with that, sure.

음, 흥미로운 아이디어네요.

Hmm, that's an interesting idea.

좋네요.

I like that.

그거 참 좋은 생각이네요.

That sounds pretty good.

좋아요.

Okay.

그러죠.

Fine.

좋습니다.

Sure.

그럽시다!

Done! [INF]

거래 성사입니다.

Done deal. [INF]

■ (it's a) done deal
성사된 거래

한번 해봅시다.

Let's give it a shot.

할 수 있어요. 문제없습니다.

We can do that. No problem.

동의할 수 있습니다.

We can agree to that.

이제 말이 통하네요.

Now we're talking. [INF]

수용할 수 있습니다.

That's acceptable.

저흰 좋습니다.

That works for us.

그 의견 정말 마음에 드네요.

We really like the idea.

그 제안 아주 좋아요.

I love the proposal.

타협안 제시하기 · 390

저희가 보증을 확보하면 어떨까요?

How about if we secure the bond**?**

비용을 반반씩 부담**하는 게 어떻겠습니까?**

What do you say we split the cost fifty-fifty**?**

■ fifty-fifty
50대 50의, 반반의

우리 타협할까요? (우리 반씩 양보할까요?)

Can we meet halfway?

■ meet half way
타협하다, 중간에서 만나다

Patterson & Company사에게 10% 주식을 주**는 것으로 타협을** 하죠.

Maybe we can compromise and give Patterson & Company a ten percent share.

이게 우리 모두에게 공평할 듯합니다.

I think this might be fair for both of us.

저희로선 10% 주식 괜찮아요.

A ten-percent share **is okay with us.**

그 제의는 공평한 듯합니다.

What you're offering sounds fair.

타당한 듯합니다.

That sounds reasonable.

■ reasonable 합리적인

새 제안을 수용하겠습니다.

We will accept your new proposal.

좋습니다, 변경사항들이 마음에 듭니다.

Okay, we're happy with the changes.

새 날짜는 수용할 수 있지만, 단가가 여전히 문제네요.

We can accept the new date, **but** the unit price **is still a problem.**

비용을 5% 낮춰주시면, 그쪽 조건에 동의할 수 있습니다.

If you lower the cost by five percent, **we can agree to** your terms.

■ lower (가격, 온도 등)을
내리다, 낮추다

몇 가지 수정만 해주시면 가능할 것도 같습니다.

We might be able to work with that, if you can make a few adjustments.

■ make an adjustment
조정하다

항공 운송을 이용하신다는 조건이면 그 제안을 수용할 용의가 있습니다.

We're willing to accept your offer, on the condition that you use air freight.

■ air freight
항공화물수송(한 단어로
airfreight라고 쓰기도 한다)

좋습니다만, 그래도 엔지니어 숫자에 합의해야 합니다.

Okay, but we still have to agree on the number of engineers.

죄송하지만, 수용할 수 없어요.

I'm sorry, we can't accept that.

거절해야겠습니다.

We have to say no.

유감이지만, 그렇게 할 수 없습니다.

Unfortunately, we can't do that.

제안을 거절해야겠습니다.

I'm afraid we have to turn down your offer.

■ turn down
(제안 등)을 거절하다

7일 안에 배달을 보장할 수 없다면, 저흰 제안을 수용할 수 없습니다.

Unless you can guarantee delivery within seven days, **we just can't accept that offer.**

UNIT 21

개인적인 감정 표현

Expressing Intentions

자신의 의사를 말할 때 내용이 낙관적이면 대개 표현이 짧고 간단한 반면 비관적일 때는 표현이 다소 완곡하고 길어집니다. 하지만 의사 표현은 항상 오해 없도록 명확히 하는 게 중요합니다.

3분
저자 직강
21

매일 입에 달고 사는 비즈니스 영어 일상 패턴

Unit 21에 나오는 표현 중에서 비즈니스 상황에서 가장 많이 쓰는 패턴을 뽑았습니다. 생각 없이 바로 튀어 나오도록 입에 붙이세요. QR코드를 찍어서 케빈경 선생님의 심플한 해설을 들어보세요.

자신의 의견 제시하기

394

◉ 266, 360, 361, 362에서 비슷한 상황에 쓰는 다양한 표현을 참조하세요.

Lynn의 의견에 동의합니다.
I'm with Lynn.

전 이탈리아 음식을 선호합니다.
I prefer Italian food.

전 파란 게 더 좋아요.
I like the blue one **better.**

프로토타입이 더 커야 할 것 같아요.
I think the prototype **should be** bigger.

■ prototype 시제품

계획을 고수합시다.
Let's stick to the plan.

■ stick to ...
(약속, 계획, 신념 등)을 지키다

Shaun이 더 나은 선택입니다.
Shaun **is a better choice.**

다시 검사하는 것이 가장 좋은 방법입니다.
The best way is to redo the test.

캐나다가 더 실행 가능한 선택입니다. (캐나다를 택하는 게 더 현실적입니다.)
Canada **is a more** viable option.

■ viable 실행[실현] 가능한

저라면 Parsons사를 택하겠습니다.
If it was up to me, I'd go with Parsons.

차라리 Kathy Lee를 상대하는 게 낫습니다.
I'd rather deal with Kathy Lee.

전 D안을 확실히 선택할 겁니다.
Plan D **would be my choice, hands down.**

■ hands down 명백히

요구할 때

요구하기

화요일까지 보고서**가 필요합니다.**

I need the report by Tuesday.

괜찮다면 전 저녁식사를 안 할까 합니다.

I'd like to pass on dinner if you don't mind.

계속 야근을 할 순 없습니다.

I can't keep working overtime.

■ work[do] overtime
초과근무를 하다

전 안 가도 **괜찮겠습니까?**

Would you mind if I didn't go?

부탁인데 샘플을 고객에게 보내**주세요.**

Do me a favor and send the sample to the client.

내일 제 사무실에 들러**주시겠어요?**

Can you stop by my office tomorrow?

Fred, 그 서류 **정말 필요해요.**

I really need that document, Fred.

비밀로 **해주세요.**

Keep it to yourself, **please.**

■ keep ... to yourself
~을 혼자만 알다

취향을 말할 때

좋아하는 것 말하기

Todd는 멋져요.
Todd's great.

정말 멋진 사람이에요.
What a great guy.

좋은데요.
That's nice.

그분 합리적이에요.
He's down to earth.

항상 다른 사람들을 먼저 생각해요.
She **always puts others first.**

Joe는 항상 공평해서 제가 정말 좋아합니다.
I really like Joe **because** he's always fair.

제 취향은 아니에요.
That's not my thing. [INF]

전 과학 영화를 정말 좋아합니다.
I'm a big fan of sci-fi movies.

전 스키를 정말 좋아해요.
I'm really into skiing.

피자는 **날마다라도** 먹을 수 있습니다.
I could eat pizza **every day.**

다들 그녀를 좋아합니다.
Everyone loves her.

다들 Tom하고 어울리는 걸 좋아해요.
Everyone likes being around Tom.

정말 좋아요.
I love it.

전 Pat이 참 멋진 사람이라고 봐요.
I think Pat **is a great guy.**

■ down to earth (사람,
태도 등이) 현실적인, 합리적인

■ put ... first
~을 최우선시하다

■ one's thing
잘하는 것, 좋아하는 것

■ sci-fi = science fiction
과학소설(의)

프레젠테이션이 아주 마음에 들었습니다.

I liked the presentation **quite a bit.**

■ quite a bit 꽤, 제법

사실 전 아무것도 안 하는 걸 좋아합니다.

I actually enjoy doing nothing.

그건 **질리질 않아요.**

I can't get enough of it.

안 좋아할 이유가 있나요?

What's there not to like about it?

그 여자 **싫어요.**

I don't like her.

절대 제 친구는 아닙니다.

He's no friend of mine.

그 사람 **쩨쩨해요.**

He's petty.

■ petty 속이 좁은, 인색한

Cindy Johnson은 특권 의식을 가지고 있어요.

Cindy Johnson**'s got this sense of entitlement.**
Cindy Johnson **has this sense of entitlement.** [UK]

■ sense of entitlement
특권의식

그 남자에 대해선 확신이 안 가요.

I don't know about that man.

Charlie는 정말 비호감이에요.

Charlie **is a big turnoff.** [INF] ▶

◀ turnoff의 반대말로
'호감형'을 turnon이라고 쓰면
성적인 뉘앙스를 주기 때문에
써서는 안 된다.

Susie는 가까이하지 마세요. 나쁜 사람이에요.

Keep away from Susie. She's **bad news.**

■ bad news 골칫거리

John은 제가 이 세상에서 가장 보기 싫은 사람이에요.

John is the last person on earth I want to see.

전 그 사람을 멀리하려고 노력합니다.

I try and keep away from him.

Peter는 제 신경에 거슬려요.

Peter **gets on my nerves.**

Patterson씨와 일하는 건 쉽지 않아요.

Ms. Patterson **is not easy to work with.**

Tina의 불평하는 소리 듣는 거 지겨워요.

I'm sick of listening to Tina's complaints.

Owen은 너무 배려가 없어요.

Owen **is too** inconsiderate.

전 레슬링은 별로입니다.

I'm not a big fan of wrestling.

노래하는 걸 별로 좋아하지 않습니다.

I'm not much of a singer.

그 말투 마음에 들지 않네요.

I'm not sure I like that tone.

긴 회의는 질색입니다.

I can't stand long meetings.

그 사람들과 다시 일하는 거 생각만 해도 싫어요.

I don't like the idea of working with them again.

일요일에 비행기로 출발해야 한다는 게 별로 내키지 않습니다.

I'm not very keen on flying out on a Sunday.

프레젠테이션이 마음에 들었다고 할 순 없네요.

I can't say I liked the presentation.

기대나 믿음을 표현할 때

지지하기

398

그분을 지지합니다.
He's got my support.

그녀를 믿어보는 게 맞는 것 같습니다.
I think we should give her **the benefit of the doubt.**

■ give~ the benefit of the doubt ~을 믿어보다

응원해줍시다.
Let's cheer him **on.**

■ cheer ... on ~을 응원하다 (cf. cheer ... up ~의 기운을 북돋우다)

전 끝까지 당신 편입니다.
I'm behind you **all the way.**

전 당신 편이에요.
I'm with you.

Steve를 100% 지지해 줍시다.
Let's back Steve **up one hundred percent.**

기대와 희망 말하기

399

그랬으면 좋겠어요.
I hope so.

Ben이 전화하기를 바라야죠.
Hopefully Ben will call us.

■ hopefully 바라건대, 일이 잘되면 (문장 부사로 쓴다)

당신이 마음을 바꿨으면 정말 좋겠습니다.
I really hope you change your mind.

잘 되길 바랍시다.

Let's hope for the best.

행운이 있길 빌 뿐입니다.

I'm crossing my fingers. ▶

◀ cross one's fingers는 '행운[성공]을 빌다'라는 뜻이다. 검지와 중지를 교차시키는 제스처와 함께 말해보자.

우리 CEO를 믿어봅시다.

Let's put our faith in our CEO.

이번에는 승진하**길 바라고 있습니다.**

I'm hoping I'll get a promotion this time.

■ get a promotion
승진하다, 진급하다

1월에 매장을 열 수 있**으면 정말 좋겠어요.**

It'd be great if we could open the store in January.

참가자들이 많**을 것으로 예상합니다.**

I'm expecting a good turnout.

■ a good(big) turnout
많은 인파

정말 고대하고 있습니다.

I'm really looking forward to it.

전 제 팀을 믿고 있습니다.

I'm counting on my team.

■ count on
~을 믿다, ~에게 의지하다

확신하기 　　　　　　　　　　**400**

다 잘 될 거예요.

Everything will be okay.

아무 걱정할 필요 없어요.

There's nothing to worry about. ▶

확실히 거절할 거라고 봐요.

I just know he's going to say no.

◀ nothing to worry about은 관용적인 표현이다. 간혹 전치사 about을 빼고 말하는 경우가 있는데, 앞에 나온 nothing 때문에 당연히 들어가야 영어답게 들린다. worry about을 한 단어처럼 기억하자.

다 이루어질 거예요.

It's all going to work out.

Jane이 성공할 거라고 믿습니다.

My money is on Jane. [INF] ▶

Zach가 거절할 거라는 느낌이 들어요.

I have a feeling Zach will say no.

그렇겠죠.

No doubt.

잘 될 거라 믿습니다.

I'm sure it'll work out.

예정된 시간에 프로젝트를 마칠 수 있**을 거라 믿습니다.**

I'm confident we can complete the project on time.

그렇다고 봐요.

I believe so.

그건 틀림없어요.

I have no doubt about that.

물론입니다.

Absolutely.

그럼요.

For sure. ▶

제 말 믿어요.

Trust me.

■ work out (문제, 복잡한 상황 등이) 잘 풀리다, 원만하게 해결되다

◀ my money's on …은 구어체 표현으로, 사람이나 팀 등이 '분명히 이길 것이다', '틀림없이 ~일 것이다'라는 뜻이다.

◀ for sure는 동의하는 말로, '그럼요', '물론이죠'라는 의미다.

목표와 계획을 말할 때

목표 말하기

정오까지는 꼭 **끝내고 싶어요.**

I would really like to finish by noon.

전 이렇게 하고 싶습니다.

Here's what I want to do.

우리가 직접 물어봐**야 합니다.**

What we have to do is ask him ourselves.

◀ 대체표현
우리 웹사이트를 오픈해야
launch our website
평가를 의뢰해야
request an evaluation
새 직원을 고용해야
hire new employees

가고 싶어요.

I want to go.

그쪽 변호사들을 설득**하자는 겁니다.**

The idea is to convince their lawyers.

다음 주까지 **끝냅시다.**

Let's get it done by next week.

브랜드 인지도를 구축**하는 게 우리의 단기 목표입니다.**

Our short-term goal is to build brand awareness.

■ **build** (사업, 관계, 상황 등)을 발전시켜 나가다, (자신감, 신뢰 등)을 쌓아가다

우리가 계약을 따냈**으면 좋겠습니다.**

I'd like to see us get the contract.

저희는 파업 참가자들과 대화**하려고 합니다.**

We intend to talk to the strikers.

■ **striker** 파업 참가자

궁극적으로, 내부에서 디자인**을 할 수 있을 겁니다.**

Ultimately, we should be able to do the design in-house.

■ **in-house** 내부에서, 내부의

이익을 늘리는 게 **목표입니다.**

The purpose is to increase profits.

■ profit
수익, 이익 (↔ loss 손실)

계획은 이렇습니다.

Here's the plan.

싱가포르 지사**부터 시작할 겁니다.**

We'll start with the Singapore office.

■ start with ~로 시작하다

질의응답 시간**으로 마무리할 겁니다.**

We'll end with a question and answer session.

■ end with ~로 마치다

이렇게 하는 게 좋을 것 같아요.

This is what I think we should do.

그들의 관심을 끌**면, 영업을 시작할 수 있죠.**

Once we get their attention, **we can** start selling.

■ get[receive, attract] attention
관심을 받다[얻다, 끌다]

첫 단계는 쉬워요.

The first phase is easy.

■ phase
(발전, 변화 등의) 단계, 국면
(stage와 의미가 같다)

조용한 사람들이 말을 하게 **하는 게 목표입니다.**

The plan is to get the quiet people talking.

이 건을 제대로 계획해야 합니다.

We need to plan this out.

■ plan ... out
~을 상세하게 계획하다

간단한 **계획입니다.**

It's a simple **plan.**

우려 및 불확실함을 말할 때

우려 말하기

이거에 문제가 있다고 봐요.

I've got some issues with this.

걱정하지 않는다고 하면 거짓말이죠.

I'd be lying if I said I wasn't worried.

사실 걱정이 많이 됩니다.

Honestly, I'm really worried.

제가 걱정하는 건 그의 태도입니다.

What worries me is his attitude.

◀ 대체표현
마감기한 **the dealdline**
이 색깔 **this color**
저 보고서 **that report**

물론 우려되는 부분도 있습니다.

Obviously there are some concerns.

이번 프로젝트에 대해 망설여지네요.

I'm having second thoughts about the project.

■ have second thoughts
about ~에 대해 다시
생각해보다, ~을 재고하다

걱정이 좀 되네요.

I'm a little concerned.

바로 그게 걱정됩니다.

That's what worries me.

그건 우려할 만한 수치입니다.

That's an alarming number.

■ alarming 놀랄 정도의,
우려하게 만드는

걱정스러운 걸 봤습니다.

I saw something disturbing.

좀 기다려보는 게 어때요?

Why don't we just wait and see?

■ wait and see
기다리면서 두고 보다

이번 건에 대해 열린 마음을 가집시다.

We should keep an open mind about this.

■ an open mind about
~에 대한 열린 마음[자세]

아무것도 추정하지 맙시다.

Let's not make any assumptions.

■ make an assumption
가정하다, 단정하다

그냥 되는 대로 둬보죠.

Why don't we let this play out?

■ play out
(일이) 벌어지다, 끝나다

이거 확실해요?

Are you sure about this?

어떻게 해야 할지 모르겠습니다.

I don't know what to do.

좀 이해가 안 가네요.

I'm a bit lost here.

■ lost (복잡해서) 이해하지 못하는, 혼란스러운

이 프로젝트에 대해 의구심이 듭니다.

I have some reservations about the project.

■ have[express] reservations about ~에 대해 염려를 하다[표명하다]

있잖아요, 전 그닥 확신이 안 갑니다.

You know, I'm not too sure about this.

■ sure about 확신하다

그 '마법의 숫자'가 무엇인지 분명치 않아요.

It's unclear what that magic number is.

◀ 대체표현
그들이 원하는 것
they are after
판매가 늘어난 요인 **caused the surge in sales**

Beth의 답변을 아직 기다리고 있습니다.

I'm still waiting to hear back from Beth.

잘 모르겠어요.

I don't know.

___

언제인지 잘 모르겠어요.

I'm not sure when.

___

◀ 대체표현
왜 **why**
어디 **where**
얼마나 걸리는
how long it would take

아예 모르겠습니다.

I have no idea.

___

확신 및 약속을 표현할 때

상황 07

믿어달라고 말하기

406

◉ 381에서 비슷한 상황에 쓰는 다양한 표현을 참조하세요.

제 말 믿으세요.

Trust me on this.

보장할 수 있습니다.

I can guarantee it.

■ guarantee
보장하다, 장담하다, 보증

가장 좋은 가격**이라고 믿으셔도 됩니다.**

Rest assured this is the best price. [FOR]

■ rest assured
(확실히 믿고) 안심하다
(격식을 갖춘 표현)

해당 제품들이 일급이라**는 걸 장담합니다.**

Let me assure you that the products are first-rate.

■ assure ... that ... ~에게
~라고 장담하다[안심시키다]
■ first-rate
최고(급)의, 일류의

절 믿으세요. 노력해봤어요.

Believe me, I tried.

약속하기

407

전화하겠다고 약속합니다.

I promise I'll call you.

약속하겠습니다.

You have my word.

■ one's word ~의 (약속의)
말, ~의 언질 (이때 word는
항상 단수형으로 쓴다)

그분께 **확실히** 말씀드리**겠습니다.**

I'll tell him for sure.

저희는 그 날짜를 지키겠다고 굳게 약속드립니다.

We are fully committed to that date.

■ be committed to
~을 약속하다

내일 **확실히** 이메일을 보내드리**겠습니다.**

I will definitely email you tomorrow.

지원 요청할 때

필요한 것 요청하기　　**408**

회의록을 다시 검토**하셔야 할 것 같습니다.**

You might need to look over the minutes again.

우리가 **필요한 건** 더 실력있는 변호사**입니다.**

What we need is a better lawyer.

◀ 대체표현
마케팅 전담 직원
a marketing staff
안정적인 서버
a stable server

프로젝트**에** Wendy**가 중요합니다.**

Wendy **is important to** the project.

CEO의 서명**은 필수입니다.**

The CEO's signature **is required.**

제안서를 다시 작성**해야 합니다.**

We have to redo the proposal.

◀ 대체표현
주주총회를 개최해야 **hold a
shareholders' meeting**
그 지역에 인력을 파견해야
**send people to the
region**

■ pitch in 기여하다

모두가 기여**해야 합니다.**

Everyone **has to** pitch in.

지원 요청하기　　**409**

도움이 필요해요.

I need your help.

좀 도와줄래요?

Give me a hand with this?

디자인 선택**하는 거 좀 도와주시겠어요?**

Can you help me pick a design?

■ give ... a hand
~을 도와주다 (이때 hand는
항상 단수형으로 쓴다)

직원**이 더 필요해요.**

We need more staff.

아무 때나 전화해요.
Call me anytime.

도울 준비가 돼있습니다.
I'm ready to help.

어떻게 도우면 될까요?
How can I help?

뭐라도 필요하면 말해줘요, 알았죠?
Tell me if you need anything from me, okay?

프레젠테이션 준비를 **기꺼이 도와드리겠습니다**.
I'd be happy to help you prepare the presentation.

저희는 뭐든 요청하시면 **할 준비가 돼있습니다**.
We're ready to do whatever you ask.

보고서 **도움이 필요하면 연락 주세요**.
If you need help with the report, **just give me a shout.**

■ give ... a shout
~에게 연락하다

UNIT 22

해외출장 준비 및 초청
Business Trips: Preparing & Inviting

글로벌 시대에서 비즈니스를 하다 보면 상대방을 한국으로
초청하거나 반대로 해외로 출장을 가는 경우가 생깁니다.
이 때 호텔 예약 같은 일을 부탁하기도 하지요.

3분
저자 직강
22

매일 입에 달고 사는 비즈니스 영어 일상 패턴

Unit 22에 나오는 표현 중에서 비즈니스 상황에서 가장 많이 쓰는
패턴을 뽑았습니다. 생각 없이 바로 튀어 나오도록 입에 붙이세요.
QR코드를 찍어서 케빈경 선생님의 심플한 해설을 들어보세요.

초청 및 출장 계획을 전달·변경할 때

초청하기

보스턴으로 오시는 게 좋을 것 같습니다.

It might be a good idea for you to come to Boston.

울산에서 만나죠.

Let's meet in Ulsan.

저희를 방문하시면 어떨까요?

Why don't you come visit us? ▶

◀ come visit은 come and
visit에서 and가 생략된
형태다. 북미에서 이렇게
사용하는 경우가 많다.

저희 사무실로 초대하고 싶습니다.

I'd like to invite you to our offices.

어쩌면 이쪽에서 만나는 게 맞는 거 같아요.

Maybe meeting here is the way to go.

일정 전달하기

6월 중 언제 그쪽을 방문하고 싶습니다.

I'd like to come visit you sometime in June.

제 여행일정표를 메일로 보내드리겠습니다.

I'll email you my itinerary.

■ itinerary 여정, 여행 계획

오전 8시 반에 샌프란시스코 공항에 **도착할 예정입니다.**

I'm supposed to get into San Francisco Airport **at** 8:30 in the morning.

■ be supposed to
~하게 되어 있다,
~할 예정이다, ~할 의도이다

저와 James Woo는 다음 달 쿠알라룸푸르 지사를 **방문할 예정입니다.**

James Woo and I **are planning to visit** the Kuala Lumpur office next month.

누가 공항으로 김이사님을 마중 나올 거죠?
Who'll be meeting Director Kim **at the airport?**

그분들을 호텔로 모시러 가는 분 있나요?
Is someone picking them **up at the** hotel**?**

이번이 그의 첫 디트로이트 방문이니, 짧게 시내 관광을 시켜드릴 수 있나요?
It's his **first trip to** Detroit, **so could you give** him **a**
short **tour of the city?**

매장에 있는 스태프를 만나는 게 이번 방문의 주목적입니다.
The main purpose of the visit is to meet with the
staff at the store.

그쪽에서 필요한 모든 준비를 해주실 수 있는지요?
Could you make all the necessary arrangements?

저희는 금요일 아침 일찍 그쪽 사무실을 방문할까 합니다.
We're thinking we'll come by your office early Friday
morning.

CEO께서 내일 아침 10시에 그쪽 공장을 방문하실 계획임을 알려드립니다.
Just letting you know the CEO **is planning to visit**
your factory tomorrow at 10 a.m.

Walker 씨의 일정을 메일로 보내드리겠지만, 확실히 변경 가능성도 있습니다.
I'll email you Ms. Walker's **schedule, but it's**
definitely subject to change.

■ subject to change
변경 가능한

그분은 11월 7일 월요일 오후 1시 30분에 시애틀에 도착합니다.
She'll be getting into Seattle at 1:30 p.m. **on**
Monday, November 7.

화요일에 제가 그쪽으로 출발하기 전에 호텔에서 전화 드리면 어떨까요?

Why don't I call you from the hotel **on** Tuesday
before I head over?

■ head over ~를 향해 가다

저희 팀은 월요일에 샌디에이고에 도착할 것 같습니다.

It's looking like my team **will be getting into** San
Diego **on** Monday.

■ get into ~에 도착하다

수요일에 호텔 앞에서 뵙겠습니다.

We'll see you in front of the hotel **on** Wednesday.

월요일에 호텔 체크인 후 전화 드리겠습니다.

I'll call you after I check into the hotel **on** Monday.

그럼 일요일 저녁에 공항에서 뵙겠습니다.

I look forward to seeing you at the airport **on**
Sunday evening **then.**

■ look forward to ...
~하기를 고대하다

그럼 7월 2일로 다 정해진 거죠?

So we're all set for July 2, **right?**

■ set for (장소, 일시 등을)
정하다, 지정하다

그냥 날짜를 확인하는 겁니다.

Just confirming the date.

방문 변경 · 취소 · 연기하기　　　**415**

◉ 059, 060에서 비슷한 상황에 쓰는 다양한 표현을 참조하세요.

저기, 제 여행 계획을 바꿔야 합니다.

Listen, I need to change my travel plans.

대신 12월에 방문해도 될까요?

Mind if I visit you in December **instead?**

처리해야 할 개인적인 일이 있어서 여행을 취소해야겠네요.

I've got personal business I need to take care of, **so
I'm going to have to cancel the trip.**

일이 생겼어요. 제 여행 일정을 바꿔야 합니다.

**Something came up. We need to change my travel
schedule.**

Jon이 여행을 연기해달라고 요청했습니다.

Jon asked me to postpone the trip.

■ postpone 연기하다

방문을 변경해야 합니다.

I have to reschedule the visit.

■ reschedule
~의 일정을 변경하다

갑작스럽게 말씀드려서 정말 죄송합니다.

I'm really sorry about the short notice.

예약을 부탁할 때

숙박 예약 부탁하기

416

근처에 있는 **좋은 호텔 추천해주시겠어요?**

Can you recommend a good hotel nearby?

저희는 3명입니다. 방은 다 따로고요.

There'll be three **of us, all separate rooms.**

■ separate (공간적으로)
분리된, 따로떨어진

저희 대신 호텔 예약을 좀 부탁드려도 될까요?

Could you do me a favor, and make the hotel reservations for us?

■ do ... a favor
~에게 도움을 주다,
~에게 호의를 베풀다

그분의 호텔 예약을 해주시면 정말 좋겠습니다.

It would be great if you could arrange hotel accommodations for him. ▶

◀ accommodation은
'머무를 장소, 묵을 곳, 숙박
시설' 등을 뜻한다. 미국에서는
복수형으로 쓰기도 한다.

저의 하룻밤 예산은 200달러 정도입니다.

My budget is around $200 **a night.**

파크호텔에 방을 예약해주시면 고맙겠습니다.

I'd be grateful if you could reserve a room at the Park Hotel.

■ reserve ~을 예약하다

교통수단 문의하기

417

공항에서 그쪽 사무실까지 갈 수 있는 가장 좋은 방법이 뭐죠?

What's the best way to get to your office from the airport?

저희를 마중 나올 차를 준비해주실 수 있나요?

Can you arrange a car to pick us up?

공항에 저희를 마중 나오는 사람 있나요?

Is anyone meeting us at the airport**?**

그냥 택시로 호텔까지 이동할까요?

Should we just take a cab **to** the hotel**?**

■ take[get] a cab
택시를 타다, 택시를 타고 가다

파크호텔에 디럭스룸 2개를 예약했습니다.

I reserved two deluxe **rooms at** the Park Hotel**.**

그 호텔은 저희에게 기업 할인을 해줍니다.

The hotel gives us a corporate discount.

■ corporate discount
기업 할인

제가 예약번호 받았어요. 펜 있어요?

I've got the reservation number. You got a pen?
I've got the reservation number. Have you got a pen? [UK]

특별한 요구사항 있나요?

Do you have any special requirements?

■ requirement
필요한 것, 요구되는 것

제가 직접 모시러 갈게요.

I will pick you up myself.

공항에서 차로 모시도록 해놓겠습니다.

I'll have a car pick you up at the airport.

운전기사가 팻말을 들고 있을 겁니다.

The driver will be holding up a sign.

■ hold up ~을 들어 올리다

저희 사무실에서 걸어갈 수 있는 거리에 있습니다.

It's within walking distance from our office.

■ within walking[driving]
distance 걸어서[운전해서]
갈 수 있는 거리에

저희 사무실까지 택시로 10분 밖에 안 걸려요.

It's only a ten-minute cab ride to our office.

■ be a (time) cab ride to
~까지 택시로 ~ 시간 거리

택시가 가장 좋은 방법인 것 같습니다.

A cab is probably the way to go.

■ the (best) way to go
최선책, 최선의 방법

택시비가 한 2만원 정도 나올 겁니다.

The taxi **fare should be around** twenty thousand
won.

■ around 대략

공항리무진을 이용하셔도 됩니다.

You can take the airport limousine.

호텔이 직접 리무진 버스를 운영하고 있습니다.

The hotel operates its own limousine bus.

■ operate (제도, 서비스
등)을 운용하다, 운영하다

Katie가 8시에 로비로 마중 나올 겁니다.

Katie **will meet you at** the lobby at 8.
Katie **will meet you in** the lobby at 8. [UK]

만남 이후 감사 인사하기　420

지난주 만나주셔서 감사합니다.
Thanks for meeting with me last week.

저희 쪽을 방문해주셔서 정말 좋았습니다.
It was great having you visit us.

환대해주셔서 정말 고마웠습니다.
I really appreciated your hospitality.

지난주 당신과 Sanders씨를 대전에서 모시게 되어서 정말 즐거웠습니다.
We really enjoyed having you and Mr. Sanders **in** Daejeon last week.

교통수단
Business Trips: On the Road

출장 중에는 업무 이외의 상황에서도 영어로 말할 일이 많습니다.
현지에서 길을 묻고, 버스나 지하철, 택시를 탈 때 소위 말하는
서바이벌 잉글리시가 필요합니다.

3분
저자 직강
23

매일 입에 달고 사는 비즈니스 영어 일상 패턴

Unit 23에 나오는 표현 중에서 비즈니스 상황에서 가장 많이 쓰는
패턴을 뽑았습니다. 생각 없이 바로 튀어 나오도록 입에 붙이세요.
QR코드를 찍어서 케빈경 선생님의 심플한 해설을 들어보세요.

길을 찾을 때

길을 잃었다고 말하기 **421**

길을 잃었어요.

I'm lost.

저기요, 좀 도와주시겠어요?

Excuse me, can you help me?

길 좀 물어봐도 될까요?

Can I get some directions?

■ directions
(장소를 찾기 위한) 길(이때는 항상 복수형으로 쓴다.)

이 지역 잘 아시나요?

Are you familiar with this area?

길 묻기 **422**

여기를 못 찾겠네요.

I can't find this place.

피트스 다이너가 어딥니까?

Where is Pete's Diner**?**

파크호텔까지 가려고 하는데요.

I'm trying to get to the Park Hotel.

월넛가가 어디 있는지 아세요?

Do you know where Walnut Street **is?**

버스정류장까지 어떻게 가나요?

How do I get to the bus stop**?**

■ get to ~에 도착하다

제가 제대로 가고 있나요?

Am I going the right way?

이 지도에서 어디죠?

Where is it on this map?

템플턴 타워가 이 방향 맞나요?

Is this the right way to the Templeton Tower**?**

오크가까지 어떻게 가는지 알려주시겠어요?

Can you tell me how I can get to Oak Street**?**

특정 시설 위치 물어보기 · 423

이 근처에 우체국 있나요?

Is there a post office **near here?**

가장 가까운 지하철역이 어디죠?

Where is the nearest subway station**?**

■ near 가까운

인근에 편의점 있나요?

Are there any convenience stores **nearby?**

■ nearby 근처에, 가까이에

혹시 이 근처에 화장실이 있는지 아세요?

Do you know if there's a restroom **around here?**
Do you know if there's a toilet **around here?** [UK]

TIPS & MORE **Toilet** vs. **Restroom**

화장실을 영어로 말할 때 toilet이나 restroom이라고 합니다. 영국에서는 toilet을 화장실로 생각하지만 미국에서 toilet은 '변기'를 연상시키는 단어입니다. 미국에서는 외부 시설의 화장실은 restroom, 집에 있는 화장실은 bathroom이라고 쓰는 것이 일반적입니다.

여기서 먼가요?

Is it far from here?

기차역이 여기서 얼마나 멀죠?

How far away is the train station?

걸어서 갈 수 있는 길인가요?

Is it within walking distance?

얼마나 걸리죠?

How long will it take?

TIPS & MORE 장소

(공영)주차장	(public) parking lot	치과	dentist's office
카센터	auto repair shop / garage	피자집	pizza parlor
극장	theater	은행	bank
영화관(미국)	movie theater	우체국	post office
영화관(영국)	cinema	이동통신사 대리점	cellular phone store
경찰서	police station	어린이집	nursery school
대형마트	supermarket	유치원	kindergarten
편의점	convenience store	초등학교	elementary school
쇼핑몰	(shopping) mall	중학교	junior high / middle school
지하철역(미국)	subway station	고등학교	high school
지하철역(영국)	Underground Station	대학교	college / university
도서관	library	횡단보도	crosswalk
박물관	museum	인도	sidewalk
전시관	art gallery	삼거리	three-way intersection
기차역	train station	사거리	intersection / crossroad
버스터미널	bus station	카페	café / coffee shop
버스정류장	bus stop	식품점	grocery store
소방서	fire station	아이스크림 가게	ice cream shop
화장실	(public) restroom	선물가게	gift store
남자화장실	men's room	술집	bar
여자화장실	ladies' room	고속도로	freeway / highway / expressway
소방서	fire station	사무실 건물	office building
주유소(미국)	gas station	분수	fountain
주유소(영국)	filling station / petrol station	공원	park
신호등	traffic light / signal	주거 아파트	condo / condominium
미장원	beauty shop / hair salon	임대 아파트	(rental) apartment
서점	bookstore	콘도	timeshare
문구점	stationery store	개인병원	medical clinic / doctor's office
약국	drug store / pharmacy		

거기로 가는 버스 있나요?

Is there a bus **that goes there?**

쇼핑몰까지 지하철이 가나요?

Can I take the subway to the mall?

기차가 거기까지 가나요?

Does the train **go there?**

택시 잡기 쉬운가요?

Is it easy to catch a taxi?

TIPS & MORE　fare, fee, toll은 어떻게 다를까?

fare는 일반적으로 '운송 수단을 이용하고 지불하는 요금'입니다. train fare(기차비), bus fare(버스비) 등이 있습니다. fee는 '전문적인 서비스를 이용하고 지불하는 비용'이지요. legal fee(법률 자문료), school fee(학비)를 예로 들 수 있습니다. toll은 '다리나 도로 등의 시설을 이용할 때 부과하는 이용료' 입니다. tollgate(고속도로 통행료 납부하는 곳)을 떠올려보세요.

버스·기차·지하철을 탈 때

요금 물어보기 **426**

요금이 얼마죠?
What's the fare?

스탠포드까지 얼마죠?
How much is it to Stanford**?**

신용카드로 결제할게요.
I'll use my credit card.

버스 기사에게 물어보기 **427**

베이커가로 가나요?
Does this go to Baker Street**?**

환승권 주세요.
Transfer, please.

■ transfer (ticket)
환승권(캐나다에서는
환승해야 하는 경우, 버스에
탈 때 기사에게 미리 말하고
구입해야 한다.)

환승권이 필요합니다.
I need a transfer.

내려야 할 때 알려주시겠어요?
Can you tell me when to get off?

■ get off (탈 것에서) 내리다

그 정류장에 도착하면 알려주실 수 있나요?
Would you let me know when we get to that stop**?**

아, 저 여기서 내려야 해요.
Oh, I have to get off here.

여기 앉아도 되겠죠?

Can I sit here?

이것 좀 치워주실 수 있나요?

Do you mind moving this?

■ Do you mind ...
~해 줄 수 있나요?

창문 좀 열어 주실래요?

Mind cracking the window? [INF]
Mind opening the window? [UK]

■ crack a[the] window
창문을 조금 열다

조금만 옆으로 가주실래요?

Could you move over a little bit?

여기서 에이스 쇼핑몰까지 얼마나 되는지 아세요?

Do you know how far we are from Ace Mall?

시내가 여기서 가까운가요?

Are we near downtown?

다음 정류장이 어떻게 되죠?

What's the next stop?

여기 누가 앉아 있나요? (다른 사람이 앉을 건가요?)

Is anyone sitting here?

이 자리 주인 있나요?

Is this seat taken?

몇 시에 출발하나요?

What time does it leave?

경유하나요?

Are there any layovers? ▸

◂ layover는 여행 도중에 잠시 머물거나, 항공 여행 중에 환승 대기하는 것을 뜻한다.

토론토까지 직행인가요?

Does it go direct to Toronto?

■ direct 직행의, 곧장 가는 (반대는 indirect)

다음 버클리행 버스가 언제인가요?

What time is the next bus **to Berkeley?**

기차 들어와 있나요?

Is the train **here?**

버스가 식사 시간 때 중간에 멈추나요?

Does the bus stop for meals?

기차에 식당칸이 있나요?

Does the train have a dining car?

■ dining car (기차의) 식당차

어떤 노선이 시립 박물관까지 가는지 알려주시겠어요?

Can you tell me which line goes to the city museum**?**

중간에서 열차를 갈아타야 하나요?

Do I need to change trains somewhere?

■ change (같은 종류의 다른 것으로) ~을 변경하다, 바꾸다

어디서 갈아타야 하죠?

Where should I change trains?

택시를 탈 때

택시 기사와 대화하기   431

공항으로 가주세요.
The airport, please.

센트럴파크로 가야 합니다.
I need to go to Central Park.

포시즌스 호텔이 여기서 먼가요?
Is the Four Seasons Hotel **far from here?**

좀 급해요.
I'm sort of in a hurry.

■ be in a hurry
서두르다, 황급하게 굴다

조금 천천히 가주시겠어요?
Could you slow down a bit?

■ slow down 속도를 줄이다

거의 다 왔나요?
Are we almost there?

얼마나 더 걸리나요?
How much longer? [INF]

택시 기사에게 요청하기   432

여기서 기다려 주시겠어요?
Could you wait here?

금방 올게요.
I'll be right back.

에어컨 켜주시겠어요?

Could you turn on the air-conditioning?

■ air-conditioning
(건물·차량 등의) 에어컨,
냉방 시설

에어컨 꺼주실 수 있는지요?

Do you mind turning off the air-conditioning?

히터 내려주시겠어요?

Can you turn the heat down?

■ turn down (오븐, 히터
등)의 온도를 낮추다

뒷자리는 좀 덥습니다.

It's kind of hot in the back. ▸

◂ 차량 안에서 나오는 대화로,
in the back 뒷좌석을
의미한다.

하얏트에서 누구를 태워야 합니다.

We need to pick up someone **at** the Hyatt.

요금 결제에 대해 말하기

433

잔돈은 가지세요.

Keep the change.

50달러짜리를 잔돈으로 바꿀 수 있나요?

Can you break a fifty**?**

■ break 돈을 바꾸다

영수증 주시겠어요?

Can I get a receipt?

■ receipt 영수증

10% 팁을 추가하세요.

Go ahead and add a 10% tip. ▸

◂ 미국에서는 택시를 이용할
때도 팁을 주는 것이 관행이다.
정해진 금액은 없지만 보통
총액의 10~20% 정도를
지불한다.

여기 제 신용카드 있습니다.

Here's my credit card.

렌터카를 탈 때

렌터카 사무소 위치 물어보기 · 434

허츠 렌터카가 어디 있나요?

Where's Hertz Rent-a-Car?

렌터카 사무소들이 어디 있죠?

Where are the car rental counters?

■ counter (상점, 식당 등의) 계산대, 판매대, (은행, 서비스업의) 창구

렌터카가 이쪽인가요?

Is this the way to the car rentals?

렌터카 빌리기 · 435

예약했습니다.

I have a reservation.

예약 안 했습니다.

I don't have a reservation.

차를 렌트하고 싶습니다.

I would like to rent a car.

작은 차도 있나요?

Do you have any small cars?

◀ 대체표현
SUV **SUVs**
컨버터블 **convertibles**

어떤 사이즈가 있나요?

What sizes do you have?

신용카드로 결제하겠습니다.

I'll pay with my credit card.

저기요, 어디 주차하면 되나요?

Excuse me, where can I park?

고속도로 입구가 어디죠?

Where's the freeway entrance**?**
Where's the motorway entrance**?** [UK]

스탠턴 극장으로 가려면 어떻게 가는 게 가장 좋은가요?

What's the best way to get to Stanton Theater**?**

여기가 씨트러스가인가요?

Am I on Citrus Avenue**?**

그곳까지 고속도로로 가도 됩니까?

Can I take the highway there?
Can I take the motorway there? [UK]

가장 가까운 주유소까지 얼마나 멀죠?

How far is the closest gas station? ▶
How far is the closest petrol station? [UK]

◀영국에서는 주유소를 filling station 또는 petrol station이라고 한다.

제 신용카드 쓸게요.

I'll use my credit card.

5번 펌프에서 20달러요.

$20 on pump five**, please.** ▶

저기 있는 청색 포드입니다.

It's the blue Ford **over there.**

현금으로 내겠습니다.

I'll pay with cash. ▶

◀미국 셀프 주유소는 자신이 주유한 기계의 번호를 말하고 금액을 말하면 카운터에서 결제를 해주는 시스템이다. 이때 기계를 '펌프(pump)'라고 한다.

◀pay cash와 pay with cash는 같은 의미다. pay with my credit card라고 하면 '신용카드로 결제할게요'라는 뜻이 된다.

30달러어치요.

$30 worth.

가득 채워주세요.

Fill it up, please.

■ fill ... up
(차)에 연료를 가득 넣다

무연으로 주세요.

Unleaded, please.

■ unleaded
(휘발유, 연료 등이) 무연의

도로지도 파나요?

Do you carry road maps? ▸

◂ road map은 말 그대로
자연 지리 정보가 아닌 도로나
교통 링크를 표시하는 지도를
말한다.

차에 생긴 문제에 대해 말하기

439

차가 시동이 안 걸려요.

My car won't start.

차를 견인해야 합니다.

I need to tow my car.

■ tow (차량, 선박 등)을
견인하다, 끌고 가다

타이어가 펑크 났어요.

I have a flat tire.

■ have[get] a flat tire
타이어가 펑크 나다

차가 그냥 서버렸어요.

The car just stalled.

■ stall (동력 부족 등으로 차,
비행기, 엔진 등이) 멈추다,
멎다

차가 고장 났습니다.

My car broke down.

■ break down 고장 나다

배터리가 나갔습니다.

The battery is dead.

차가 뭐가 문제인지 모르겠네요.

I don't know what's wrong with the car.

이상한 소리가 나요.

It's making strange noises.

차 안에 열쇠를 두고 문을 잠가서 못 들어가요.

I locked myself out of the car.

■ lock oneself out (실수로) 열쇠를 안에 두고 문을 잠그다

사고를 당했어요.

I got into an accident.

그냥 가벼운 접촉사고입니다.

It's just a fender-bender.

■ fender-bender 가벼운 자동차 접촉 사고

그 차가 불쑥 나타나더라고요.

The car came out of nowhere.

■ out of nowhere 갑자기, 예상치 못하게

제 과실이 아니었어요.

It wasn't my fault.

다른 차가 저를 쳤어요.

The other car hit me.

전 다치지 않았어요.

I'm not hurt.

제가 살짝 다친 것 같습니다.

I have a slight injury, I think.

■ slight 약간의, 미미한

다들 괜찮아요.

Everyone's all right.

UNIT 24

식당

Business Trips: Restaurants

출장 중에는 현지에서 식당에서 예약하고 원하는 자리를 요청하거나 음식을 주문하고 계산할 때 영어가 필수죠. 종종 술자리가 있기도 합니다.

3분
저자 직강
24

매일 입에 달고 사는 비즈니스 영어 일상 패턴

Unit 24에 나오는 표현 중에서 비즈니스 상황에서 가장 많이 쓰는 패턴을 뽑았습니다. 생각 없이 바로 튀어 나오도록 입에 붙이세요. QR코드를 찍어서 케빈경 선생님의 심플한 해설을 들어보세요.

식당을 예약할 때

식당 예약하기 `441`

오늘 저녁 예약하고 싶습니다.
I want to make a reservation for tonight.

6시에 세 명 자리를 예약하고 싶습니다.
I'd like to reserve a table for three **at** 6.

일행이 많습니다.
It's a large party. ▸

◂ 반대로 small party라고
하지는 않는다. 숫자가 적을
때는 3명, 4명 등으로 숫자를
언급한다.

총 8명이 올 겁니다.
There'll be eight **of us.**

식당에 입장하기 `442`

네, 예약했습니다.
Yes, I have a reservation.

Jong Kim으로 예약했습니다.
The reservation is under Jong Kim.

■ under ~이름으로

예약 안 했습니다.
I don't have a reservation.

두 명 앉을 자리를 주세요.
I'd like a table for two.

전망 좋은 자리 주실 수 있나요?
Could I get a table with a view?

창가 쪽 **자리를 주세요.**

We'd like a table by the window.

◀ 대체표현
뷔페 테이블과 가까운
near the buffet tables
분수와 가까운
close to the fountain

금연석으로 주세요.

Nonsmoking, please.

대기할 때 **443**

얼마나 **기다려야 되죠?**

How long is the wait?

네, **기다릴게요.**

Yes, I'll wait.

바에서 **기다려도 되나요?**

Can I wait at the bar?

두 명 더 **기다리고 있습니다.**

I'm waiting for two more people.

다른 사람이 올 겁니다.

I'm expecting someone else.

사람들이 더 올 겁니다.

There will be more people coming.

자리 바꾸기 **444**

여기 너무 추워요.

It's too cold **here.**

좀 시끄럽네요.

It's a little noisy.

테이블 바꿔줄 수 있나요?

Can we change our table?

다른 테이블로 바꿔주시겠어요?

Could we get a different table?

저 테이블로 가도 될까요?

Is it okay if we take that table?

화장실이 어디 있나요?

Can you tell me where the restrooms are?
Can you tell me where the toilets are? [UK]

남자 화장실이 어디 있죠?

Where's the men's room?
Where's the men's toilets? [UK]

화장실이 이쪽인가요?

Are the restrooms this way?
Are the toilets this way? [UK]

식당에 화장실 있나요?

Do you have a restroom in the restaurant?
Do you have a toilet in the restaurant? [UK]

종업원 부르기

여기요!

Here?

Over here? [UK]

저기요.

Excuse me. ▸

◀ 미국에서는 서빙을 하는
종업원을 부를 때 큰소리로
부르지 않는다. 종업원을
불러야 할 때는 눈을 마주
치고 excuse me라고 하면
테이블로 가까이 와서 필요한
것을 말하면 된다. 눈을
마주치기 힘들다면 살짝 손을
들어 신호를 주는 것은 괜찮다.

시간 있으세요? (잠깐 와주세요.)

Do you have a second?

메뉴 좀 봐도 되죠?

Can we see the menu?

물 좀 가져다주시겠어요?

Can you get us some water?

디저트 메뉴 가져다주시겠어요?

Could you bring us the dessert menu?

주문해도 될까요?

Can we order?

TIPS & MORE   Waiter? Server?

영어권에서도 아직 waiter(웨이터)나 waitress(웨이트리스)라는 단어를 자주 쓰지만, 요즘은 남녀 구분 없이 더 세련되게
들리는 server(서버)라는 단어도 많이 씁니다.

아직이요.

Not yet.

몇 분만 더 주세요. (몇 분만 기다려주세요.)

We need a few more minutes.

아직 메뉴를 보고 있어요.

We're still looking at the menu.

아직 결정을 못 했어요.

We haven't decided yet.

준비됐어요.

We're ready.

지금 주문해도 될까요?

Can we order now?

전 티본스테이크로 주세요.

I would like the T-bone steak.

전 오늘의 특별요리로 하겠습니다.

I'll have today's special.

연어를 시켜보죠.

I'll try the salmon.

시저샐러드도 주세요.

I'd also like a Caesar salad.

◀ 대체표현
탄산수 2병 **two bottles of sparkling water**
스프 **a soup**

저도 같은 거로요.

I'll have the same.

두 개로 해주세요.

Make that two.

잘 익혀주세요.

I'd like it well-done, **please.**

와인 주문하기 `450`

와인 리스트 주시겠어요?

Can we get the wine list?

이걸로 한 병 주시겠어요?

Could we get a bottle of this one?

하우스 와인으로 한 잔 주세요.

I'd like a glass of your house wine.

■ house wine 하우스
와인(레스토랑에서 자체
생산한 저렴한 포도주)

메뉴 추천 부탁하기 `451`

여기 뭐가 맛있어요?

What's good here? [INF]

뭐를 추천하시겠어요?

What would you recommend?

뭐 하나 추천해주실래요?

Can you suggest something?

■ suggest 추천하다
(recommend와 같은 의미다)

오늘 특별요리가 뭔가요?

What's today's special?

여기 뭐가 인기가 많나요?

What's popular here?

■ popular 인기있는

뭐가 같이 나오나요?

What comes with that?

감자튀김과 같이 나오나요?

Does that come with French fries**?**

■ come with ...
~와 함께 나오다[제공되다]

수프나 샐러드가 같이 나오나요?

Do I get soup or salad with that?

드레싱은 뭐가 있나요?

What kind of dressings do you have?

■ dressing
(요리에 넣는) 드레싱, 소스

채식 요리인가요?

Is that a vegetarian **dish?**

전 토마토를 못 먹어요.

I can't eat tomatoes**.**

후춧가루는 빼주세요.

No pepper**, please.**

◀ 대체표현
고수 **coriander**
민트 **mint**

케첩은 넣지 마세요.

Hold the ketchup.

■ hold the ...
~을 넣지 마세요

전 복숭아 **알레르기가** 있습니다.

I'm allergic to peaches.

리필 요청하기 454

리필 해주실래요?

Can I get a refill?

물 좀 더 주세요.

More water, **please.**

커피가 더 필요해요.

We need more coffee.

빵 더 주시겠어요?

Could we get more bread?

달걀 요리에 대해 말하기 455

스크램블로 해주세요.

Scrambled, please.

한쪽만 익혀주세요.

Sunny side up.

완전히 익혀주세요.

Over hard.

TIPS & MORE 계란 요리법

삶은	boiled	속까지 완전히 삶은	hard-boiled
한 면만 익히고 노른자가 터지지 않은	sunny side up	양 면이 익었지만 노른자는 익지 않은	over easy
양면 다 익히고 노른자는 깨트려서 익힌	over hard	바싹 익히고 노른자까지 터트린	turn over
계란을 풀고 휘저어 볶은	scrambled	물 속에서 익힌(수란)	poached

죄송한데 이거 못 먹겠습니다.
I'm sorry but I can't eat this.

이건 너무 차가워요.
This is too cold.

이거 안 시켰는데요.
I didn't order this.

다시 가져가 주시겠어요?
Can you take it back?

■ take ... back ~을 무르다,
반품하다 (이 표현은 '말을
취소하다'라는 뜻도 있다.)

저희 음식 어디 있나요?
Where's our food?

한참 전에 주문했는데요.
We ordered a while back.

■ a while back[ago]
꽤 오래 전에, 한참 전에

더블 치즈버거와 감자튀김 **주세요.**
I'd like a double cheeseburger with fries.

까페라떼 두 잔과 에스프레소 한 잔 **주세요.**
Two café lattes and one espresso, **please.**

햄버거 두 개**요.**
Two burgers.

콜라 큰 것**도** 같이 **주세요.**
Give me a large Coke **with that.**

케첩 **더 주세요.**
Extra ketchup, **please.**

◀ 대체표현
드레싱 dressing
야채 veggies

여기서 먹을 겁니다.

For here.

가져갑니다.

It's to go. ▶

◀ 줄여서 To go라고만 해도 된다.

마요네즈는 **빼주세요.**

No mayo. ▶

◀ mayonnaise는 줄여서 mayo라고 한다.

케첩 **넣지 마세요.**

Hold the ketchup.

영수증 주시겠어요?

Can I get a receipt?

TIPS & MORE   Fast food점에서는 표현도 fast

앉아서 편안하게 주문하는 일반 식당과는 달리 패스트푸드점에서 줄을 서서 주문할 때는 주문도 빨리 하게 됩니다. 그러다 보니 시간을 아끼려고 표현마저 짧아지고 격식도 많이 갖추지 않는 편입니다. 포장 판매 음식은 영국과 미국에서 다르게 말합니다. 북미에서는 한국에서처럼 '테이크아웃(take-out, takeout)'이라고 하기도 하고 carry-out이라 하기도 합니다. 반면 영국에서는 take-away라고 합니다.

바에서 주문할 때

술 주문하기 — 458

하이네켄 **하나 주세요**.
Let me get a Heineken.

생맥주로 뭐가 있나요?
What do you have on tap?

■ on tap (맥주를) 술통에서
따라 마시는, 생맥주의

생맥주로 주세요.
I'll have the draft beer.

■ draft beer 생맥주

생맥주 피처로 하나 주세요.
A pitcher of beer, please.

진토닉 한 잔 **주세요**.
I'd like a gin and tonic. ▸

◂ gin and tonic은 칵테일의
일종이다. 한국에서는
'진토닉'으로 부르는데,
영어로는 gin and
tonic이라고 해야 한다.

마르가리타 한 잔 **하겠습니다**.
I'll take a margarita.

바텐더·종업원에게 말하기 — 459

같은 걸로 하나 더 주세요.
I'll have another.

버드 **하나 더요**.
One more Bud, please. ▸

◂ Bud는 Budweiser
(버드와이저)를 줄여서 부르는
말이다. 버드와이저는 미국의
대표적인 국민 맥주 중 하나다.

땅콩 좀 더 주시겠어요?
Can we get more peanuts?

445

나중에 한꺼번에 계산할게요.

Run a tab. ▸

◂ 미국에서는 한 잔씩 주문할 때마다 돈을 낸다. tab은 계산서를 말한다. run a tab은 '계산이 쌓이다'라는 뜻으로, 바에서 Run a tab.이라고 하면 잔당 계산하지 않고 한꺼번에 내겠다는 뜻이다.

얼음 넣어주시겠어요?

Can you make it on the rocks?

한 잔씩 더 주세요.

Another round.

마지막 주문이 언제죠?

What time is last call? ▸
What time is last orders? [UK]

◂ last call은 미국 술집에서 바텐더가 문 닫기 전 마지막 주문을 받는 시간을 말한다. 영국에서는 last orders라고 한다.

해피아워가 언제인가요?

When is happy hour?

■ happy hour 식당이나 바에서 특정 술을 할인해서 판매하는 보통 이른 저녁의 시간대

술자리에서

460

그냥 피처를 주문할까요?

Should we just get a pitcher?

우리 뭐 마실까요?

What are we having?

뭐 먹고 싶은 사람 없어요?

Does anyone want something to eat?

한 잔씩 더 마실까요?

Another round?

■ round (동석한 사람 전원에게) 한 잔씩 다 돌리는 술

이번 잔은 제가 돌립니다.

This round's on me.

다음 잔은 제가 돌립니다.

The next one's on me.

■ be on ... (식사비, 비용 등에 대해) ~가 부담하다, ~가 돈을 내다

오늘 밤에는 제가 내겠습니다.

I'm buying tonight.

건배!

Cheers.

원샷!

Bottoms up!

우리를 위해!

Here's to us!

고객님을 위하여!

To our client!

이걸 마지막 잔으로 하죠.

Why don't we make this our last round.

이걸로 끝내죠.

Let's call it a night. ▸

◂ '(일 등을) 이만 끝내다, 여기까지 하다'라는 표현으로 call it a day가 있다. 이와 비슷하게 저녁 술자리는 call it a night이라고 하고 끝낸다.

■ turn in
자러 가다, 잠자리에 들다

이제 그만 자야 할 것 같아요.

I think I'm going to turn in.

다른 곳으로 가죠.

Why don't we hit another place? [INF] ▸

◂ 친한 사이에 쓰는 표현으로, '2차 가자.'라는 의미와 비슷하다.

내일 할 일이 많으니, 전 가봐야겠어요.

I have a big day tomorrow, so I'd better go.

계산할 때

계산서 요청하기

463

◉ 한국에서는 음식을 먹고 나가는 길에 카운터에 가서 계산하지만, 이와 달리 미국에서는 보통 계산서를 요청하면 가져다 주고 자리에서 음식값을 계산합니다.

계산서 주세요.

Bill, please.

계산서 주실래요?

Check?

계산서 주시겠어요?

Could I have the bill?

계산서를 다 따로 주실래요?

Can we get separate checks?

다 합해서 계산서 하나로 주세요.

All on one check, please.

결제하기

464

여기서 결제하면 되나요?

Do I pay you?

카운터에서 계산할까요?

Should I pay at the counter?

잔돈은 됐습니다.

Keep the change.

팁으로 15% 추가하세요.

You can add a 15% tip. ▸

◂ 이때 tip은 단수형으로 써서
a 00% tip이라고 한다.

신용카드로 계산할게요.

Put it on my credit card.

이 카드 받으세요?

Do you take this card?

현금으로 낼게요.

We'll pay cash.

■ pay cash 현금으로 내다

계산서 확인하기

계산서가 잘못됐네요.

There's a mistake on the bill.

저흰 이거 주문하지 않았는데요.

We didn't order this.

저흰 이거 하나만 주문했는데요.

We only ordered one of this.

UNIT 25

숙소
Business Trips: Lodging

요즘은 출장 중에도 다양한 형태의 숙소를 이용하지요. 숙소에서는 물어보거나 요청해야 하는 상황이 자주 발생합니다. 일정이 늘어나 현지에서 예약을 하는 경우도 있고, 체크인을 한 후에 변경이나 추가 요청사항이 생기기도 합니다.

3분
저자 직강
25

매일 입에 달고 사는 비즈니스 영어 일상 패턴

Unit 25에 나오는 표현 중에서 비즈니스 상황에서 가장 많이 쓰는 패턴을 뽑았습니다. 생각 없이 바로 튀어 나오도록 입에 붙이세요. QR코드를 찍어서 케빈경 선생님의 심플한 해설을 들어보세요.

숙소를 예약할 때

숙소에 전화하기

예약하려고 전화 드립니다.

I'm calling to make a reservation.

사흘 밤 묵을 방을 예약하고 싶습니다.

I'd like to reserve a room for three nights. ▶

◀ 호텔은 1박을 기준으로 하기 때문에 night를 써서 며칠을 묵을 것인지 말하는 것이 정확하다.

방 두 개를 3박으로 예약해주시겠어요?

Could you reserve two **rooms for** three nights**?**

숙박비 물어보기

디럭스 방이 얼마입니까?

How much is the deluxe **room?**

숙박비가 어떻게 되죠?

What are your room rates?

■ rate 요금

견적서를 보내주시겠어요?

Can you send me a quote?

■ quote 견적서

기업 할인 해주시나요?

Do you offer corporate discounts**?**

숙박 날짜 말하기

2월 15일에 스탠다드 방 네 개 있나요?

Do you have four standard **rooms available for** February 15**?**

3월 2일**부터** 5일**까지입니다.**

It'll be from March 2 **to** 5.

이틀 밤**만입니다.** 7월 6일과 7일.

Two nights only. July 6 and 7.

■ only
오직 ~만 (명사 뒤에 쓴다.)

전 화요일에 **도착합니다.** 아마 오후 6시 정도요.

I'm arriving on Tuesday, probably around 6 p.m. or so.

8월 26일에 **체크아웃할 겁니다.**

We'll be checking out on August 26.

예약자 이름 말하기 **469**

네, 이름은 다음과 같습니다.

Okay, here are the names.

명단은 메일로 보내드리겠습니다.

I'll email you the names. ▸

◂ 투숙객이 여러 명일 때
복수형으로 the names라고
쓴다.

Colors Korea사로 **예약해주시겠어요?**

Can you make the reservation under Colors Korea?

결제에 대해 말하기 **470**

제 신용카드 정보입니다.

Here's my credit card information.

신용카드 정보는 메일로 보내드리겠습니다.

I'll email you the credit card information.

제 신용카드로 결제해주세요.

Charge it to my credit card.

■ charge ... to ...
~의 값을 ~에(게) 부과하다

방에 인터넷이 연결되어 있나요?

Is there an Internet connection **in the room?**

저희는 바다가 보이는 **방을 원합니다.**

We'd like a room with an ocean view.

방에 퀸사이즈 침대 **있나요?**

Does the room have a queen-size bed**?**

저는 금연 객실이 좋습니다.

I prefer a non-smoking room.

메일로 예약확인 번호를 보내주시겠어요?

Can you send me a confirmation number via email**?**

예약을 취소해야 합니다.

I have to cancel my reservation.

예약을 4월 2일에서 4월 3일로 바꾸고 싶습니다.

I'd like to change my reservation from April 2 **to** April 3.

체크인 · 체크아웃 할 때

상황 02

예약된 호텔에 체크인하기 · 473

Colors Korea사로 **예약되어있습니다.**

The reservation is under Colors Korea.

예약했습니다.

I have a reservation.

체크인해야 합니다.

I need to check in, please.

제 예약번호입니다.

Here's my reservation number.

예약 안 했을 때 · 474

예약 안 했습니다.

I don't have a reservation.

싱글룸을 주시면 좋겠습니다.

I'd like a single room.

오늘 밤 숙박할 방이 필요합니다.

I'd like a room for the night.

TIPS & MORE **싱글룸, 더블룸, 트리플룸**

single room은 말 그대로 침대가 하나 있는 1인용 룸을 뜻합니다. 북미와 유럽에는 흔하지만 한국을 비롯한 아시아 국가에서는 찾기 어렵습니다. double room은 2인용 큰 침대가 하나 있는 방이며, twin room은 1인용 침대가 2개 있는 방을 말합니다. triple room은 가족 단위가 이용하기 좋은 방으로 2인용 침대 하나, 1인용 침대 하나가 있는 방입니다.

3박 할 방 두 개가 필요합니다.

I need two **rooms for** three nights.

빈방 있나요?

Are there any vacancies?

■ vacancy
(호텔, 건물 등의) 빈방

지금 예약해도 되나요?

Can I reserve a room now?

저 혼자입니다.

It's just me.

그 방 얼마인가요?

How much is the room?

숙박비가 어떻게 돼요?

What are your rates?

■ rate 요금, 1박 비용

더블룸은 숙박비가 얼마죠?

What's the rate for a double **room?**

수영장에서 가까운 방 있나요?

Do you have any rooms near the pool**?**

더블 침대가 있는 방 주실 수 있나요?

Could I get a room with a double bed**?**

조용한 방을 주시면 좋겠습니다.

I would like a quiet **room.**

세탁 서비스가 필요합니다.

I need laundry service.

금연 **방으로 주시겠어요?**

Can I get a non-smoking **room?**

방에 와이파이 **되나요?**

Does the room have wi-fi?

와이파이 비밀번호는 뭔가요?

Can I get the password for the WiFi?

방에 헤어드라이어 **되나요?**

Is there a hairdryer **in the room?**

호텔에 헬스장 **있나요?**

Does the hotel have a gym?

■ gym 체육관, 헬스장

룸서비스 제공하시나요?

Do you offer room service?

그 층에 제빙기가 **있나요?**

Is there an ice machine on **that floor?** ▸

◀ 고객의 편의를 위해
제빙기를 구비하고 있는
호텔이 있다.

근처에 좋은 식당 **있나요?**

Is there a good restaurant **nearby?**

호텔 식당은 언제 닫나요?

When does the hotel restaurant **close?**

공항까지 셔틀버스가 있나요?

Is there a shuttle bus to the airport?

체크아웃 후에 짐을 맡길 수 있나요?

Can I store my luggage here after I check out?

체크아웃이 몇 시죠?

What time is check out?

그것보다 늦게 체크아웃해도 되나요?

Can I check out later than that?

늦게 체크아웃하면 추가 요금을 받으시나요?

Do you charge extra for late checkout?

■ charge extra
추가 요금을 부과하다

변동 사항 전달하기 477

오늘 체크아웃해야 합니다.

I need to check out today.

숙박을 연장하고 싶습니다.

I want to extend my stay.

■ extend 연장하다
■ stay 체류 (주로 단수형으로
쓴다.)

방을 하나 더 예약해도 되나요?

Can I reserve another room?

체크아웃하기 478

체크아웃하려고요.

I'm checking out.

키 여기 있어요.

Here's the key.

항목별 계산서를 주시겠어요?

Could I get an itemized bill, please?

■ itemized
자세한 내역이 나와 있는

현찰로 내겠습니다.

I'd like to pay cash.

제 신용카드로 결제해주세요.

You can charge it to my credit card.

숙박 중에 요청사항이 생겼을 때

룸서비스 주문하기 479

스파게티 블로네즈로 주시겠어요?

Can I get the spaghetti Bolognese**?**

커피도 포트로 주시겠어요?

Could I also get a pot of coffee**?**

■ pot of (커피, 차 등의) 한
포트[주전자]만큼의 양

얼마나 걸려요?

How long will that take?

아직 아침 식사 되나요?

Is breakfast **still available?**

룸서비스를 좀 주문하고 싶습니다.

I'd like to order some **room service.** ▸

◂ some을 생략해도 된다.

특별사항 요청하기 480

팩스를 보내야 합니다.

I have to send a fax.

방 바꿀 수 있나요?

Can I change my room?

방 청소해주시겠어요?

Could you clean the room?

수건이 더 필요합니다.

I need extra towels.

■ extra
여분의, 가외의, 추가의

오전 7시에 모닝콜을 해주세요.

I'd like a wake-up call at 7 a.m.

■ wake-up call
(호텔 등의) 모닝콜

에어컨 **어떻게 켜나요?**

How do I turn on the air conditioner?

택시 좀 불러주시겠어요?

Can you call me a taxi?

근처 시설 추천받기　　481

근처에 편의점 **있나요?**

Is there a convenience store **nearby?**

이 근처에 좋은 피자집 **아세요?**

Do you know any good pizza parlors **around here?**

좋은 음식점을 추천해주시겠어요?

Could you recommend a good restaurant?

문제 알리기　　482

제 방에 못 들어가고 있습니다.

I can't get into my room.

카드 키가 안 됩니다.

The card key **won't work.**

◀ 대체표현
인터넷 internet
헤어드라이어 **hairdryer**

뜨거운 물이 안 나오네요.

There's no hot water.

TV가 안 나와요.

The TV is not working.

안이 너무 추워요.

It's too cold **in here.**

전구가 나갔어요.

The light bulb **went out.**

■ go out (전등 등이) 나가다, 꺼지다 (반대로 불이 들어오는 것은 come on이다.)

와이파이가 작동이 안 됩니다.

I can't get the WiFi **to work.**

방에서 담배 냄새가 납니다.

The room smells like cigarettes.

슬리퍼가 더 필요해요.

We need more slippers.

◀ **대체표현**
화장지 **toilet paper**
물 **water**

칫솔이 없어요.

There's no toothbrush.

옆 방이 정말 시끄러워요.

It's really noisy next door.

전망이 더 좋은 방으로 바꿀 수 있나요?

Could I move to a room with a better view?

제 방 청소가 안 된 것 같아요.

I'm not sure my room has been cleaned.

UNIT
26

인사 및 접대
Greetings & Small Talk

비즈니스 상황에서 새로운 사람을 만나 인사를 하거나 타인을
소개할 때는 몇 가지 형식만 기억하면 매끄럽게 진행할 수 있습니다.
상대방과 계속 사업 얘기만 할 수 없는 만큼 가벼운 대화 소재나
일상적인 표현도 미리 생각해두면 좋습니다.

3분
저자 직강
26

매일 입에 달고 사는 비즈니스 영어 일상 패턴

Unit 26에 나오는 표현 중에서 비즈니스 상황에서 가장 많이 쓰는
패턴을 뽑았습니다. 생각 없이 바로 튀어 나오도록 입에 붙이세요.
QR코드를 찍어서 케빈경 선생님의 심플한 해설을 들어보세요.

인사하거나 소개할 때

직접 만나서 인사하기

483

안녕하세요.

Hi.

안녕하세요.

Hello.

안녕하세요, 전 이종욱입니다.

Hi, I'm Jongwook Lee.

안녕하세요? 전 Mary입니다.

How're you doing? I'm Mary.

안녕하세요?

How are you?

처음 본 상대와 인사하기

484

처음 뵙는 것 같습니다.

I don't think we've met.

Baylor & Kite사에서 일하시나요?

Are you with Baylor & Kite?

그럼 그쪽은?

And you are? [INF]

정식으로 소개받지 못한 것 같습니다.

I don't think we've been formally introduced.

■ formally
공식적으로, 정식으로

죄송해요. 이름을 잘 못 들었습니다.

Sorry, I didn't catch your name.

■ catch ~을 알아듣다 (주로
구어체로 쓰는 표현이다)

처음 인사하기 485

전 여기 Tim과 함께 일합니다.

I work with Tim **here.**

제가 신임 프로젝트매니저입니다.

I'm the new project manager.

Ted Harrington씨 되시죠?

You must be Mr. Ted Harrington.

그냥 Ted라고 불러주세요.

Please call me Ted.

반갑습니다.

It's a pleasure.

대구에 오신 걸 환영합니다.

Welcome to Daegu.

안녕하십니까?

How do you do? [FOR]

만나서 반가워요.

Pleased to meet you.

드디어 만나는군요.

Finally. [INF] ▶

만나서 반갑습니다.

It's a pleasure to meet you. [FOR]

Pat, 저도 만나게 되어 좋습니다.

Nice to meet you, too, Pat.

네, 안녕하세요. Ben이시군요!

Yes, hi. You're Ben! ▶

드디어 만나게 되어 기쁩니다.

It's good to meet you finally.
It's good to finally meet you. [UK]

Jay한테서 말씀 많이 들었어요.

Jay **told me a lot about you.**

◀ 긴 시간이나 여러 차례 연락을 주고 받은 사이거나 간접적으로 알고 있던 사람을 만났을 때 할 수 있는 인사다. 어조에 반가운 느낌을 살려서 말하자.

◀ 대면해서 인사할 때는 인사말 못지 않게 태도도 중요하다. 밝은 표정과 긍정적인 제스처를 갖추고 말하자.

John이신가요?

You're John**?**

많이 뵌 분 같은데요.

You look familiar. ▶

우리 전에 만난 것 같아요.

I think we've met before.

Simon 맞죠?

Simon**, right?** [INF]

◀ 업무상 만나는 관계는 이전에 마주쳤을 가능성이 있다. 이때 관용적으로 자주 쓰는 표현이다.

죄송한데, Mary Sayles이신가요?

Sorry, are you Mary Sayles**?**

실은, 우리 전에 만났었던 것 같아요.

Actually, we might have met before.

아마 우리 몇 년 전에 만났을 겁니다.

I think we probably met a few years **ago.**

타인 소개하기

488

◉ [UNIT 0] Basics '비즈니스 회화 기본기'에서 '4. Small Talk에도 규칙이 있다'에서
소개하는 상황에 필요한 비즈니스 매너를 참고하세요.

두 분 서로 인사하셨나요?

Have you two met? ▸

◂ 여기서 meet는 처음 만나
통성명한 것을 가리킨다.

서로 아시나요?

Do you know each other?

Philip 아세요?

Do you know Philip**?**

Jay Park 아시죠?

You know Jay Park**, don't you?**

Tanya 만나셨나요?

Have you met Tanya**?**

아, 두 분 초면이라는 걸 깜빡했네요.

Oh, I forgot you two don't know each other.

프로젝트매니저에게 소개해 드릴게요.

Let me introduce you to the project manager.

죄송해요. 두 분을 서로 소개하지 못했네요.

Sorry, I don't think I introduced you to each other.

Keaton씨, 이쪽은 Harris입니다.

Mr. Keaton, this is Harris.

제 아내 진희를 소개하겠습니다.

I'd like you to meet my wife, Jin-hee.

이쪽은 저희 점장 Matthew Landon입니다.

This is Matthew Landon, our store manager.

제 상사를 소개합니다.

I'd like you to meet my boss.

이번 프로젝트를 맡으셨습니다.

He's in charge of the project.

■ be in charge of ...
~의 책임자이다, ~을 담당하다

인사부서를 맡으신 지 얼마 안 됐어요.

She's just taken over as head of Human Resources.

John은 회사에 들어온 지 얼마 안 됐습니다.

John has just come on board.

■ come on board
회사에 들어오다

운영이사이신 Peter Lang을 소개합니다.

May I present Peter Lang, the director of operations? [FOR]

아는 사람과 인사하기

아이고, 안녕하세요?

Hey, how's it going?

잘 지냈어요?

How've you been?

뭐 하고 지냈어요?

What have you been up to?

정말 반가워요.
It's really good to see you.

이렇게 보니 너무 반가워.
You're a sight for sore eyes.

■ a sight for sore eyes
눈물 날 정도로 반가운 대상
(구어체 표현으로, '보기에
즐거운[매력적인] 대상'이라는
뜻으로 쓴다.)

안녕, Rob. 다시 뵙게 되어 반갑습니다.
Hi, Rob. **Good to see you again.**

오랜만에 본 사람과 인사하기　　490

오랜만입니다.
It's been a while.

이게 얼마 만이에요?
How long has it been?

아마 한 2년 전에 서로를 봤죠?
I think we last saw each other, what, two years **ago?**

Perry, 오랜만이네.
Long time no see, Perry.

정말 오랜만이네요.
I haven't seen you in ages.

■ in ages
오랫동안, 오랜만에

사업은 잘돼요?
How's business?

요즘 어떠세요?
How's everything?

잘 지냈어요.

I've been doing good.
I've been good. [UK]

괜찮게 지냈어요. 당신은요?

Not too bad. Yourself?

뭐, 그럭저럭 지냈죠.

Oh, I can't complain.

잘 지냈어요. 당신은요?

Good. You? [INF]

업무량이 좀 많네요.

I've got a lot on my plate.

눈코 뜰 새 없이 바빠요.

I'm swamped.

■ be swamped (업무, 문제 등이) ~에게 쇄도하다, ~을 허덕이게 하다 (대부분 수동태로 쓰인다.)

서류 처리하느라 미치겠어요.

I'm drowning in paperwork.

■ drown in ...
~에 짓눌리다[허덕이다]
■ paperwork 서류 작업

업무로 아주 바빠요.

They're keeping me pretty busy at the office.

벌처럼 바빠요.

Busy as a bee. [INF]

안부 물어볼 때

안부 묻기 493

가족은 잘 있어요?
How's the family?

시카고 **거기는 어때요?**
How are things back in Chicago? ▸

◂ 여기서 back은 '그쪽'이라는
의미를 더해준다. 생략해도
말은 통하지만 넣는 것이 좀더
자연스럽다.

Jeff Sanders는 **아직도** LA 지사에 있나요?
Is Jeff Sanders **still at** the L.A. office?

Carol과 얘기한 지도 정말 오래됐어요.
I haven't talked to Carol **in ages.**

그리고 다들 잘 지내요?
And how's everyone **doing?**

Sam은 이제 고등학교에 들어갔죠?
Sam**'s in** high school **now, isn't** he?

안부 전하기 494

Tim이 안부 전하랍니다.
Tim **says hi.**

제 상사가 **여기 못 와서 죄송하다고 전해달랍니다.**
My boss **wanted me to tell you he's sorry** he
couldn't be here.

Sara에게 안부 전해주세요.
Give my best to Sara.

■ give one's best to
~에게 안부 전하다

저 대신 인사 전해주세요.
Tell him **I said hi.**

저 대신 Mary에게 안부 전해주세요.
Say hello to Mary **for me.**

■ say hello to
~에게 안부 전하다

날씨 말하기

495

멋진 날씨군요.
Great weather we're having.

밝이 정말 화창하죠?
It's beautiful out, isn't it?

■ beautiful (날씨, 경치, 음악 등이) 아름다운, 멋진

밝이 아주 따뜻하군요.
It's pretty warm out.

오늘 저녁 비가 온다고 그러네요.
It's supposed to rain tonight.

■ be supposed to ~하기로 예정되어 있다

이 눈 내리는 것 좀 보세요.
Look at all this snow.

요즘 날씨가 좀 이상하네요.
We've been getting some unusual weather lately.

■ lately 최근에, 요즘

텍사스 날씨는 어때요?
How's the weather back in Texas?

로스앤젤레스는 여기보다 더 좋은 날씨이길 바랍니다.
I hope Los Angeles is experiencing better weather.

그쪽은 눈이 많이 내렸다고 들었습니다.
I heard it's been snowing a lot back there.

그쪽은 날씨가 아주 좋겠죠.
I'll bet the weather is just beautiful over there.

아주 멋진 도시입니다.

This is a really nice city.

도시가 너무 멋져서 놀랐어요.

I can't get over how beautiful **the city is.** ▶

◀ get over는 '(충격 등)에서 벗어나다'라는 의미로. 다소 과장된 표현이긴 하지만 칭찬하는 말로 자주 쓴다.

전주에 얼마나 머무르실 계획이세요?

How long are you planning on staying in Jeonju?

시티투어 버스를 매일 운행합니다.

There's a city tour bus that runs every day.

오래된 도시입니다.

It's an old city.

작년에 이사 왔어요.

We moved in last year.

최근에 리모델링을 마쳤습니다.

We just recently finished renovations.

■ renovation (낡은 건물, 기계 등의) 보수, 개조

여긴 신관입니다.

This is a new wing.

■ wing 날개[부속] 건물 (본 건물에 날개처럼 딸려 있는 건물을 말한다.)

LA Lakers를 아주 좋아합니다.

I love the LA Lakers.

이번 시즌에 서울 키커스가 좀 나아졌어요.

Seoul Kickers **have been doing better this season.**

새로운 감독을 영입했어요.

They have a new coach now.

그 팀은 새로운 구단주가 생겼어요.

The team's got a new owner.

골프 하세요?

Do you golf?

◀ 대체표현
스키 **ski**
볼링 **bowl**
수영 **swim**

덴버에서 스키를 자주 타시게 됩니까?

Do you get to go skiing **much** in Denver?

한국에 멋진 야구 리그가 있습니다.

Korea's got a great baseball league.

Patterson이 제가 가장 좋아하는 선수죠.

Patterson's my favorite player.

맞장구치기 499

정말이요?

Really?

와.

Wow.

좋네요.

Nice.

아, 네.

Uh-huh.

그래요?

Is that right?

잘됐네요.

That's great.

오, 그럼요.
Oh, for sure.

저도 아니에요.
Neither do I.

오, 알죠.
Oh, I know.

저도요.
So do I.

아, 물론이죠.
Oh, totally.

그러게 말입니다.
No kidding.

동의합니다.
I agree.

네, 그러게 말이에요.
Yeah, I know, right?

당신은요?
Yourself? [INF]

당신은요? 골프하세요?
How about you? Do you golf?

당신은요? 대만에 가보셨어요?
And you? You've been to Taiwan?

출장과 숙박에 대해 말할 때

교통편 언급하기 `502`

항공편은 어떠셨어요?

How was your flight?

항공편은 괜찮으셨어요?

Did you have a good flight?

언제 오셨어요?

When did you get in?

■ get in (장소에) 들어가다

저희 사무실 찾는 데 힘들진 않으셨어요?

Did you have any trouble finding the office?

서울엔 처음 방문하시는 건가요?

Is this your first visit to Seoul**?**

여행에 대해 말하기 `503`

이번이 텍사스에 세 번째 오는 겁니다.

This is my third **time in** Texas.

저흰 처음입니다.

It's our first time.

택시 타고 왔어요.

We took a taxi **over.** ▶

◀ over를 빼도 말은 통하지만
'여기까지'라는 뉘앙스를 살릴
수 있어서 자연스럽다.

기사님이 참 좋은 분이셨습니다.

Your driver **was great.**

호텔은 편하십니까?

Is your hotel comfortable?

호텔은 어떠세요?

How's the hotel?

어디에 머물고 계세요?

Where are you staying?

강 옆에 있는 Hyatt에 계신가요?

Are you at the Hyatt by the river?

호텔 방 예약은 하셨습니까?

Have you booked a hotel room yet?

◀ 대체표현
전시회장 근처, Royal hotel
the Royal Hotel near the convention center
공항 근처, Meriton Inn
the Meriton Inn near the airport

추천할 만한 호텔이 있습니다.

I can recommend a hotel.

여기서 몇 블록만 가면 힐튼이 있습니다.

There's a Hilton a few blocks from here.

저흰 기업 할인을 받습니다.

We get corporate rates.

Cindy에게 방을 예약하라고 하겠습니다.

I'll have Cindy reserve a room for you.

Oceanview Inn에 머물고 있어요.

We're staying at the Oceanview Inn.

꽤 편해요.

It's quite comfortable.

■ quite 꽤, 제법, 상당히

좋은 호텔이더군요.

It's a nice hotel.

방들이 아주 훌륭합니다.

The rooms are very nice.

서비스가 아주 좋아요.

The service **is excellent.**

멋진 공원 경치를 볼 수 있습니다.

I have a great view of the park.

지하철이 가까워요.

It's near the subway.

전시회장 근처예요.

It's close to the convention center.

숙박 예약 도움 요청하기 **505**

한 군데 추천해주실래요?

Can you recommend one?

방을 예약하긴 해야 합니다.

We do need to book some rooms. ▸

◂ 동사 book은 reserve와
비슷하지만, 호텔, 식당의
예약이나 티켓 예매, 또는
강연자 섭외의 의미로 쓴다.

네, 그렇게 해주시면 정말 좋죠.

Yes, if you could arrange that, it would be great.

아니요, 아직 호텔 방들을 예약할 기회가 없었네요.

**No, we haven't had a chance to book hotel rooms
yet.**

사소한 질문을 할 때

무엇을 찾는다고 말하기

506

근처에 한국 음식점 있나요?

Is there a Korean restaurant nearby?

커피숍까지 가는 게 얼마나 쉽나요?

How easy is it to get to the coffee shop?

혹시 이 동네에 은행이 있는지 아세요?

Do you know if there's a bank in the neighborhood?

이쪽 사무실로 오는 길에 카페를 본 것 같은데요.

I think I saw a café on the way over to your office.

이걸 설치할 만한 남는 책상 있나요?

Do you have an extra desk where I can set this up?

■ set ... up (장치, 설비 등을) 준비하다, 설치하다

복사기 좀 쓸 수 있을까요?

Can I use your photocopier?

제가 사용할 수 있는 전화 있나요?

Is there a telephone I can use?

도움 주기

507

뭐라도 필요한 것 있으면 말씀하세요.

If you need anything, let me know.

메모장 좀 드릴까요?

Would you like some notepads?

바로 저쪽에 복사기가 있습니다.

We have a photocopier **right over there.**

냉수기 **옆에** 사무용품 캐비넷**이 있습니다.**

The office supply cabinet **is next to** the water cooler.

재킷은 제가 받을게요.

Why don't I take your jacket?

팩스 쓰시려면 말씀하세요.

If you need to use the fax, **please let me know.**

고맙습니다. 그럼 좋죠.

Thanks. That would be great.

고맙습니다.

I appreciate that.

저흰 괜찮아요. 고마워요.

We're good, thanks.

다과를 낼 때

다과 권하기

커피가 더 필요하시면 말씀하세요.

If you need more coffee, let me know.

새로 끓인 커피 가져다 드릴까요?

Can I get you a fresh pot of coffee?

■ a fresh pot of coffee
새로 끓인 커피가 담긴 통

가져다드릴 것 뭐 더 없나요?

Could I possibly get you anything else?

차 더 필요하세요?

Do you need more tea?

커피 마음껏 드세요.

Help yourselves to coffee.

■ help yourself to ... ~을
마음껏 가져다 먹다[마시다]

도넛 좀 드릴까요?

Would you like some donuts?

필요하신 것 있으십니까?

Do you need anything?

그거 제가 가져갈까요?

Can I take that?

커피 좀 드릴까요? 차? 탄산음료?

Can I get you some coffee? Tea? Soft drinks?

설탕도 넣으시나요?

Do you take any sugar with that?

냉장고에 물병이 있습니다.

We have bottles of water **in the fridge.**

테이블 위에 쿠키가 있습니다.

There are some cookies **on the table.**
There are some biscuits **on the table.** [UK]

다과 제안 받아들이기 510

커피 좋습니다. 고마워요.

I could use some coffee, **thanks.**

아, 정말, 커피 아주 좋겠는데요.

You know, actually, coffee **would be great.** ▸

◂ actually는 일상 대화에서 말을 덧붙이거나 대화를 새로 시작할 때 '실은, 사실은'이라는 뜻으로 쓸 수 있다. 대화에서 큰 의미는 없지만, 양념처럼 말을 매끄럽게 해준다.

차 좋죠.

Tea sounds good.

네, 좋습니다.

Yes, please.

대신 물 좀 주시겠어요?

Can I get some water **instead?**

좋죠.

Sure.

네, 몇 개만 먹을게요.

Yeah, I'll take a few.

다과 사양하기 511

고맙지만 조금 전에 마셨어요.

Thanks, but I just had some.

481

고맙지만 괜찮습니다.

I'm good, thanks.

괜찮습니다.

That's all right.

저흰 괜찮아요.

We're okay.

고맙지만, 나중에 할게요.

Maybe later, thanks.

식사할 때

식사 시간 언급하기

512

베트남 음식 좋아하세요?

Do you like Vietnamese food?

뭐 드시고 싶으세요?

What are you in the mood for?

■ in the mood for
~할 기분인

시간이 벌써 이렇게 됐네요. 점심 먹으러 가야죠.

Look at the time. We should go grab some lunch.

■ grab
(바빠서 식사 등)을 급히 하다

스테이크집에 테이블을 예약해놨어요.

We reserved a table at a steak house.

뭐 특별히 드시고 싶은 것 있으십니까?

Do you have any preferences?

음식 제안하기

513

샌드위치 좀 먹으러 갈까요?

You want to go grab a few sandwiches?
Do you want to go grab a few sandwiches? [UK]

문을 연 지 얼마 안 된 피자집이 있습니다.

There's a great pizza place **that just opened up.**

■ open up (회사, 가게 등이)
문을 열다, 개업하다

타이 음식 먹죠.

Let's have some Thai **food.**

이번엔 중국 음식점이 어떨까요?

How about a Chinese restaurant **this time?**

새로 생긴 그곳 **가보는 게 어때요?**

Why don't we try the new place?

강남**에** 아주 **훌륭한** 해산물 요리전문점**들이 있습니다.**

There are some great seafood places in Gangnam.

TIPS & MORE 음식점 종류

구내식당	cafeteria	델리	deli	다이너(간이식당)	diner
바	bar	매점	food kiosk	푸드 트럭	food truck

식당이나 메뉴 소개하기 514

Galaxy Heroes**의** 스타들**이** 한국에 왔을 때 여기서 먹었답니다.

The stars of *Galaxy Heroes* **ate here when** they **came to Korea.**

여기 필레미뇽**이 특히 맛있습니다.**

The filet mignon **is especially good here.**

■ especially
특(별)히, 각별히

여기 정말 유명한 곳입니다.

This place is really popular. ▸

◂ 식당이 유명하다고 할 때 famous라고 하는 경우가 많다. 하지만 전 세계적으로 명성이 있어서 누구나 이름만 들어도 아는 식당이 아닌 이상 '인기 있다'라는 뜻의 popular가 더 적절하다.

한국음식 **드셔보셨나요?**

Have you tried Korean food **before?**

비빔밥을 한번 드셔보시는 것도 괜찮을 겁니다.

You might want to give bibimbap **a try.**

■ give … a try (음식)을 먹어보다, (장소)에 가보다, ~을 시도해보다

전 소고기볶음밥**을 추천합니다.**

I recommend the beef fried rice.

치킨샐러드**를 먹어 봤는데, 정말 맛있었습니다.**

I had the chicken salad **before. It was really good.**

뭘 추천하시겠어요?

What would you recommend?

여기 뭐가 맛있어요?

What's good here?

뭐 하나 추천해주세요.

Why don't you suggest something?

뭘 드시든지 저도 같은 걸로 할게요.

I'll have whatever you have.

당신이 선택해요.

You choose. [INF]

술자리를 할 때

술자리 제안하기

516

시내에 좋은 재즈 클럽들이 좀 있습니다.

There are some good Jazz clubs **downtown.**

맥주 몇 잔 하실래요?

You want to grab a few beers? [INF]

Do you want to grab a few beers? [UK]

별로 피곤하지 않으시면, 술 한 잔 할까요?

If you're not too tired, why don't we get a few drinks? ▸

◂ 한국에서는 '술 한 잔' 하자고 하지만 영어에서는 few drinks라고 한다.

아직 초저녁이에요.

The night's still young. ▸

◂ 초저녁을 말하는 관용적 표현이다.

칵테일 좋아하세요?

You like cocktails?

Do you like cocktails? [UK]

답변하기

517

간단하게 한 잔은 괜찮아요.

Maybe just a quick drink.

네, 그런데 오래 있진 못해요.

Okay, but I can't stay out long.

■ stay out (늦은 시간까지) 집에 가지 않다

네, 그거 좋죠.

Sure, I'm game. [INF] ▸

◂ I'm game은 슬랭에 가까운 표현으로, Count me in.(나도 낄게요.)과 비슷한 의미다.

술 잘 못 해요.

I'm not much of a drinker.

조금 있다 메일을 보내야 해서요.

I've got to send an email **later.**

아직 일 처리할 게 남아서, 저희는 호텔로 돌아가야 할 것 같습니다.

We still have some work to do, so I think we have to go back to the hotel.

> *TIPS & MORE*   음주문화
>
> 영어권에서는 비즈니스 관계에서 술을 마시는 자리가 많지 않습니다. 함께 술을 마시더라도 저녁식사 전에 가볍게 한두 잔 하든지 저녁식사 중 와인을 함께 마시는 경우가 대부분입니다.

술 권하기 518

뭐 마시고 싶으세요?

What do you feel like drinking?

무슨 술로 하실래요?

What's your poison? [INF] ▶

◀ poison은 원래 뜻은
'독약'이지만 농담조로 강한
술이나 독한 술을 가리킨다.

소주 한번 마셔보시겠어요?

Do you want to try soju?

■ try (처음으로) 시도하다,
경험해보다

UNIT 27

축하
Congratulating

칭찬이나 축하는 하는 쪽, 받는 쪽 모두 기분 좋은 분위기에서 이뤄집니다. 축하할 일이 생기면 상대방에게 가급적 빠른 시간 안에 간단한 축하 인사말이라도 전하는 것이 좋습니다.

3분
저자 직강
27

매일 입에 달고 사는 비즈니스 영어 일상 패턴

Unit 27에 나오는 표현 중에서 비즈니스 상황에서 가장 많이 쓰는 패턴을 뽑았습니다. 생각 없이 바로 튀어 나오도록 입에 붙이세요. QR코드를 찍어서 케빈경 선생님의 심플한 해설을 들어보세요.

멋져요, Steve!
Way to go, Steve! [INF]

좋은 소식은 빨리 퍼지더군요.
Good news travels fast! [INF]

■ travel fast (소문, 소식 등이) 전해지다, 퍼지다

축하해, Mary!
Congrats, Mary! [INF]

■ Congrats 축하해요! (=congratulations)

승진하셨네요! 축하합니다, Matthew.
You got your promotion! Congratulations, Matthew.

■ get a promotion 승진하다, 진급하다

축하할 일이 있다고 들었습니다.
I understand congratulations are in order.

■ be in order (특정 발언, 행동이) 마땅하다, 적절하다

방금 소식 들었어요. 축하합니다!
I just heard the news. Congratulations!

과장으로 승진하신 거 축하드려요.
Congratulations on your promotion to manager.

승진에 대해 들었어요. 축하드립니다.
I heard about your promotion. Congratulations.

승진 소식을 듣고 정말 기뻤습니다.
I was really happy to hear about your promotion.

새로운 임명을 축하드립니다.
Congratulations on your new position.

승진을 축하드리고 싶습니다.

I want to congratulate you on your promotion.

새로 맡은 일이 성공하기를 기원합니다.

Best of luck on your new assignment.

■ assignment
임무, 수행 업무

Ace상 **수상을 축하드립니다.**

Congratulations on receiving the Ace Award.

1위라고요! 멋져요!

First place! Nice job! [INF]

이 상을 받기에 적격이십니다.

I can't think of a better person to get this award.

진작 있었어야 할 일이었습니다.

This has been a long time coming.

그 상을 받았다는 소식을 듣게 되어 정말 기쁩니다.

I'm thrilled to hear about you receiving the award.

■ thrilled to learn[hear]
~을 알게[듣게] 되어 매우 기쁜

당신이 '올해의 사업가'**상을 받았다고** Jane이 그러더군요. 축하드립니다.

Jane **told me you got** the Businessperson of the Year award! **Congratulations.**

Anyang Rotary의 새 회장**이 되셨다는** 기쁜 소식을 방금 들었습니다.

I just heard the great news that you're now the new president of the Anyang Rotary.

Western Trade Association의 회장**으로 선출되신 걸 축하드립니다.**

Congratulations on your election as president of the Western Trade Association.

이사회**에 선출되신 걸 축하드립니다.**

My congratulations to you on your election to the board.

■ election 당선, 선출

KSN 스키 클럽**의 새 총무라고요? 잘됐네요!**

You're the new secretary **for** the KSN ski club? **Good for you!**

축하해요. 제가 본 최고의 프레젠테이션 중 하나였습니다.

Congratulations. That was one of the best presentations **I've seen.**

슬라이드**가 인상적이었습니다.**

The slides **were impressive.**

■ impressive 인상적인, 훌륭한, 감탄할 만한

훌륭한 연설이었습니다.

That was a brilliant speech.

■ brilliant 탁월한, 우수한

두 제품을 비교**하는 방법이 특히 좋았습니다.**

I especially like the way you compared the two products.

■ compare ~을 비교하다, 견주다

대단한 **프레젠테이션이에요,** Scott.

An awesome **presentation, Scott.** [INF]

■ awesome 끝내주는, 최고의

이제, 신제품이 출시되었다니 정말 기쁩니다.
It's great to hear the new product **is now in the market.**

업그레이드된 모델의 성공적인 출시를 축하드립니다.
Congratulations on the successful launch of the upgraded model.

■ launch
출시, (서비스 등의) 시작

다들 새 교재에 대한 반응이 좋다고 합니다. 축하해요.
Everyone's saying the new textbook **is doing real well. Congratulations.** ▸
Everyone's saying the new textbook **is doing really well. Congratulations.** [UK]

◂ real well은 구어체
표현으로, real이 부사적으로
사용된 예라고 생각하면 된다.

이제 매장이 오픈했다는 말을 듣고 우리 모두 기뻐하고 있어요.
We're all so happy to hear the store **is now open.**

Korea Today에 쓰신 기사를 막 읽었어요. 멋진 기사입니다.
I just read the article **you wrote for** *Korea Today*. **It's a great** article.

축하드립니다. Wharton MBA 과정에 입학하게 되셔서 정말 기쁩니다.
Congratulations! I'm so happy that you got admitted to the Wharton MBA program.

■ get admitted to (단체,
학교 등에) 들어가다, 입학하다

새 책을 출간하신 거 축하드리고 싶습니다.
Allow me to congratulate you on publishing your new book. [FOR]

■ publish
출판하다, 간행하다

창립 기념 · 사무실 이전 · 신사옥 건립을 축하할 때

상황 02

창립 기념 축하하기

525

20년이라고요, 와! 축하합니다.

20 years, wow! Congratulations.

귀사의 창립 10주년을 축하드립니다.

Congratulations on your company's tenth anniversary.

■ anniversary
(몇) 주년 기념일

사무실 이전 축하하기

526

축하해요! 거긴 아주 좋은 지역이에요.

Congrats! That's a nice area. [INF]

더 큰 사무실이라니요! 사업이 아주 잘되나 봅니다.

A bigger office! Sounds like your business is doing well. [INF]

이제 사무실이 서교동에 있다고 들었어요. 이전을 축하합니다.

I heard your office is now in Seogyo-dong. Congratulations on your move.

■ Congratulations on ...
~을 축하합니다!
(congratulations는 항상
복수형으로 쓴다.)

새 건물로 이전하게 된 것을 축하드립니다.

Congratulations on moving to a new building.

사무실 이전을 축하드려요.

Congratulations on your office relocation.

■ relocation 이사, 재배치

훌륭한 건물입니다.

It's a beautiful building.

신사옥이 아주 멋집니다!

Your new headquarters looks great!

- headquaters
본사, 본부(보통 복수형으로
쓰지만 단수로 취급한다)

이제 회사가 사옥을 소유하게 되었다니 멋집니다.

It's great that your company now has its own building.

본사 신축 오픈을 축하드립니다!

Congratulations on opening the new headquarters!

생일·기념일을 축하할 때

생일 축하하기   528

생일 축하해요, Yolanda.
Happy birthday, Yolanda.

40번째 생일을 축하드립니다.
Congratulations on your fortieth **birthday.**

약혼·결혼 축하하기   529

약혼 축하드려요.
Congratulations on your engagement.

Patty와 약혼했다는 소식을 듣게 되어 정말 기쁩니다.
I'm just so delighted to hear that you and Patty are engaged.

Carl, 드디어 결혼하게 되었다니 축하해요!
Carl, congratulations on finally tying the knot! [INF]

■ tie the knot
부부의 연을 맺다, 결혼하다

결혼을 축하합니다.
Congratulations on your marriage.

결혼기념일 축하하기   530

결혼 2주년을 축하드립니다!
Happy second **anniversary!**

결혼기념일을 축하드립니다.
Congratulations on your wedding anniversary.

Michelle의 생일을 축하합니다.
Happy birthday to Michelle.

꼬마 Jeannie가 세 살이 되는군요! 축하드립니다!
So little Jeannie **is turning** 3 **years old!**
Congratulations!

Annie에게 생일 축하한다고 전해주세요.
Tell Annie **happy birthday for me.** ▸

◂ 여기서 전치사 for는
'~을 대신하여'라는 의미로
사용되었다. 전치사는 하나의
뜻만 외우면 실제 대화에서
제한적으로만 쓰게 된다. 여러
표현을 접해보면서 다양하게
사용하자.

환영 인사하기　532

한국에 오신 걸 환영합니다.
Welcome to Korea!

—

귀국을 환영해요.
Welcome back. ▶

언제 귀국했어요?
When did you get back?

다시 뵙게 되니 좋습니다.
It's great to see you again.

◀ Welcome back은 '다시 온 것을 환영하다'라는 의미로, 여러 상황에서 쓸 수 있다. 집으로 돌아온 것을 말할 때는 Welcome back home.이라고 한다.

만나자고 제안하기　533

조만간 점심 같이 해요.
Let's have lunch real soon.
Let's have lunch soon. [UK]

—

조만간 만나야죠.
We have to get together soon.

■ get together
모이다, 만나다

적응이 좀 되면 전화해요.
Call me when you settle in.

■ settle in
자리 잡다, 적응하다

UNIT
28

사과
Apologizing

반드시 사과를 해야 할 상황이라면 가급적 빨리 하고 한 번만 합니다.
늦게 사과하는 것은 상대방 기분을 더 상하게 만들 수 있습니다. 하지만
향후 있을 수 있는 법적 책임을 고려하여 말할 때는 신중해야 합니다.

3분
저자 직강
28

매일 입에 달고 사는 비즈니스 영어 일상 패턴

Unit 28에 나오는 표현 중에서 비즈니스 상황에서 가장 많이 쓰는
패턴을 뽑았습니다. 생각 없이 바로 튀어 나오도록 입에 붙이세요.
QR코드를 찍어서 케빈경 선생님의 심플한 해설을 들어보세요.

늦게 연락해서 사과할 때

사과하기 `534`

John, 미안해요. 늦은 거 알아요.
Sorry, John. I know this is late.

더 일찍 연락을 못 드려서 죄송합니다.
I'm sorry for not getting back to you sooner.

■ get back to
~에게 다시 연락하다

더 일찍 답변을 드렸어야 했는데, 죄송합니다.
I should've gotten back to you sooner. Sorry about that.

답변이 너무 늦어서 죄송합니다.
My apologies for getting back to you so late.

늦은 이유 말하기 1 - 부재 · 휴무 `535`

월요일 여기는 휴일이었어요.
It was a holiday here on Monday.

휴가였습니다.
I was on vacation.
I was on holiday. [UK]

■ on vacation 휴가 중인

지난주 내내 출장 중이었어요.
I was on a business trip all last week.

캐나다에서 귀국한 지 얼마 안 돼요.
I just got back from Canada.

■ get back from
~에서 돌아오다

개인 휴가 중이었어요.
I was on personal leave.

추석이라서 사무실이 휴무였습니다.

Our office was closed for Chuseok.

■ be closed for
~동안 문을 닫다

제 휴대폰 배터리가 다 나갔어요.

My phone battery died.

그 지역에서는 휴대폰이 안 됐어요.

I couldn't get cell service in that area.
I couldn't get phone service in that area. [UK]

제 이메일에 접속이 안 됐어요.

I didn't have access to my email.

■ have access to
~에 접근할 수 있다,
~을 이용할 수 있다

전화가 불통이었습니다.

The phone lines were down.

컴퓨터 부팅이 안 돼요.

The computer's not booting up.

인터넷이 불통이에요.

The internet's down.

정말 눈코 뜰 새 없이 바빴어요.

I've been completely swamped.

여기 정말 정신없었어요.

It's been really crazy around here. [INF]

제대로 문자 메시지를 확인할 겨를조차 없었어요.

I didn't even have time to check my text messages
properly.

■ have time to[for]
~할 시간이 있다

회계부서에 물어볼 **기회가 없었습니다.**

I didn't have a chance to check with accounting.

일주일 내내 **앓았어요.**

I was sick all week.

사고를 당했어요.

I was in an accident.

■ be in an accident
사고를 당하다

개인적으로 처리할 일이 좀 있었습니다.

I had some personal business to take care of.

■ take care of
처리하다, 돌보다

장례식에 참석해야 했습니다.

I had to attend a funeral.

불편을 끼친 데 대해 사과하기

539

번거롭게 해서 죄송합니다.

Sorry about the hassle.

불편을 끼친 점에 대해 사과드리고 싶습니다.

I'd like to apologize for any inconvenience.

■ hassle
번거로운 일, 성가신 일
■ apologize for
~에 대해 사과하다

착오로 인해 불편을 끼쳐 죄송합니다.

We're sorry about any inconvenience caused by the error.

■ inconvenience
불편한 일, 성가신 것

지적에 대해 감사하기

540

알려주셔서 감사합니다.

Thank you for letting us know.

저희 실수를 지적해주셔서 감사합니다.

Thank you for pointing out our mistake.

■ point out ~을 지적하다

오류를 저희에게 지적해주셔서 감사합니다.

We appreciate you bringing the error **to our attention.**

■ bring ... to one's
attention ~을 ~에게 알리다

다시 한번 감사드립니다.

Thanks again.

기다려주셔서 감사합니다.

Thank you for your patience.

■ patience 인내심, 참을성

불편을 끼쳐 죄송합니다.

We apologize for the inconvenience.

혼란스럽게 해서 죄송합니다.

We're sorry for the mix-up.

■ mix-up
실수로 인한 혼동, 착오

잘못된 제품을 받게 해드려서 죄송합니다.

I'm sorry that you received the wrong item.

있어서는 안 될 일이었습니다.

That shouldn't have happened.

■ should not have p.p.
~하지 말았어야 했다

착오였습니다.

It was an oversight.

■ oversight 부주의, 간과

송장 오류에 대해 진심으로 사과드립니다.

I sincerely apologize for the error on the invoice. [FOR]

■ sincerely
진심으로, 마음으로부터

화가 나시는 건 당연합니다.

You're absolutely justified in being upset.

■ justified in ...
~하는 것이 정당한[당연한]

다시는 이런 일이 없을 겁니다.

It won't happen again.

실수로 잘못된 주문품을 보내 드렸습니다.

We sent you the wrong order **by mistake.**

오늘 맞는 색깔들을 발송했습니다.

We shipped the correct colors today.

다음 주 초까지 맞는 주문품이 도착할 겁니다.

The correct order should arrive by early next week.

5%를 할인해 드리고 싶습니다.

We'd like to offer a five percent discount.

오류를 수정했습니다.

We have corrected the error.

제품 발송 지연에 대해 사과할 때

사과하기 543

아직 주문품을 받지 못하셨다니 죄송합니다.
I'm sorry that you haven't received your order yet.

주문하신 제품의 배송이 일주일 지연될 예정입니다.
The product you ordered will be delayed for a week.

그 물품을 당장 발송할 수 없게 됐습니다.
We won't be able to ship the item **immediately.**

배송이 지연된 데 대한 사과를 받아주시기 바랍니다.
Please accept our apology for the late delivery.

■ accept an apology
사과를 받아들이다

죄송하지만 주문품을 다음 주까지 보내드리지 못하게 됐습니다.
I'm sorry to tell you that we won't be able to send your order by next week.

지연 이유 말하기 544

이상 폭우가 계속되고 있습니다.
We've been getting unusually heavy rain.

파업으로 인해 선적이 지연되고 있습니다.
The strike **is delaying your shipment.**

표기 오류 때문에 지연되었다는 걸 알게 되었습니다.
We discovered that the delay was caused by a clerical error.

■ a clerical error (서류
등에서의) 오기, 사무적인 실수

수요 급증 때문에 해당 물품의 주문이 밀려있습니다.

There's been a big surge in demand, and the product is on backorder.

■ surge in 급증, 급등
■ be on backorder ~의 주문이 이월되다

다가오는 크리스마스 때문에, 많은 양의 주문이 들어오고 있습니다.

With Christmas coming up, we've been getting a lot of orders.

물품이 운송 중 파손되었습니다.

The product was damaged during transit.

■ transit (상품, 사람 등의) 운반, 운송, 수송

추후 조치 알리기   545

주문품은 오늘 오후에 발송했습니다.

We shipped your order this afternoon.

상품을 받는 즉시 주문품을 발송하겠습니다.

We'll ship your order as soon as we get the merchandise.

■ merchandise (판매용) 상품

기꺼이 다른 조치를 취해드리겠습니다.

We'd be glad to make a different arrangement.

■ arrangement 준비, 마련

컨테이너를 6월 2일까지는 받으실 수 있을 겁니다.

You should receive the container by June 2.

현재 고객님의 주문품이 포장되고 있습니다.

Your order is currently being packed.

■ currently 현재, 지금

현재 다른 배송업체를 찾고 있습니다.

We're currently looking for a different shipper.

■ shipper 화물 운송회사

고객님의 주문품을 배송할 준비가 되면 알려드리겠습니다.

I'll notify you when we're ready to ship your order.

■ notify 공식적으로 (사람·조직 등)에 알리다, 통보하다

UNIT
29

병결과 부고
Illnesses & Death Announcements

회사나 거래처에 자신의 병결을 알리거나 사내나 외부에 회사 동료의
부고를 알려야 하는 상황이 종종 있습니다. 민감한 주제인 만큼 표현과
어조를 신중하게 선택하고 간단명료하게 전달하는 것이 좋습니다.

3분
저자 직강
29

매일 입에 달고 사는 비즈니스 영어 일상 패턴

Unit 29에 나오는 표현 중에서 비즈니스 상황에서 가장 많이 쓰는
패턴을 뽑았습니다. 생각 없이 바로 튀어 나오도록 입에 붙이세요.
QR코드를 찍어서 케빈경 선생님의 심플한 해설을 들어보세요.

병결을 알릴 때

회사에 병결 전하기

지금 병원입니다.

I'm in the hospital right now.

오늘 출근을 못 한다고 알려드리고 싶었습니다.

I wanted to let you know I won't be able to come in today.

■ come in 출근하다

독감에 걸렸어요.

I came down with the flu.

■ come down with
(병)에 걸리다 (주의! 수동태로
쓰지 않는다)

하루 내내 침대에 누워만 있었어요.

I've been laid up in bed all day.

■ lay up in bed
침대에 드러눕다

내일 건강검진을 받아야 합니다.

I have to get a physical exam tomorrow.

■ physical / physical
exam / physical check-
up 건강검진/진단

내일 아침에 검진 예약이 있어요.

I have a doctor's appointment tomorrow morning.

제 등에 있는 혹 제거를 위해 다음 주에 일주일 휴가를 받을 수 있을까요?

Could I get a week **off** next week **to** remove a lump on my back?

■ lump
(신체 부위에 생긴) 혹, 멍울

주말에 자동차 사고를 당했습니다.

I got into a car accident over the weekend.

토요일에 자전거 **사고로** 다리를 다쳤습니다.

I hurt my leg in a bicycle **accident on** Saturday.

월요일에 의사의 진단서를 가져오겠습니다.

I'll bring in the doctor's note on Monday.

오늘 아침 Jack Lee가 저한테 전화해서 오늘 출근 못 한다고 하더군요.
Jack Lee called me this morning **and said** he **can't come into work** today.

입원 중이라고 하더군요.
She **says** she's **in the hospital.**

오늘 아침 그에게 전화를 걸었는데, 전화상 목소리가 몹시 아픈 것 같았어요.
I called him this morning, **and** he **sounded really sick on the phone.**

구급차가 Joe를 병원으로 싣고 갔다고 합니다.
Apparently an ambulance took Joe **to the hospital.**

그가 출근하려면 며칠은 있어야 할 것 같습니다.
We're probably looking at a few days **before** he **can report to work.**

전엔 말씀드릴 기회가 없었는데, 지난주에 팔에 간단한 수술을 받았습니다.
I didn't have a chance to tell you before, but I had minor surgery on my arm last week.

어제 날짜로 다시 출근했습니다.
I'm back to work as of yesterday.

■ as of
(특정 시점을 써서) ~부터

지난주에 자동차 사고를 당하고는 일주일간 병원에 입원했었어요.
I was in a car accident last week, **and I had to** spend a week in the hospital.

전 이제 괜찮습니다.
I'm okay now.

Joe Park가 심한 감기에 걸렸습니다.
Joe Park came down with a bad cold.

회복하는 데 일주일 정도 필요할 겁니다.
She'll need a week or so **to recover.**

■ recover 회복하다

현재 병원에 입원해 있습니다.
He's currently in the hospital.

다음 달 초에 다시 출근할 예정입니다.
He'll be back to work early next month.

제가 회복할 때까지 Paul이 도와드릴 겁니다.
Paul can help you until I recover.

계속 주문은 받을 수 있습니다.
I can still take orders.

그 사이에 뭐라도 필요하신 것이 있으면 제가 도와드리겠습니다.
In the meantime, I can help you with whatever you need.

■ in the meantime
그 사이에

휴대폰으로는 계속 연락 가능합니다
You can still reach him **on** his cell.
You can still reach him **on** his mobile. [UK]

■ reach ~에게 연락하다

2주 동안 자택근무를 하게 됐습니다.
I'll be working from home for two weeks.

부고를 알릴 때

부고 전하기 551

자다가 사망했습니다.
She died in her sleep.

Horace가 어제 저녁에 돌아가셨어요.
Horace passed away last night.

■ pass away 세상을 떠나다

Pierce씨의 죽음에 대해 알려드리고 싶었습니다.
I wanted to tell you about Mr. Pierce's **death.**

저흰 아직도 충격에서 벗어나지 못했습니다.
We're all still in shock.

갑작스러운 사망 소식에 정말 놀랐습니다.
I was so surprised at his **sudden passing.**

■ passing 별세, 운명

장례식에 대해 말하기 552

장례식은 월요일 3시에요. 상주 장례식장에서 있습니다.
The funeral is on Monday at three. **It's at** Sang-ju Funeral Home.

가족은 친지들만 참가하는 장례식을 원합니다.
The family wants to have a private funeral.

■ private funeral
(private ceremony)
가족들만 참가하는 장례식

오실 수 있으면 정말 좋죠.
If you could attend, it would be great.

가족은 조의금을 원하지 않습니다.
The family doesn't want any donations.

화환은 받지 않습니다.

No flowers. [INF]

토요일에 **추도식이 있습니다.**

There will be a memorial service on Saturday.

■ memorial service
추도식 (여기서 service는
예배·예식을 뜻한다)

UNIT
30

격려와 위로
Encouragement & Sympathy

격려나 위로해야 할 안타까운 소식을 들으면 빠른 시일 내에
상대에게 연락하는 것이 좋습니다. 부득이하게 늦게 연락하게
되더라도 안 하고 넘어가는 것보다는 하는 것이 낫습니다.

3분
저자 직강
30

매일 입에 달고 사는 비즈니스 영어 일상 패턴

Unit 30에 나오는 표현 중에서 비즈니스 상황에서 가장 많이 쓰는
패턴을 뽑았습니다. 생각 없이 바로 튀어 나오도록 입에 붙이세요.
QR코드를 찍어서 케빈경 선생님의 심플한 해설을 들어보세요.

건강 악화 및 사고를 전할 때

사고 · 건강 악화 언급하기

553

지난달 벌어진 보트 사고 소식을 듣고 너무 놀랐습니다.

I was so shocked to hear about the boating **accident** last month.

방금 Roy Beck이 당신의 병환에 대해 얘기를 하더군요.

Roy Beck **just told me about your illness.**

■ illness (신체, 정신의) 병

2주 동안 병원에 입원한다니 안타깝습니다.

I'm sorry to hear that you'll be in the hospital for two weeks.

그리 심각한 건 아니라고 들어서 안심이 됩니다.

I'm relieved to hear it **wasn't that serious.**

■ be relieved
안도하다, 다행으로 여기다

당신이 무사하다고 해서 기뻤어요.

I was glad to hear you were okay.

사고 소식 들었습니다. 괜찮으세요?

I heard about the accident. **Are you okay?**

너무 심각한 게 아니길 바랍니다.

I hope it's nothing too serious.

응원하기

554

얼른 나으세요!

Get well soon!

우리 다 응원하고 있어요!

We're all rooting for you!

■ root for
~을 응원하다, 성원하다

곧 회복할 겁니다.

You'll be back on your feet in no time.

■ back on one's feet
(시련 후에) 다시 일어나,
재기하여 (아픈 후에) 회복하여

빨리 회복하시기를 빕니다.

I wish you a speedy recovery.

■ speedy
빠른, 신속한, 조속한

뭐든지 필요하면 말씀하세요.

If you need anything, just let me know.

그냥 편하게 보내세요.

You just take it easy. [INF]

■ take it easy
쉬엄쉬엄하다, 슬슬 하다 (take things easy라고 하기도 한다.)

힘내요.

Hang in there. [INF]

저희 모두 다 당신을 생각하고 있습니다.

We're all thinking of you.

다른 사람의 사고 또는 병에 관해 말하기   **555**

Pat의 사고 소식 들었습니다.

We heard about Pat's accident.

Sarah의 병환 소식을 들으니 안타깝군요.

I'm sorry to hear about Sarah's illness.

Joe가 빨리 회복하길 바랍니다.

I hope Joe **gets better soon.**

퇴원·회복 축하하기   **556**

회복했다니 기쁘군요.

Glad to hear you're all better.

오래 누워있지 않을 거라 알고 있었어요.

I knew you wouldn't be laid up for long.

■ lay up
(질병, 부상 등으로) 드러눕다

회복한 걸 보니 정말 기뻐요.

I'm really happy to see you back on your feet.

고인에 대해 애도하기

557

소식을 듣고 놀랐습니다.

I was shocked to hear the news.

저희 모두 너무 깜짝 놀랐습니다.

We were all completely taken aback.

■ take ... aback
~을 깜짝 놀라게 하다

Mary에 대해 듣게 되어 정말 유감입니다.

I'm so sorry to hear about Mary.

삼가 조의를 표합니다.

You have my deepest sympathy.

가족분들께 조의를 표합니다.

My condolences to your family.

■ condolence 애도, 조의

저희 모두 그 소식을 듣고 슬픔에 잠겼습니다.

We are all saddened by the news.

그분이 그리울 거예요.

We will miss her.

> *TIPS & MORE* **애도를 표할 때**
>
> 애도를 표현할 때는 가장 정중한 표현을 쓰는 것이 좋습니다. 그래서 다소 격식을 차리고, 부자연스럽게까지 들릴 수 있는 표현을 사용하는 경우가 많습니다.

Manny는 참 좋은 사람이었어요.

Manny was a great person.

전 그분 정말 좋아했어요.

I really liked him **a lot.**

함께 일하는 게 영광이었습니다.

It was a privilege working with him.

■ privilege 특전, 특권, 영광

참 좋은 친구였습니다.

She was **such a good friend.**

Patty는 늘 적극적으로 도우려 했습니다.

Patty **was always willing to** help.

■ be willing to do
~할 의향이 있다,
~하는 것을 꺼려하지 않다

우리는 좋은 친구가 됐죠.

We became good friends.

뭐라도 필요하신 것이 있으면, 전화만 주세요.

If there's anything you need, I'm just a phone call away.

Larry, 제가 옆에 있습니다.

I'm there for you, Larry.

어떠세요?

How are you holding up?

재난 및 개인사를 위로할 때

재해와 관련하여 안부 묻기

560

허리케인 피해 소식을 듣게 되어 유감스러웠습니다.

I was sorry to hear about the hurricane damage.

그쪽 상황이 심각하지 않기를 바랍니다.

I hope things aren't too bad over there.

피해를 보셨나요?

Did you suffer any damage?

■ suffer
(어려움 등)을 겪다, 경험하다

얼마 전에 지진이 샌프란시스코를 강타했다고 들었습니다.

I heard San Francisco was just hit by an earthquake.

얼마나 타격이 컸습니까?

How badly were you hit?

사고 위로하기

561

공장에서 사고가 있었다는 소식을 듣고 정말 안타까웠습니다.

I'm so sorry to hear that you had an accident at the factory.

피해가 어느 정도인가요?

How bad is the damage?

■ damage 손해, 피해

그쪽 사무실에 불이 났다는 걸 알고 저흰 정말 놀랐습니다.

We were so shocked to learn that there was a fire at your office.

■ learn (들어서) 알게 되다

다친 사람 없었기를 바랍니다.

I really hope no one was hurt.

개인사에 대해 위로하기

Ben, 이혼하셨다니 안타깝군요.

Ben, I'm sorry to hear about your divorce.

힘드시겠습니다.

This must be a difficult time for you.

회사가 그런 조치를 취하다니 뜻밖이군요.

I'm surprised that the company would do that.

심하네요.

That's rough.

격려하기

다 지나갈 겁니다. 두고 보세요.

It'll all pass, you'll see.

힘내요.

Hang in there. [INF]

■ hang in (there)
버티다, 견디다

기운 내요.

Keep your chin up. [INF] ▶

◀ '기운 내요, 기죽지
말아요!'라는 뜻으로, 직역하면
고개를 들고 당당하게
다니라는 의미다. Chin
up!이라고만 하기도 한다.

지금은 좀 감당하기 어렵다고 느끼시겠지만 극복하실 거예요.

**I know you're a little overwhelmed right now, but
you'll get through this.**

■ overwhelm
(좋지 않은 것이) ~을 압도하다
■ get through (힘든 경험,
시기 등)을 견뎌내다

금방 자립하실 거라 확신합니다.

I'm sure you'll get back on your feet in no time.

■ in no time 곧, 금방

그냥 일시적으로 차질을 겪고 있을 뿐입니다.

This is just a temporary setback.

■ setback 좌절, (일의) 차질

실망하고 있다는 건 알지만, 이 일로 세상이 끝나는 건 아니에요.

You're disappointed, I know, but it's not the end of the world.

도움 제안하기

뭐라도 필요한 거 있으면 알려주세요.

If you need anything from me, let me know.

뭐든지 필요하면 전화해요.

Call me if you need anything.

어떻게라도 도움이 되고 싶습니다.

I'd like to help in whatever way I can.